2015 中国网络借贷行业蓝皮书

China's Online Lending Industry in 2015

王家卓 徐红伟 / 主编

马骏 张叶霞 / 副主编

清華大学出版社
TSINGHUA UNIVERSITY PRESS
北京

内容简介

网络借贷这一最初结合了民间借贷与互联网技术的新兴产业正在走向规范、成熟和加速创新，成为目前我国互联网金融行业的核心组成部分，和促进利率市场化与传统金融机构改革的重要力量。本书基本涵盖了网络借贷的所有重要领域，立体展现了行业的新业态，新形势和新机遇，为政府、企业、媒体、学术界和投资人理解这一行业提供有益的参考。

图书在版编目（CIP）数据

2015 中国网络借贷行业蓝皮书/王家卓，徐红伟主编. --北京：清华大学出版社，2016

ISBN 978-7-302-43618-8

Ⅰ. ①2…　Ⅱ. ①王…②徐…　Ⅲ. ①互联网络－应用－借贷－商业服务－白皮书－中国－2015　Ⅳ. ①F832. 4-39

中国版本图书馆 CIP 数据核字（2016）第 083520 号

责任编辑：陆浥晨
封面设计：单　良
责任校对：宋玉莲
责任印制：沈　露

出版发行：清华大学出版社
网　　址：http://www. tup. com. cn，http://www. wqbook. com
地　　址：清华大学学研大厦 A 座　　**邮　　编**：100084
社 总 机：010-62770175　　**邮　　购**：010-62786544
投稿与读者服务：010-62776969，c-service@ tup. tsinghua. edu. cn
质量反馈：010-62772015，zhiliang@ tup. tsinghua. edu. cn
印 装 者：清华大学印刷厂
经　　销：全国新华书店
开　　本：185mm×260mm　　**印　张**：14　　**字　　数**：215 千字
版　　次：2016 年 5 月第 1 版　　**印　　次**：2016 年 5 月第 1 次印刷
印　　数：1～4000
定　　价：59. 00 元

产品编号：070032-01

前　言

2015年，又一个在互联网金融行业被冠名以“元年”的年度与我们擦身而过了。[①] 回顾和总结中国网络借贷行业在2015年的经历和挑战，分析政策与市场重大事件对行业发展的深远影响，展望中国网络借贷行业的未来发展，是所有互联网金融行业的参与者和关注者在这“人间四月天”的共同期待。延续前两年卓有成效的合作，北京大学汇丰商学院中小企业研究中心与网贷之家及盈灿咨询再度联手推出《2015中国网络借贷行业蓝皮书》，与关注互联网金融行业的读者再次聚首相逢。

2015年，被互联网金融界称为中国网络借贷行业的“监管元年”。[②] 2015年7月18日，中国人民银行联合十部委发布了《关于促进互联网金融健康发展的指导意见》。[③] 根据指导意见，P2P网络借贷行业将接受银监会监管，网络借贷平台将只作为网络借贷市场的信息中介，被禁止进行非法集资和平台增信，并被要求选择符合条件的银行业金融机构作为资金存管机构，进行充分的信息披露和风险提示。此外，网络借贷行业被要求建立合格投资者制度，构建消费者权益保护机制，以及进行电信部门备案和提升技术水平。2015年11月3日，《中共中央关于制定国民经济和社会发展第十三个五年规划的建议》正式对外发布，提出要“规范发展互联网金融”。[④] 央行行长周小川在上述《建议》

① http://www.chinadaily.com.cn/dfpd/dfcmhlw/2016-01-29/content_14520125.html.

② http://iof.hexun.com/2015/lhiof/.

③ 人民银行等十部门：《关于促进互联网金融健康发展的指导意见》，2015-7-18，http://www.gov.cn/xinwen/2015-07/18/content_2899360.htm.

④ 新华社：中共中央关于制定国民经济和社会发展第十三个五年规划的建议，2015-11-3，http://house.people.com.cn/n/2015/1103/c164220-27772642.html.

的辅导读本中则进一步明确指出，要“顺应信息技术发展趋势，支持并规范第三方支付、众筹和P2P借贷平台等互联网金融业态发展”。2015年12月28日，《网络借贷信息中介机构业务活动管理暂行办法（征求意见稿）》正式发布①，P2P网络借贷行业的管理细则开始加速落地。

网络借贷行业监管机构归属的确定、监管原则的发布以及监管细则的加速落地，对于中国网络借贷行业的健康、可持续发展有着深远的意义。

首先，它是对于P2P网络借贷作为整个金融市场一个不可或缺的组成部分的合法地位的正式确认。作为一个融合了互联网与传统的民间借贷、完全由市场自下而上产生的融资方式，网络借贷在过去几年的发展远远超出了许多人最初的预期和想象。作为资金借贷双方通过网络借贷公司在互联网上设立的平台进行资金融通的一种借贷方式，它不但使传统的商业银行不能覆盖和惠及的众多中小企业，特别是小微企业，以及需要小额贷款的普通消费群体获得了融资的渠道和机会，促进了消费、生产和科技创新机会的实现，也为广大的中小投资人在股市动荡、房地产市场风险增大、银行储蓄利率过低和缺乏足够的投资理财机会的情况下，提供了一个另类的投资选择。然而，在缺乏监管的情况下，网络借贷产生的自发性和“草根性”不可避免地会出现众多包括非法集资和诈骗“跑路”在内的引起全社会关注的热点问题。这使得网络借贷的合法性成为一个首先有待澄清和确认的问题。网络借贷行业监管机构归属的确定、监管原则的发布以及监管细则的加速落地则为此提供了一个权威和明确的解答。

其次，监管原则的发布以及监管细则的加速落地明确建立并在逐步细化网络借贷市场的“游戏规则”。信息中介的市场地位，禁止非法集资和平台增信，选择银行业金融机构作为资金存管机构，以及充分的信息披露和风险提示，成为网络借贷平台和从业者参与网络借贷市场必须遵从的基本条件。任何违反监管规则的平台都将面临受到处罚和出局的风险。监管原则与细则的公布和实施将会加速网络借贷从一个发展初期的“无序”行业向成熟的“有序”市场的转变。

---

① http://www.chinalaw.gov.cn/article/cazjgg/201512/20151200479803.shtml.

再次，监管原则的发布以及监管细则的加速落地，特别是建立合格投资者制度，构建消费者权益保护机制，以及进行电信部门备案和提升技术水平的要求，在客观上提高了行业的准入门槛和对网络借贷平台、投资人以及借贷人的“资质”要求。网络借贷市场发展初期“野蛮生长”的时代很快就要过去了。作为其结果，网络借贷平台数量的增长速度可能会有一定的减缓，但整个行业资金融通的能力和数量应会继续目前高速发展的势态。

最后，作为监管落地、行业准入门槛提高的结果，网络借贷行业由于政策的不确定和网络借贷行业参与者无资质要求产生的风险会得到极大的缓解，从而会吸引更多的高资质参与者进入，形成良性循环，降低网络借贷行业的总体风险；使网络借贷得到更多的投资者的青睐，成为更多的投资者资产配置中的一个相应的组成部分，提高整个金融市场资源配置的效率。

作为对资金进行时间配置的工具，资金的融通无疑伴随着巨大的风险。它既有交易双方由于信息不对称给资金提供方所带来的风险，也有未来的不确定给交易双方带来的风险。从这个意义上来说，金融的实质是控制风险并不为过。网络借贷作为资金融通的一种形式，当然不会成为例外。和所有其他的融资方式和金融工具一样，网络借贷也同样存在借款人违约、无法偿还本金和利息的风险，存在着收益与风险的相互取舍和替代。网络借贷打破了传统的金融机构对于融资渠道的垄断，但并没有因此消除借贷这一融资方式本身所天然具有的不确定性，包括交易双方的信息不对称性和未来的不确定性，及其带来的相应的风险。此外，网络借贷在促进金融创新的同时，也还可能会产生由网络借贷而产生的新的风险。因此，和评价商业银行类似，以网络借贷是否消除或解决了信息的不对称性及其相关的风险作为判断其是否具有价值的标准，是会引起误导的。

但如此而言的话，网络借贷的价值何在呢？讨论金融，不仅仅需要讨论金融的本质，同样，甚至首先，需要讨论金融的功能，讨论为什么一个经济体需要金融行业。在所有通过市场进行资源配置的经济体中，金融的基本功能就在于实际对社会资源进行最为有效的配置。金融行业不生产任何可供消费者直接消费的产品，但它通过资金的分配，决定了谁有资格生产这些可供消费者消费的产品。但在传统的金融体制下，如马云所说，银行业只是服务了 20% 的客户，有 80% 的客户没有被服务到。[①] 这 80% 的人绝大部分是中国的中小微企业和中低收入消费者。他们所得到的融资远远不能满足这一部分社会群体对于资金的强烈需求。而问题在于，满足这一部分社会群体的资金需求，不仅对于普惠金融，而且对于中国经济增长模式的转变和可持续发展具有重要的意义。

首先，转变中国的经济增长模式，需要增加国内居民消费在促进经济增长中的作用或比例，增加国内居民实际购买力水平。虽然在国内消费领域存在着供给侧有效供给不足的问题，但同时，在中国目前社会保障体系的发展尚不完善，住房、医疗和教育的高额费用会基本用尽普通消费群体，特别是低收入消费群体的可支配收入的情况下，国内消费仍然缺乏足够的来自最大多数的普通消费群体的实际购买力。而消费金融具有帮助消费者连接其当前消费与未来收入的功能，可以有效地帮助消费者，特别是当期的低收入消费者，能够不局限于消费者的当前收入进行消费规划和支出。因此，消费金融会极大地增加普通消费者，特别是低收入消费者的实际购买力，从而提高整个社会的有效需求。而如前所述，传统的金融体系在满足低收入群体的融资需求方面存在着严重的不足。

其次，中小微企业的发展是事关中国经济增长模式转型的另一个重要议题。由于占比全社会企业总数的 99% 以上，中小企业对中国 GDP 增长的贡献已超过 60%，对税利的贡献已超过 50%。它们提供了近 70% 的进出口贸易额，占新产品开发、生产的 75%，发明专利的 65%，对新增就业的贡献达到 85%。[②] 在向创新发展模式的转型方面，中小企业不仅在创新范围上覆盖了占比不到企业总数 1% 的少数大型企业无法全面覆盖的众多领域，而且在实施科技创新方面，比大型企业，尤其是具有垄断地位的大型企业，有更加强烈的创新动机。因为创新通常是对市场现有状况的改变，而大型企业通常是现有状况的最大受益

---

① http://finance. chinanews. com/cj/2013/07-18/5059069. shtml.

② 中国中小企业协会会长李子彬，新华网：http://news. xinhuanet. com/fortune/2010-05. 国务院发展研究中心企业所副所长马骏，新浪财经：http://finance. sina. com. cn/hy/20120426.

者。美国著名的柯达公司的破产申请，就是一个曾具有垄断地位的大型跨国公司因担心损害其传统胶片技术的利益而不愿开发采纳新型的数字技术而最终导致破产保护申请的一个典型案例。

然而，尽管中小微企业在科技创新和经济增长中的作用不可或缺，但由于其规模的限制，中小微企业通常会缺乏获得银行贷款所需要的足够的抵押资产、以往的信用历史、规范的财务报表，以及充分的信息披露。更由于大型商业银行在规模效益方面的考量，就使得融资艰难成为中小微企业在全世界范围内所面对的挑战。而在中国，由于传统的金融体制对民营资本的限入，使得可贷资金市场供求不平衡的程度更为严重。这种不平衡会极大地制约中小微企业的健康发展，阻碍中国经济增长模式的成功转型。因此，网络借贷发展的重要意义和价值就在于通过网络平台，使中小微企业和中低收入的消费群体可以及时、有效地从丰裕的民间资本中获得其迫切需要的资金，填补了传统的金融体系对中小企业和中低收入消费群体的覆盖不足，提高了金融市场资源配置的效率，支持与促进了中国经济增长模式的转变和长期可持续发展。

网络借贷在中国的未来发展既存在着重大的机遇，也面临着严峻的挑战。在互联网和无线通信的时代，通过互联网和有线及无线网络进行交易，正逐渐成为商业，特别是服务业交易方式的主流。“任何时间、任何地点、任何方式和消费体验”将成为决定商业交易方式的基本原则。金融服务，作为服务业的一个分支，不可能是个例外。因此，网络借贷的出现完全是“应运而生”。通过使用互联网技术，“公开化”、“合法化”了一个已存在经年累月且规模巨大的民间借贷市场，满足了一部分确确实实存在，但在传统体制下无法得到充分满足的合理需求。所以，尽管网络借贷是由“民间草根”发起的，时至今日，也还存在这样或那样的种种问题，但其存在的必要性与合理性是无法质疑的，应具有广阔的发展前景。当然，网络借贷行业的发展所面临的挑战也是十分艰巨的。在监管细则的制定、公布与实施之前，网络借贷行业仍然存在着政策风险和监管不足的风险；社会征信体系的缺位仍然在拉高网络借贷的融资成本；网络借贷的市场定位决定了网络借贷的需求方仍然是风险相对较高的借款人群体；网络借贷平台的盈利模式和风险控制技术仍然有待于进一步的开发与完善。此外，如何建立网络借贷平台与其他金融机构的合作关系，也是网络借贷行业进一步发展急需探索的重要课题。

因此，如何能够充分地挖掘和发挥网络借贷在互联网时代以最能便利客户的方式满足中小微企业和普通消费群体的融资需求，为普通出借人或投资人提供新的投资渠道，以及促进金融市场资源配置效率方面的积极作用；同时，又能深入地分析网络借贷风险产生的根源，寻找出相应的防范措施，是保障网络借贷行业健康发展的必要条件。而对网络借贷行业进行比较全面的梳理和分析，是实现这一目的的基本前提。《2015 中国网络借贷行业蓝皮书》就是北京大学汇丰中小企业研究中心与网贷之家的研究人员对这一重要议题进行系统分析研究的最新成果。

本书基本涵盖了网络借贷行业的所有重要领域，包括：网络借贷的定义，网络借贷的历史，网络借贷市场的规模，网络借贷平台的基本盈利模式和风险分析，借款人的特点分析，出借人的特点分析，问题网络借贷平台产生的原因分析，网络借贷平台的垫付模式分析，扩张模式分析，业务流程分析，平台功能分析，网络借贷行业风险的系统性分析，国外具有代表性的网络借贷平台的比较分析，对网络借贷平台的综合评级分析，以及网络借贷行业的市场前景分析，等等。和 2013 年、2014 年蓝皮书相比，2015 年蓝皮书又增加了网络借贷基金，网络借贷外围服务，网络借贷监管，网络借贷产品与技术创新等反映网络借贷行业最新发展的新内容。所有的章节都配有具体的网络借贷平台的案例分析，是一部融合了理论分析、框架构建、概念探讨和网络借贷行业最佳实践探索的系统性、综合性的研究成果。

鉴于网络借贷行业在中国的发展现状，《2015 中国网络借贷行业蓝皮书》应具有广泛的读者群。他们包括，但不局限于：

（1）已参与或潜在的网络借贷借款人。因为网络借贷多为小额贷款，入门门槛较低，从而可参与者人数众多。根据网贷之家的数据统计，2015 年 P2P 网贷行业借款人数达到了 285 万人，较 2014 年增加 352%。[①] 对于这一快速发展、创新不断的新兴行业，已参与或潜在的借款人会迫切地希望能够对这一行业有更多、更深入、最新、最全面的

① 详见本书第 2 章。

了解。而蓝皮书的出版无疑会满足这部分读者的需要。

（2）已参与或潜在的网络借贷出借人。基于同上的原因，已参与或潜在的出借人同样人数众多。根据网贷之家的数据统计，2015 年 P2P 网贷行业出借人数达到了586 万人，较2014 年增加405%。[①] 尤其是在中国股市动荡，房地产市场风险增大，短期前景不明，银行储蓄利率过低，和缺乏足够的投资理财机会的情况下，网络借贷为广大的中小投资人提供了一个另类的投资选择。这些中小投资人也同样会迫切地希望对这一行业有更多、更深入、最新、最全面的了解。蓝皮书的出版也将会满足这部分读者的要求。

（3）网络借贷行业的从业人员。网络借贷的出现不仅为从事网络借贷这一行业的人员提供了一个创新、创业的机会；同时，和金融行业的其他领域类似，也为从事这一行业的人员带来了其特有的风险。如何创造盈利、规避风险，需要网络借贷行业的从业人员对这一行业的特点有全面、深入的了解。显而易见，蓝皮书的出版会为从事网络借贷行业的从业人员提供一部重要的参考书目。

（4）网络借贷平台的投资人。大批具有国资、银行、风投和上市公司背景的资本从2014 年开始大举进入网络借贷行业，反映了投资界普遍看好 P2P 网贷行业的发展前景，希望能够在整个行业的大发展下“分食一杯羹”。股权资本的加入在使得 P2P 网贷平台发展多元化的同时，投资人也需要清楚地意识到网络借贷行业存在的风险，以及“外来”资本在平台运营经验，P2P 专业人才，风险控制能力以及盈利率等方面的缺失。蓝皮书的出版无疑会为网络借贷行业的投资人更深入地了解网贷行业，优化投资决策提供有益的提示。

（5）传统金融行业的从业人员。网络借贷的出现，对传统的商业银行体系既是一个巨大的挑战，同时也是一个重要的机遇。金融和互联网结合已是大势所趋。对于传统的商业银行体系而言，时至今日，银行上网、金融上线，已不是一个做还是不做的问题，而是一个何时做与如何做的问题。而对于网络借贷行业的全面分析和了解，是传统商业银行进行重大战略性决策之前必做的一份家庭作业。蓝皮书的出版，对身处于

① 详见本书第2章。

传统商业银行体系的相关人员也会具有相应的参考价值。

（6）相关的新闻媒体从业人员。网络借贷行业的高速发展已经引起了包括网络新闻媒体、报刊、财经类网站、传统门户网站和网贷行业门户网站的新闻频道在内的新闻媒体的广泛关注。舆论信息已成为影响网贷出借人的投资决策、网贷平台的经营状况，以及监管机构、行业研究观察人员把握行业动态的重要因素。舆情分析也已成为网络借贷行业分析的重要内容。为了更确切地了解被报道的相关事件的性质和更准确地评论相关事件的影响，更加深入、系统地了解网络借贷这一行业本身无疑具有基础性的作用。蓝皮书的出版，对相关的新闻媒体从业人员应会具有重要的参考价值。

（7）学术界教学研究人员。随着网络借贷的合法地位正式得到政府监管机构的确认，网络借贷已经成为互联网金融的重要组成部分。对于网络借贷的商业运行机制、盈利模式、风险来源及其控制方法，以及网络借贷对于整个金融及其相关行业的影响，既需要学术界对相关知识的教授和普及，又需要学术研究人员对相关议题进行深入研究，为网络借贷行业的可持续发展和进一步的金融创新提供基础性的理论支持。本书的出版，可对学术界的相关教学研究人员具有重要的参考价值。

（8）政府监管部门人员。在 2015 年，网络借贷行业监管的基本框架已经出台，但更多的监管细则仍有待落地。随着行业的发展和越来越多的风险的显现，监管细则亟待早日推出。但政府监管的一个重要问题是政府监管的程度。过，则可能会不必要地抑制经济发展所需要的金融创新；不及，则可能会无法控制同样是经济发展所需要控制的风险，从而失去了监管的意义。因此，对行业的全面分析和了解，也是政府监管部门进行科学决策的前提。蓝皮书的出版也应会对此提供有益的参考。

我们衷心希望，《2015 中国网络借贷行业蓝皮书》能够成为一部及时满足社会各界需要的出版物，为广大的普通读者提供了解这一快速发展的新型行业的基本知识，为可能的网络借贷参与者提供网络借贷的融资方式及其盈利与风险的全面分析，为传统的金融机构和互联网的结合提供有价值的借鉴，为政府监管机构的政策及规章制度的建立提供有益的参考。

2015中国网络借贷行业蓝皮书

目 录/CONTENTS

第 3 章 网络借贷资产端

第 4 章 网络借贷资金端

第 5 章 网络借贷外围服务

第 6 章 网络借贷监管

第 7 章 网络借贷发展榜

第 8 章 网络借贷产品与技术创新

第 9 章 网络借贷发展前瞻

第1章

网络借贷综述

1.1 网络借贷行业概况

1.1.1 网络借贷的定义

网络借贷，又称为 P2P 网络借贷，简称为 P2P 网贷、P2P 或网贷。P2P 是英文 Peer to Peer 的简写。简单地说，P2P 网贷就是有资金出借意向的出借人通过 P2P 网贷平台，将资金出借给有资金需求的借款人。根据中国银监会会同工业和信息化部、公安部、国家互联网信息办公室等部门于 2015 年 12 月发布的《网络借贷信息中介机构业务活动管理暂行办法（征求意见稿）》（以下称《意见稿》）中的定义，“网络借贷是指个体和个体之间通过互联网平台实现的直接借贷。个体包含自然人、法人及其他组织。网络借贷信息中介机构是指依法设立，专门从事网络借贷信息中介业务活动的金融信息中介企业。该类机构以互联网为主要渠道，为借款人与出借人实现直接借贷提供信息搜集、信息公布、资信评估、信息交互、借贷撮合等服务。”①

《意见稿》首先明确了参与 P2P 网贷的主体，既可以是自然人，也可以是法人，还可以是组织或机构，澄清了中国人民银行等十部门于 2015 年 7 月 18 日发布的《关于促进互联网金融健康发展的指导意见》② 中“个体”概念的范围。其次，强调了 P2P 网贷平台是金融信息中介，而不是信用中介，禁止 P2P 网贷平台向出借人提供担保或承诺保本保息，明确了 P2P 网贷平台的价值在于借款人信息审核、资信评估、借贷撮合、融资咨询等中介服务，只对出借人和借款人资格、借贷项目信息的真实性与合法性进行必要的审核，平台本身不承担借贷双方的信用风险。此外，互联网必须为主要渠道，线下（指互联网、固定电话、移动电话及其他电子渠道以外的物理场所）只允许

① 中国政府法制信息网 . 2015-12-28，http://www. gov. cn/xinwen/2015-12/28/content_ 5028564. htm.

② 人民银行等十部门 .《关于促进互联网金融健康发展的指导意见》. 2015-7-18，http://www. gov. cn/xinwen/2015-07/18/content_ 2899360. htm.

进行必要的借款人审核、抵质押手续办理、贷后管理等风控措施，线下理财端（如线下开发出借人）被严令禁止。[①] 这些规定回归了P2P网贷的本质。正是由于互联网的兴起，才使得P2P网贷资金流动突破了熟人、地域的条件限制，实现了点对点借贷，完善和便利了金融服务。值得注意的是，线下理财公司做个网站揽客并不是真正的P2P网贷平台，需要严格区分开来。

1.1.2 网络借贷的性质、特点及意义

从性质上看，P2P网贷是21世纪不需要资金池的银行。银行的三大功能，存（吸收存款）、贷（发放贷款）、汇（资金汇兑），都是基于一个庞大的资金池来实现的。但是P2P网贷通过先寻找借款人，再通过P2P网贷平台对接出借人，无须资金池，即可以实现社会的闲置资金或资助他人的融资需求或流入实体经济，最后通过银行托管和第三方支付的配合，实现资金在全社会范围的融通。这种直接融资的效率大大高于间接融资，而且对于无法申请到信用的个人和中小微企业的帮助更加明显。可以说，P2P网贷促进了金融服务的下沉，使得信贷进入更多消费者的生活当中，也为中小企业融资找到了一条切实可行的途径。

从特点上看，P2P网贷具有依靠互联网、科技含量高、客户体验好、借贷成本较低、小额分散等属性，是传统金融的必要补充。P2P网贷是互联网金融的一个重要分支行业，依托互联网，利用先进的机器学习和大数据技术，并配以适当的线下风控措施，实现小额、公平、高效的借贷。

P2P网贷是普惠金融的桥头堡、大众理财的新渠道、理性投资的布道者。

第一，作为互联网金融领域中发展最迅猛、关注度最高的业态之一，P2P网贷在2015年获得了政策上的大力支持，从7月18日发布的《关于促进互联网金融健康发展的指导意见》总体规划，到11月3日《中共中央关于制定国民经济和社会发展第十三个五年规划的建议》[②] 都涵盖了互联网金

---

① 《网络借贷信息中介机构业务活动管理暂行办法（征求意见稿）》第十六条［线下业务］规定“除信用信息采集、核实、贷后跟踪、抵质押管理等风险管理及网络借贷有关监管规定明确的部分必要经营环节外，网络借贷信息中介机构不得在互联网、固定电话、移动电话及其他电子渠道以外的物理场所开展业务”。

② 新华社. 中共中央关于制定国民经济和社会发展第十三个五年规划的建议 . 2015-11-3, http://house. people. com. cn/n/2015/1103/c164220-27772642. html.

融。12 月 28 日发布的《网络借贷信息中介机构业务活动管理暂行办法（征求意见稿）》更进一步聚焦 P2P 网贷。整个行业在政策的支持和监管部门开始实施的监管下正在走上稳步规范发展的道路。P2P 网贷可以大力帮助普惠金融重点关注的群体，进而成为普惠金融的重要支点。

第二，当下大众理财的意识渐浓，但无奈投资渠道匮乏，股票、期货、外汇的专业要求和投资风险较高，信托的起投金额又远超普通投资群体的闲散资金的水平，银行理财产品随着实体经济的不景气供给量减少、收益率下滑。而 P2P 网贷具有小额分散的优势，在足够分散的情况下，可以在风险可控的情况下获得较高的收益率。

第三，互联网给予了网民接触新鲜事物的便利，而 P2P 网贷行业正在不断普及着金融常识，培养着中国自己的理性出借人群体。在监管层去担保的要求下，会有越来越多的出借人通过独立的思考学会为自己的选择承担风险。这些独立思考的能力来自于各个 P2P 网贷平台上的理财教育板块，来自于第三方门户网站的数据分析与名家专栏，来自于出借人论坛的知识分享，等等。只有亲身参与过投资的人，才知道理性投资的难能可贵，而 P2P 网贷以极低的门槛给予了大多数人享受理财乐趣的机会，为普惠金融所需的知识储备添砖加瓦。

1.1.3 网络借贷行业市场分析

2015 年我国社会融资规模增速放缓，而 P2P 网贷行业发展仍然迅猛。

根据中国人民银行公布的社会融资规模存量统计数据报告①，2015 年我国社会融资贷款余额总量为 138.14 万亿元，同比上年增幅为 12.44%，增速较 2014 年的 14.3% 有所下降。其中，人民币贷款、企业债券和委托贷款占比最高，分别为 67.14%、10.59% 和 7.91%，详见图 1-1。截至 2015 年末，全国共有小额贷款公司 8 910 家，贷款余额 9 412 亿元，贷款余额略低于 2014 年。

但是，P2P 网贷行业延续了上年的高增长，2015 年贷款余额达到 4 394.61 亿元，同比增长 324%；成交量达到 9 823.04 亿元，相比 2014 年全

① 中国人民银行．社会融资规模存量统计表，http://www.pbc.gov.cn/diaochatongjisi/116219/116319/2161324/2161336/index.html.

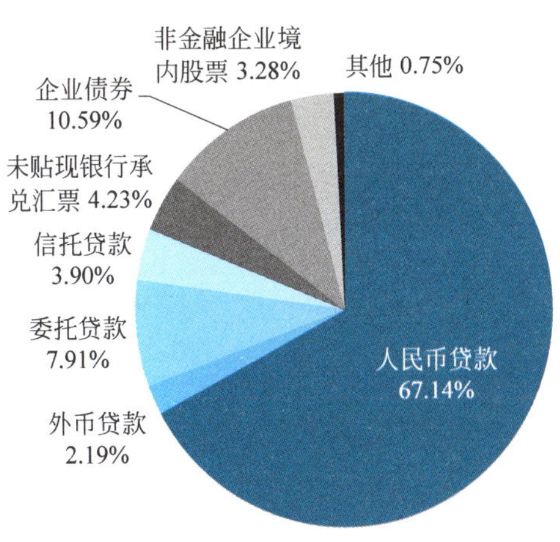

图 1-1　2015 年我国社会融资规模存量比例

资料来源：中国人民银行、盈灿咨询[①]

年网贷成交量 2 528 亿元增长了 288.57%；历史累计成交量破万亿大关，达到 13 652 亿元。从与小贷公司的贷款余额对比可以看出，P2P 网贷行业的增长迅猛，2011 年 P2P 网贷余额不到小贷公司贷款余额的 1%，2015 年已经接近 50%，如图 1-2 所示，显示出 P2P 网贷惊人的增长速度。

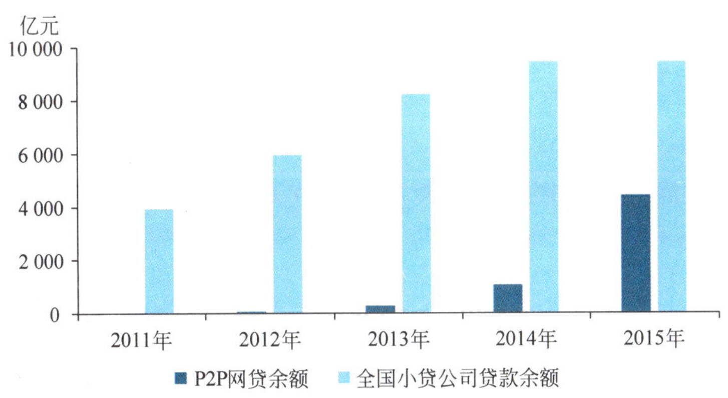

图 1-2　P2P 网贷和小额贷款公司贷款余额

资料来源：盈灿咨询、网贷之家[②]

此外，国内目前对于 P2P 网贷平台模式的分类多样。从垫付的角度看，分为有无垫付模式、担保模式、风险准备金模式、担保 + 风险准备金的混合

① 中国专业、领先的网络借贷行业咨询机构，http://www.yingcanzixun.com.

② 中国首家网络借贷行业门户，http://www.wdzj.com.

体模式以及引入保险公司保障模式等；从 P2P 网贷平台的扩张角度上划分，有直营模式和加盟模式；从业务流程的角度来看，有 P2P 全流程模式和 P2N 模式、N2P 和 N2N 模式；从 P2P 网贷平台功能的角度，即从 P2P 网贷平台从事的借款业务类型上来看，有个人信用贷款、房产抵押贷款、车辆抵押贷款、供应链金融、票据、融资租赁等，如图 1-3 所示。

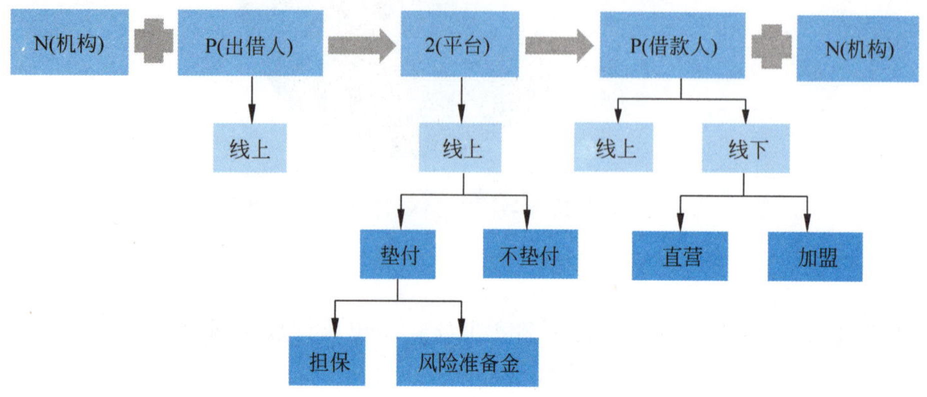

图 1-3　P2P 网贷平台模式

资料来源：盈灿咨询、网贷之家

2015 年以来，银行、国资、上市公司、风投资本不断地涌入网贷行业，加速了网贷行业的布局。据不完全统计，截至 2015 年底，网贷行业获得风投青睐的平台已经达到 68 家，上市公司、国资国企入股的平台分别为 48 家和 68 家，银行背景平台数量为 14 家，如图 1-4 所示。这些平台依靠自身的背景

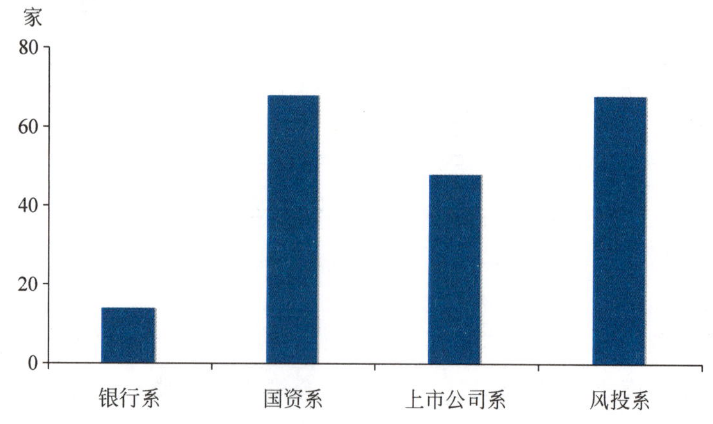

图 1-4　2015 年 P2P 网贷平台各派系平台数

资料来源：盈灿咨询、网贷之家

实力，吸引着更多的网贷投资新人进入这些平台，而这些平台的成交也占据着行业超过半数的成交规模。

1.2　2015 年国内网络借贷发展情况

在过去的 2015 年，我国 P2P 网贷行业继续高速增长，历史累计成交量破万亿，标志着整个行业正式告别幼稚期，迈入成长期。而且，政策方面利好不断，各种支持性和规范性的政策、规则出台，使得行业的发展前景更加明晰。资本大鳄也踩准了时间纷纷进场，瞄准了 P2P 网贷未来十万亿级别的广阔市场，在加强大平台的实力的同时，也压缩了未获得风投的中小平台的生存空间。

2015 年年初，问题平台频繁出现。1 月的问题平台达 69 家，平均每天出现 2 家多，问题平台发生率远高于上年同期。而且，问题平台开始在老平台中出现，给行业带来了较负面的影响。这些问题平台平均运营时间达 7.18 个月，运营时间超过 1 年的平台达 16 家，部分运营时间在 2 年左右，其中比较知名的，如北京的里外贷的 9.34 亿元逾期，因为涉嫌开发商“自融”，借款人被警方控制，平台无法维持正常提现；[①] 山东的上咸 BANK 或与里外贷存在关联，已“人去楼空”，待收金额高达 1.56 亿元，等等。[②] 这些问题平台在 2015 年伊始就向整个 P2P 网贷行业的参与者敲响了警钟。虽然 P2P 网贷发展迅猛，但是在缺乏监管的情况下，只会变成脱缰的野马，摔伤背上的所有参与者，P2P 网贷行业呼唤监管的声音愈发强烈。同年 1 月 20 日，银监会进行架构改革，新设立普惠金融工作部，负责推进银行业普惠金融工作，P2P 网贷归其监管，P2P 网贷终于有了官方监管机构。[③]

在度过了 1 月的困难时期后，行业发展形势逐渐变好。2015 年 2 月 10

① 网贷之家．北京高息 P2P 平台里外贷“猝死”待收超 9 亿元．2015-1-22，http://www.wdzj.com/news/pingtai/16800.html.

② 网贷之家．传上咸 BANK 人去楼空本息待收 1.56 亿元．2015-1-16，http://www.wdzj.com/news/，pingtai/16645.html.

③ 网贷之家．银监会设立普惠金融部监管 P2P 行业．2015-1-20，http://www.wdzj.com/news/zhengce/16726.html.

日，民生银行率先推出“网贷交易平台资金托管系统”，首批合作的 P2P 网贷平台包括积木盒子、人人贷、民生易贷等。该系统可以将客户资金与 P2P 网贷平台自有资金进行隔离，并为平台的每一位投资者单独开立管理账户，记录其资金和交易信息，投资者交易密码由民生银行管理，每笔交易均在银行端完成，并有密码验证。[①] 这开启了银行存托管时代，大大促进了信息透明度，增强了行业信心。

2015 年 4 月，资本热潮来临。陆金所获得 4.85 亿美元融资，[②] 估值接近 100 亿美元；积木盒子完成 8 400 万美元 C 轮融资，由英国的天达集团领投；[③] 拍拍贷完成近亿美元的 C 轮融资，由君联资本和海纳亚洲联合领投；诺诺镑客的母公司麦子金服获得 A 轮 8.7 亿元融资，由海通证券旗下的海通创新资本战略投资；玖富获 1.1 亿美元融资，IDG 等共同投资[④]……这一系列的亿元级投资，显示出在政策支持和监管逐渐明晰的环境下，资本市场极其看好 P2P 网贷行业的发展。同时，“不差钱”的平台加剧了行业的竞争，在行业内出借人数和人均投资金额增幅有限的情况下，人均获客成本从几元上升至 500 元以上，部分推广渠道甚至上千元，而平台之间挖脚不断，人才薪酬出现轻微泡沫化，这些都提升了平台的运营成本，加速了中小平台的淘汰。资本大鳄的进入促进了行业的整合，行业集中度提高。

2015 年 6 月到 7 月，P2P 网贷平台的股票配资业务从风光无限跌落到谷底。股票配资作为近几年才兴起的一种模式，其杠杆性也部分撬动了 2014 年下半年开始的大牛市，但之后管理层对股票配资有了更多的限制，成为 2015 年 6 月开始的股市下跌的导火索之一。随着 7 月 12 日证监会发布《关于清理整顿违法从事证券业务活动的意见》[⑤]，P2P 网贷的配资业务遭禁，因为配资而名声大噪的平台也逐渐淡出人们的视线。

---

① 网贷之家. 民生银行携多家 P2P 平台推资金托管系统. 2015-2-10, http://www.wdzj.com/news/hangye/17227.html.

② TechWeb. 计葵生确认陆金所完成新一轮 4.85 亿美元融资. 2015-4-16, http://www.wdzj.com/news/pingtai/18337.html.

③ 网贷之家. 积木盒子完成 8400 万美元 C 轮融资天达集团领投. 2015-4-21, http://www.wdzj.com/news/pingtai/18423.html.

④ 网贷之家. 玖富获得 1.1 亿美元融资知名参投者甚多. 2015-4-9, http://www.wdzj.com/news/pingtai/18171.html.

⑤ 证监会. 关于清理整顿违法从事证券业务活动的意见. 2015-7-12, http://www.gov.cn/xinwen/2015-07/12/content_2895674.htm.

2015 年 7 月 18 日，互联网金融行业的监管时代正式到来。由中国人民银行联合十部委推出的《关于促进互联网金融健康发展的指导意见》（以下简称《互金指导意见》）正式出台。根据《互金指导意见》，P2P 网贷行业受银监会监管，明确了信息中介的市场地位，禁止非法集资和平台增信行为，并要求选择符合条件的银行业金融机构作为资金存管机构进行充分的信息披露和风险提示，建立合格投资者制度，构建消费者权益保护机制，以及进行电信部门备案和提升技术水平等。《互金指导意见》中，对平台触动最大的是强制银行资金存管和去增信行为，前者增加了网贷的进入门槛，后者不允许平台自己提供本息担保或其他增信行为，只能去寻找合作担保方，增加了平台运营成本，使得“草根”平台和高息平台难以为继。《互金指导意见》是 2015 年下半年的第一个重磅政策发布，给全行业打了一剂强心剂。

进入 9 月，以《互金指导意见》为依据，监管部门联合各地经侦部门加强了对互联网金融行业的排查，P2P 网贷平台较为活跃的深圳首当其冲。知名 P2P 网贷平台国湘资本和融金所等先后接受深圳经侦调查，在业内产生极大反响。除了深圳，上海、杭州等地的经侦部门也对 P2P 网贷行业进行摸底排查，体现了监管部门对 P2P 网贷良性发展的重视。与此同时，下半年的资本热潮再次降临，微贷网、点融网、永利宝等知名平台获得了亿元级投资。一边是经侦介入，另一边是战略投资，P2P 网贷平台的优胜劣汰趋势更加明显。

11 月，政策再曝利好，互联网金融纳入“十三五”规划。11 月 3 日，《中共中央关于制定国民经济和社会发展第十三个五年规划的建议》[①] 正式对外发布，提出“规范发展互联网金融”。此后，央行行长周小川在上述《建议》[②] 的辅导读本上进一步指出，“顺应信息技术发展趋势，支持并规范第三方支付、众筹和 P2P 借贷平台等互联网金融业态发展”。此次纳入“十三五”规划，是对包括 P2P 在内的整个互联网金融行业的更大的激励。

2015 年 12 月，宜人贷正式在美国纽约证券交易所公开发行上市，成为我国首家在美国主板上市的 P2P 网贷平台，也是世界上第三家在美国主板上市的 P2P 网贷平台，提振了行业信心。此外，平安集团旗下的陆金所也公布

---

① 新华社．中共中央关于制定国民经济和社会发展第十三个五年规划的建议．2015-11-3，http://house. people. com. cn/n/2015/1103/c164220-27772642. html.

② 中国证券网．周小川解读“十三五”：支持 P2P 发展．2015-11-10，http://www. wdzj. com/news/zhengce/24483. html.

了在中国香港的上市计划。我国优秀的P2P网贷平台正以集团军的形式在国内新三板和海外市场谋求挂牌上市，除了获得实实在在的融资以外，显著增加平台的公信力和影响力也是其中的考虑。

2015年底，P2P网贷行业监管细则出台。12月28日，《网络借贷信息中介机构业务活动管理暂行办法（征求意见稿）》① 正式发布，继2015年7月18日《互金指导意见》后，P2P网贷行业的管理细则开始加速落地。

此外，P2P网贷行业的第三方服务越来越成熟，呈现资金端归集化、资产端多元化的特点。P2P网贷最初是为个人借款端和出借端服务的，尤其是出借端基本上都是个人投资者。但随着平台数量的增多和风险的逐步释放，个人投资者已经难以驾驭目前的P2P网贷投资领域，行业的资金端已经出现了归集化、机构化的现象，其中涌现出了不少网贷基金，如投之家、火球、米袋计划等。同时，资产端呈现多元化的趋势。P2P网贷平台已经从最初的个人信用贷款演变成个人抵押类贷款，并逐步细分出车辆抵押贷款、房屋抵押贷款、企业经营性和周转性的信用、担保贷款。进入2015年，资产端不仅仅停留于债权类资产，出现了更多眼花缭乱的资产，如融资租赁、商业保理、票据、股票配资、信托质押、私募基金以及资管计划收益权转让等。另外，大批围绕P2P网贷的评级、门户网站、技术建站、咨询、征信、协会、培训、招聘、不良资产处置、资金存管、证据托管、反欺诈系统等外围服务如雨后春笋般地出现，使得P2P网贷的生态圈越来越丰富。

1.3 2015年国外网络借贷发展情况

1.3.1 国外网络借贷市场分析

2015年，在美国，允许非认证投资人（non-accredited investor）公开投资的平台仍然只有Lending Club和Prosper两个，不过根据JOBS法案最新的

① 银监会.《网络借贷信息中介机构业务活动管理暂行办法（征求意见稿）》.2015-12-28，http://www.chinalaw.gov.cn/article/cazjgg/201512/20151200479803.shtml.

“Regulation A +”条款[①]，两家以房地产担保产品为主的 P2P 网贷平台 Groundfloor 和 Fundrise 先后实现了“半公开”发行 P2P 网贷产品。依据“Regulation A +”，在最近的 12 个月里，平台最多可向普通公众筹集总共 5 000 万美元的借款，这实质上限制了 P2P 网贷平台规模的扩张速度，但也是对非认证投资人的一种保护。Groundfloor 使得“Regulation A +”从 2013 年年底诞生以来第一次获得使用，扩大了美国投资人的标的选择范围。相比于美国 P2P 网贷平台的稀少，英国新上线平台也不容乐观。据不完全统计，如图 1-5 所示，2015 年英国新上线 P2P 网贷平台（含跨境平台）仅有 13 个，是 2014 年的一半，也少于 2013 年。

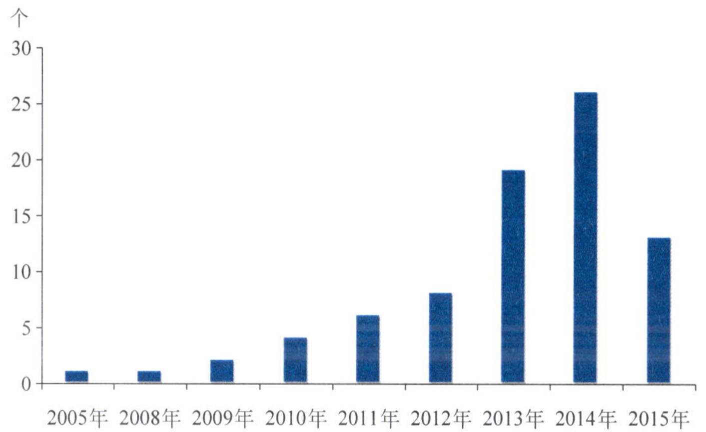

图 1-5　英国 P2P 网贷平台新上线数量统计（包括跨境平台）

资料来源：P2Pmoney、盈灿咨询、网贷之家

在成交量上，统计美国两家主要 P2P 网贷平台 Lending Club 和 Prosper，见图 1-6，2015 年合计成交近 121 亿美元，环比上年增加近 100%，保持了高速增长的态势。另外，根据《2015 年度英国另类金融报告》[②]，英国的 P2P 网贷总成交量达到 27.24 亿英镑，增长 73.95%，其中企业贷款为最大品类，占比为 54.70%，其次为个人信贷占 33.37%，最小的票据融资占 11.93%，

① Samuel Guzik. JOBS Act State of the Union: What's Become of Regulation A + and Crowdfunding?. 2015-3-11, http://www.crowdfundinsider.com/2015/03/64148-jobs-act-state-of-the-union-whats-become-of-regulation-a-and-crowdfunding.

② Bryan Zhang, Peter Baeck, Tania Ziegler, Jonathan Bone and Kieran Garvey. *The 2015 UK Alternative Finance Industry Report*. 2016, pp. 38-43.

如图 1-7 所示。企业贷款已经成为英国 P2P 产品中发展最迅猛的一块，2015 年该类平均借款为 76 280 英镑，单个项目出借人达到 347 人，人均投资约 220 英镑，实现了小额分散。对于个人信贷，2015 年英国的机构投资人比例上升到 32%，加权平均市场利率为 15.84%，出借人端更加趋于理性。另外，英国 P2P 网贷平台的市场集中度进一步提高。根据英国 P2PFA（Peer-to-Peer Finance Association），即 P2P 金融协会的统计，英国最大的 8 家 P2P 网贷平台[①] 2015 年合计成交 22.36 亿英镑，环比上年增加 83.88%，P2P 网贷市场集中度由 2014 年的 77.65% 上升到 82.09%。

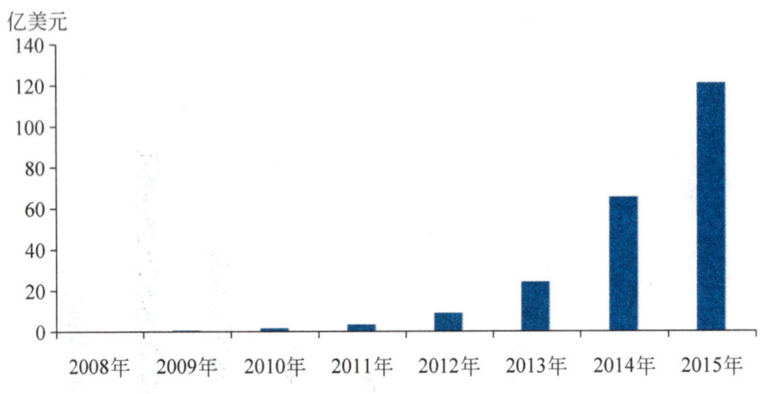

图 1-6　美国主要 P2P 网贷平台成交量统计

资料来源：Lending Club、Prosper、盈灿咨询、网贷之家

在欧洲，英国的 P2P 网贷累计成交量占据了 84.8% 的市场份额，一枝独秀。这是因为 P2P 网贷发源于英国，具有先发优势，而且后续英国政府积极制定法律法规，实行行业监管和协会自律组织相结合的政策，并采取 P2P 网贷投资纳入免税计划、政府主动投资 P2P 网贷平台等措施，大力扶植本国 P2P 网贷平台发展，形成了个人信贷平台 Zopa，企业贷款平台 Funding Circle，兼做个人信贷和企业贷款的 RateSetter，票据理财平台 MarketInvoice 等一系列具有国际知名度和竞争力的 P2P 网贷平台，并且在细分领域不断涌现出新的特色平台，如房地产贷款领域的 LendInvest 和 Wellesley & Co，不断巩固英国 P2P 网贷的优势。除了英国，欧洲经济的“火车头”德国和法国，以及北欧国家，都各自有一些不错的 P2P 网贷平台，但是目前成交量尚小，

① Zopa、Funding Circle、Ratesetter、Market Invoice、Landbay、Lendinvest、Thincats 和 lendingworks

与英国差距较大，如图 1-8 所示。

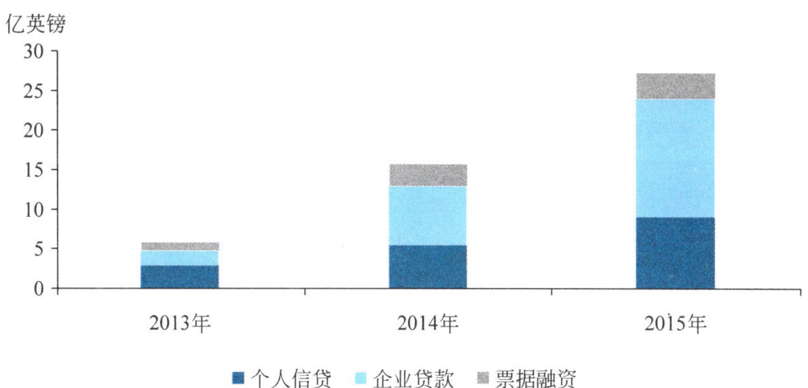

图 1-7　英国 P2P 网贷平台成交量统计

资料来源：剑桥大学、KPMG、Nesta、盈灿咨询、网贷之家

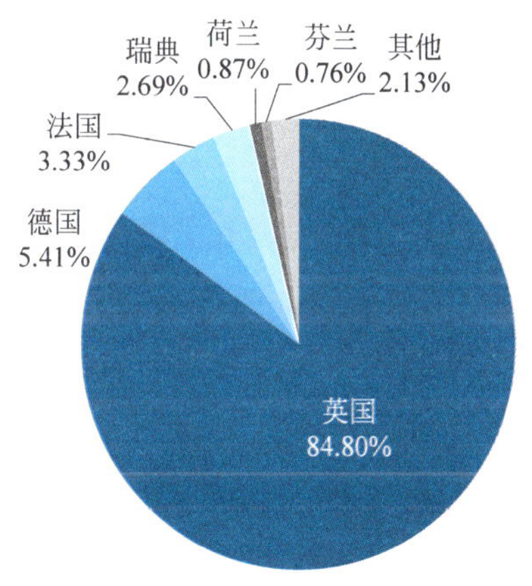

图 1-8　欧洲主要国家 P2P 网贷平台累计成交量占比

资料来源：AltFi、盈灿咨询、网贷之家

最后，在资本市场上，虽然 2015 年没有英美等国的 P2P 网贷平台上市，但是风投入股的热潮一点没有减退。最为令人瞩目的是以学生贷款起家的 SoFi，获得日本软银领投的 10 亿美元巨额融资，SoFi 准备将业务扩展到个人贷款和抵押贷款，并可能提供财富管理服务。另一个值得注意的是，来自于美国芝加哥的初创企业 Avant，获得 General Atlantic 领投的 3. 25 亿美元，估值高达 20 亿美元，与老牌平台 Prosper 相当。这是因为 Avant 另辟蹊径，选择了 Prosper 和 Lending Club 忽略的客户，即信用介于优级和次级之间的消费者，这一群体显然具有进一步开发的潜力。此外，美国的 Prosper、Kabbage，

英国的 Funding Circle 等知名平台也都获得了亿元融资，估值都达到 10 亿美元以上，详见表 1-1。用“独角兽俱乐部”来形容国外的 P2P 网贷行业并不为过，充分体现了国外资本市场对 P2P 网贷行业前景的看好。

表 1-1　2015 年国外主要 P2P 网贷平台风投注资情况　单位：亿美元

平台名称	国家地区	融资时间	融资金额	平台估值
Prosper	美国	2015/4	1.65	19
Funding Circle	英国	2015/4	1.5	10
Avant	美国	2015/9	3.25	20
SoFi	美国	2015/9	10	35
Kabbage	美国	2015/10	1.35	10

资料来源：盈灿咨询、网贷之家

1.3.2　国外网络借贷行业变化及趋势

2015 年，国外 P2P 网贷平台的发展有了诸多新变化。

P2P 网贷新产品受到市场的关注。首先，医疗贷款可能成为美国 P2P 网贷市场的新宠儿。据美国著名 P2P 网贷平台 Prosper 的调查①，美国约有 4 300 万人的信用报告因为医疗债务逾期而有污点，其中一半的医疗债务逾期是因为医药费。但是，医疗保险和信用卡并不是客户唯一的选择，信用好的人申请优惠利率的 P2P 医疗贷款，既便捷又自由，还可以使病人家属更加集中精力于医疗本身，不用分心账务。其次，P2P 网贷平台与银行合作不断加深，资产证券化产品规模不断扩大。从一开始美国的社区银行（如 Titan Bank 和 Congressional Bank）通过 Lending Club 向自己的银行客户兜售 P2P 网贷产品，再到苏格兰皇家银行向英国的 P2P 网贷平台 Funding Circle 和 Assetz Capital 转介不符合银行贷款要求的中小微企业，银行和 P2P 网贷平台的合作在不断加深。2015 年，越来越多的 P2P 网贷产品通过银行打包成资产证券化产品，并受到资本市场的喜爱，如 Prosper 通过花旗银行完成了 3.77 亿美元的项目证

① Lend Academy. FERTILITY TREATMENTS NOT COVERED BY INSURANCE ARE LEADING TO DEBT, PROSPER SURVEY FINDS . 2015-7-7, http://www.prosperhealthcare.com/fertility-treatments-lead-to-debt-prosper-survey-finds.

券化，而全球最大的资产管理公司贝莱德集团（BlackRock）也准备资产证券化自己购买的 P2P 网贷产品。此外，还产生了许多其他的新型 P2P 贷款，比如 Lending Club 的共同贷款，即两个人共同申请贷款，并共同还款。这种产品的意义在于通过考虑共同借款人的两份收入来增加承担债务的能力，既充分满足了顾客的资金需求，也为平台带来更多的业务流量。还有诸如主打婚礼市场的 P2P 网贷产品、基于社交圈的 P2P 网贷产品等。

P2P 网贷外围服务也有了新发展。首先，在评级服务上。美国三大评级机构之一的穆迪首次为 P2P 网贷平台的消费者信贷项目进行了评级，其中优先债部分给予了 Baa3（投资级）的评级，此举将扩大国外 P2P 网贷产品的潜在投资人，如退休基金、保险公司等都有可能进入。而一家名为 Lenddo 的创业公司开发出一种基于社交媒体数据产生信用评级的模型，将调用 Facebook、Linkedin、Twitter 等 12 000 个可能的数据点来分析客户风险，这给予了 P2P 网贷平台风险评级一个新思路。其次，在行业指数服务上，AltFi Data 制作了英国的第一个网贷指数——LARI（Liberum AltFi Returns Index）。该指数通过追踪英国 4 家最大的 P2P 平台（Zopa，Funding Circle，RateSetter 和 MarketInvoice）的贷款现金流，算出行业平均利率，供投资人参考。最后，第三方投资工具异常丰富。例如，有回测和筛选功能的 NSRPlatform、可以直接执行购买命令的 LendingRobot、可以构建自动投资策略的 BlueVestment，等等。

P2P 网贷平台在人力资源建设上表现抢眼。国外的 P2P 网贷平台正在聚集大量人才。比较有代表性的事件是英国最大的跨国中小企业融资 P2P 网贷平台 Funding Circle 先后从英国巴克莱银行挖来了负责风险分析的 Jerome Le Luel 作为自己的首席风险官，从美国运通公司请来了拉美业务部的首席信贷官 Manpreet Dhot 负责其美国分部的运作。① 更值得一提的是，美国 P2P 网贷平台 Upstart 从大红大紫的 Uber 挖来了增长市场总监（Growth Marketing Chief）Mike Osborn，成为 Upstart 的市场总监。②

① Funding Circle. Funding Circle bolsters global risk and analytics teams with appointments of former Barclays and Amex execs . 2015-7-22，https://www. fundingcircle. com/blog/press-release/funding-circle-bolsters-global-risk-and-analytics-teams-with-appointments-of-former-barclays-and-amex-execs.

② Dave Girouard. Mike Osborn Joins Upstart as First Ever CMO . 2015-11-23，http://blog. upstart. com/mike-osborn-upstart-cmo/#. VupvhXoQg18.

在2015年国外P2P网贷行业出现新的突破的同时，我们也看到一些可能会影响行业发展的情况。如Lending Club股价一度腰斩，这主要与美国地方政府可能发起“借贷额度限制”有关，此举将可能极大地提高投资人风险，考验平台的单个贷款质量。同时由于越来越多的机构投资人的进入，散户投资人可能会受到影响，可抢标的减少。此外，世界第一家上市的P2P网贷平台，瑞典的TrustBuddy因挪用客户资金等不当行为而被关闭。造成这个后果的原因是该平台向投资人许诺与其风险完全不对等的高收益，还把资金借给了资金使用不当的企业，同时缺乏监管。

2016年，国外P2P网贷平台发展将展现一些新趋势。

第一，传统金融机构，如大银行，将通过自建平台、投资入股或者业务合作的方式来加强与P2P网贷平台的联系。比如，美国最大的银行摩根大通宣布与网贷平台OnDeck达成合作，将借助OnDeck平台的技术实力，共同努力缩短400万小企业客户的贷款流程，达到隔天放款，甚至是当天放款。

第二，更多的机构投资人将青睐P2P网贷产品。鉴于全球货币市场收益率处于历史低位，有更高收益率的P2P网贷产品将加速成为基金经理新的选择，而高净值个人和小规模的基金已经开始了对P2P网贷产品的配置。

第三，跨国经营业务的平台将越来越多。特别对于国家密集的欧洲投资人，有跨国投资能力的P2P网贷平台将获得客户黏性，因为在多个国家注册几十个账户，与互联网金融的简单快捷相矛盾，不利于客户体验。此类跨国平台的代表为爱沙尼亚的Bondora。

第四，P2P中小企业贷款规模将快速增加。对于几千和几万欧元的借款需求，欧洲的大部分银行仍然无法满足，2016年P2P小额企业贷款将会被更多国外中小企业使用。

第五，P2P网贷平台的资深员工面临被挖脚。比如，著名投行高盛宣布了将自营网上消费贷款业务，并透露出有意向从美国两大P2P巨头Lending Club和Prosper招募员工。①

---

① Erin Hobey. Goldman Sachs Seeks to Grow Online Consumer Lending Business, Hires New Team. 2015-10-22, http://www.crowdfundinsider.com/2015/10/76129-goldman-sachs-seeks-to-grow-online-consumer-lending-business-hires-new-team.

1.3.3　对我国网络借贷的意义与启示

通过观察国外 P2P 网贷平台的发展和问题，我国的 P2P 网贷行业可以受到如下启示。

首先，加强行业监管。2015 年底发布的《网络借贷信息中介机构业务活动管理暂行办法（征求意见稿）》应运而生，给网贷行业的规范发展指明了方向，初步确定了行业标准，但在其定稿后还需要快速落地，大力加强行业监督，淘汰劣质平台。可参考英国和美国监管的做法，进行政府与协会的双重监督，增强政策实施效果。

其次，主动和传统金融机构合作。除了与实体企业合作，扩大资产端供应，我国 P2P 网贷平台还可以更加主动地与传统金融机构加强合作，在 P2P 网贷资产证券化产品开发、合资建立新平台、寻求 P2P 产品的专业评级等各个方面展开合作，扩大 P2P 产品的影响力、公信力和认知度。

再次，增加产品创新能力。在我国当前上千家 P2P 网贷平台中，有特色的平台并不多，拼“爹”、拼推广、拼获客等成为常见手段。但是除了几家实力出众的大平台外，真正能脱颖而出的平台少之又少，而且“爹”难找，“钱”好花，并不是长远的做法。不妨借鉴国外平台的做法，在开发新产品上发力，比如医疗贷款、P2P 保险、婚礼贷款等。

最后，谋求全球布局，开拓优质海外资产和投资人。在国内经济发展放缓，优质资产争夺激烈的环境下，带着中国经验走出国门，开发海外资产和投资人不失为一个明智的选择。

1.4　2015 年网络借贷行业重大新闻事件

1.4.1　P2P 网贷管理暂行办法（征求意见稿）发布

2015 年 12 月 28 日，银监会会同工业和信息化部、公安部、国家互联网信息办公室等部门研究起草的《网络借贷信息中介机构业务活动管理暂行办法（征求意见稿）》（以下称《意见稿》）正式发布，并向社会公开征求意见。

《意见稿》界定了网贷内涵，明确了使用范围及网贷活动基本原则，重申了从业机构作为信息中介的法律地位。《意见稿》明确了 P2P 网贷监管体制及各相关主体责任，促进各方依法履职，加强沟通、协作，形成监管合力，增强监管效力。《意见稿》明确了 P2P 网贷业务规则和风险管理要求，坚持底线思维，加强事中事后行为监管。同时，《意见稿》注重加强消费者权益保护，明确对出借人进行风险揭示及纠纷解决途径等要求。《意见稿》强化信息披露监管，发挥市场自律作用，创造透明、公开、公平的网贷经营环境。

1.4.2 宜人贷成功登陆纽交所 百度成为其“基石投资者”

2015 年 12 月 18 日，宜人贷在美国纽交所宣布上市，公开发行 750 万股美国存托凭证（ADS），发行价 10 美元。若承销商不行使其超额配售权，则本次募资总额将为 7 500 万美元（计划发行 750 万份 ADS 股份，每股 ADS 相当于公司 2 股普通股），市值接近 6 亿美元。宜人贷在其招股书中透露，百度旗下子公司百度香港已同意以发行价认购价值 1 000 万美元新股。这意味着，百度成为宜人贷首次公开发行（IPO）项目中的“基石投资者”。①

1.4.3 e 租宝涉嫌违法经营被调查 业内称其为披着互金外衣的狼

12 月 8 日，新华网记者从有关部门获悉，金易融（北京）网络科技有限公司运营的“e 租宝”网站以及关联公司在开展互联网金融业务中涉嫌违法经营活动，正接受有关部门调查。② 据数据统计，截至 2015 年 12 月 8 日，e 租宝总成交量 745.68 亿元，总出借人数 90.95 万人，待收总额 703.97 亿元。e 租宝事件导致一些出借人对 P2P 网贷投资产生怀疑，但多位互联网金融领军人士、专家学者表示，e 租宝不是 P2P，而是披着互联网金融外衣的狼。③

---

① 网贷之家．扒深宜人贷背后金主“宜信帝国”神秘崛起．2015-12-20，http://www.wdzj.com/news/pingtai/25305.html.

② 网贷之家．新华社：e 租宝涉嫌违法经营正接受调查．2015-12-08，http://www.wdzj.com/news/pingtai/25038.html.

③ 网贷之家．业内：e 租宝不是 P2P 是披着互金外衣的狼．2015-12-13，http://www.wdzj.com/news/guandian/25153.html.

1.4.4 网贷第一城掀监管风暴 经侦频敲网贷门

2015 年 9 月，接连曝出深圳 P2P 网贷平台被经侦调查事件，其中以融金所、国湘资本为代表。[①] 与之前不同的是，本次经侦介入的平台在调查前均未曝出“问题”；而此前，经侦部门是在平台跑路、诈骗等问题暴露后，才会介入调查。有关人士指出，监管部门联合各地经侦部门加强对互联网金融行业的了解调查，深圳作为全国网贷“第一城”，自然成为调查重点区域。

1.4.5 最高法发布司法解释 首次明确 P2P 担保责任

8 月 6 日上午，最高人民法院召开新闻发布会，发布了《最高人民法院关于审理民间借贷案件适用法律若干问题的规定》。[②] 按照《规定》中的条款内容，借贷双方通过 P2P 网贷平台形成借贷关系，网络贷款平台的提供者仅提供媒介服务，则不承担担保责任。如果 P2P 网贷平台的提供者通过网页、广告或者其他媒介明示或者有其他证据证明其为借贷提供担保，根据出借人的请求，人民法院可以判决 P2P 网贷平台的提供者承担担保责任。

1.4.6 央行发布《互金指导意见》P2P 告别“无监管”时代

7 月 18 日，中国人民银行等十部委联合发布了《关于促进互联网金融健康发展的指导意见》，互联网金融监管政策落地，该指导意见也被认为是互联网金融“基本法”，P2P 网贷行业告别“无监管”时代。《互金指导意见》指出，P2P 网贷为信息中介，主要为借贷双方的直接借贷提供信息服务，不得提供增信服务，不得非法集资。同时提出，网络借贷业务由银监会负责监管。除另有规定外，从业机构应当选择符合条件的银行业金融机构作为资金

---

① 网贷之家．深圳经侦大排查事件引发 P2P 行业巨震．2015-9-12，http://www.wdzj.com/news/hangye/23113.html.

② 网贷之家．最高法发布司法解释 首次明确 P2P 担保责任．2015-8-6，http://www.wdzj.com/news/zhengce/22005.html.

存管机构，对客户资金进行管理和监督，实现客户资金与从业机构自身资金分账管理。

1.4.7 P2P 配资偏离普惠金融 监管或将明令禁止

7 月 12 日晚间，证监会和国家网信办分别发布的两项通知（意见），从证券公司交易接入和网络宣传“获客”两个关键环节清理整顿场外配资炒股。证监会发布的《关于清理整顿违法从事证券业务活动的意见》给出了明确的“时间表”。[①]

该意见规定，各证监局按照证监会《关于加强证券公司信息系统外部接入管理的通知》要求，督促证券公司规范信息系统外部接入行为，并于 7 月底前后完成对证券公司自查情况的核实工作。中国证券业协会从 8 月开始进行评估认证。中国证券登记结算公司负责落实证券账户实名制。按照要求，中国证券登记结算公司将强化对特殊机构账户开立和使用情况的检查，严禁账户持有人通过证券账户下设子账户、分账户、虚拟账户等方式违规进行证券交易。转型还是关闭，这是 P2P 股票配资平台此时不得不面对的一个问题。

1.4.8 团贷网签下严苛对赌协议 未获通过终止合作

2015 年 6 月 1 日，上市公司深圳浩宁达控股集团拟入股 P2P 网贷平台团贷网，经协商，双方并拟定签署对赌协议。[②] 2015 年 6 月 23 日，深圳浩宁达发布公告称，“由于本次会议审议的全部议案均未获通过，收购团贷网计划暂时终止”，这意味着其作价 6.6 亿（人民币）收购团贷网 55% 股权的系列计划未能实现，双方合作终止。虽然最后合作终止，但这是 P2P 网贷行业出现的第一个对赌协议。

---

① 网贷之家．P2P 配资偏离普惠金融 监管或将明令禁止．2015-7-14，http://www.wdzj.com/news/hangye/21132.html.

② 网贷之家．团贷网拟上市引资 签下严苛对赌协议．2015-6-2，http://www.wdzj.com/news/pingtai/19442.html.

1.4.9 盛融在线无法提现 待收超9亿元

2015年2月10日，有出借人在网贷之家论坛爆料称，广州P2P网贷平台“盛融在线”无法提现，且该平台官方QQ群无客服应答，电话也无人接听。一时间，该消息迅速在各大网贷交流群不胫而走。据公开资料显示，盛融在线平台由广州志科电子商务股份有限公司负责运营管理，于2010年10月正式上线，属P2P网贷行业内的老平台之一。[①] 此次事件涉及金额巨大，牵涉出借人群较多，而平台在行业内知名度颇高，有业内人士称，“这简直是网贷行业的又一颗原子弹”。

1.4.10 北京高息P2P网贷平台里外贷“猝死”

2015年1月22日上午，北京P2P网贷平台“里外贷”的法人代表孙友卫（同时担任执行董事）对外发布消息称，由于借款人未能归还款项并失联，该平台已无力继续垫付。[②] 据了解，里外贷于2013年5月正式上线，由北京众旺易达网络科技有限公司投资运营。网贷之家数据显示，截至2015年1月21日，里外贷总成交量22.48亿元，待收本息共计9.34亿元；平均借款期限5.56个月，综合收益率39.77%。

---

① 网贷之家．传广州P2P平台盛融在线无法提现 待收超9亿元．2015-2-10，http://www.wdzj.com/news/pingtai/17226.html.

② 网贷之家．北京高息P2P平台里外贷“猝死”待收超9亿元．2015-1-22，http://www.wdzj.com/news/pingtai/16800.html.

第2章
网络借贷平台

2.1 网络借贷平台基本概况

2.1.1 平台基本信息

1. 注册资本

2015 年新上线的网贷平台超过 1 500 家（含问题平台），这些平台平均注册资金约为 3 885 万元，相对于 2014 年的 2 784 万元，增长了 1 000 多万元。2015 年新上线平台的注册资金多数介于 1 000 万 ~5 000 万元，占比高达 50%，注册资金介于 5 000 万 ~1 亿元的占比达到 15%，相比 2014 年有所提高，如图 2-1 所示。2015 年新上线的网贷平台平均注册资金显著上升主要是由于国资系、上市系等“高富帅”平台的涌现，而这也直接拉高了平均注册资本。

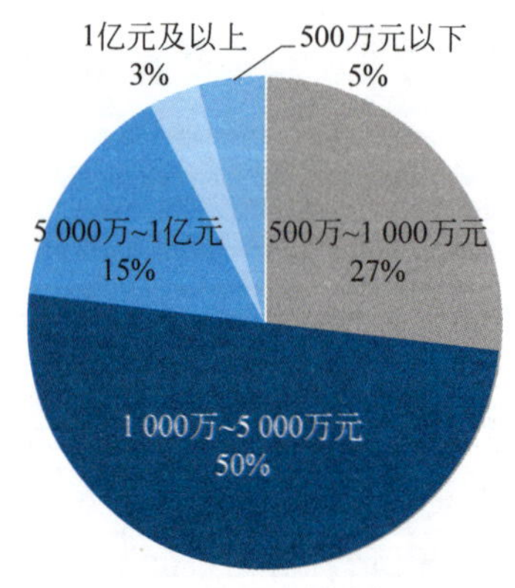

图 2-1 2015 年新上线平台注册资本分布

资料来源：盈灿咨询、网贷之家

2. 平台员工人数

具有不同业务模式及规模的 P2P 网贷平台，其公司的员工人数也有很大差别。我们统计了深圳成交量较大的 20 家网贷平台员工数目，统计对象为该公司缴纳社保的员工人数，可能与实际人数有差异，详见表2-1。

表2-1　深圳市部分P2P网贷平台员工人数

平台ID	公　司　名	参保人数
金融圈	深圳福迈斯科技有限公司	404
红岭创投	红岭创投电子商务股份有限公司	384
人人聚财	深圳市人人聚财金融信息服务有限公司	225
投哪网	深圳投哪金融服务有限公司	201
合时代	深圳合时代金融服务有限公司	170
鹏金所	深圳市鹏鼎创盈金融信息服务股份有限公司	123
友金所	深圳前海用友力合金融服务有限公司	112
农发贷	深圳农金圈金融服务有限公司	105
票据宝	深圳市票据宝金融服务有限公司	105
华人金融	深圳前海华人互联网金融服务集团有限公司	98
钱爸爸	深圳市钱爸爸电子商务有限公司	96
融金宝	深圳融金宝互联网金融服务有限公司	87
小赢理财	深圳市赢众通金融信息服务股份有限公司	79
e路同心	深圳市同心科创金融服务有限公司	59
1号钱庄	深圳前海壹号钱庄金融信息服务有限公司	55
珠宝贷	深圳市珠宝贷互联网金融服务股份有限公司	51
信融财富	深圳市信融财富投资管理有限公司	49
合拍在线	深圳市合拍在线互联网金融服务有限公司	40
融金所	深圳前海融金所互联网金融服务有限公司	4

资料来源：深圳信用网①

结果显示，这些P2P网贷平台的员工人数从个位数到上百人不等，也有部分平台员工是挂在关联公司旗下，而平台运营公司名下无员工。P2P大部分平台员工人数不足百人，可见深圳的P2P网贷平台基本上是较为小型的公司。另外，我们也注意到，员工人数居前的P2P网贷平台，也是在业内做得有一定规模和声誉的平台。

① 深圳信用网. http://www.szcredit.com.cn/web/newIndex.aspx.

3. 平台员工职能

我们选取 20 家 2015 年进行实地考察的 P2P 网贷平台做统计，结果显示平台人员构成中以市场和业务开发的人员最多，占比为 29.19%。这部分人员是公司的核心职能人员，对平台业务推广、平台发展起关键作用。其次是 IT 技术人员，占比 24.23%，这部分人员占比相对 2014 年有较大提高，如图 2-2 所示。

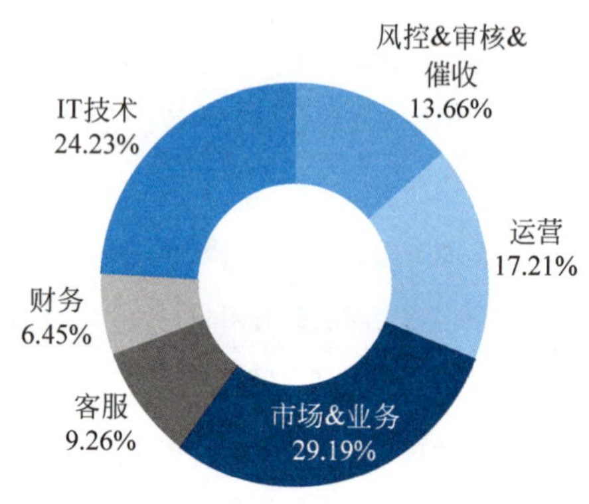

图 2-2　网贷平台员工职能配置

资料来源：盈灿咨询、网贷之家

2.1.2　平台运营指标

1. 平台费用

P2P 网贷平台作为信息中介，在提供交易服务的同时，也分别对出借人和借款人收取一定费用。对于不同借款产品，P2P 网贷平台收取的费用也不太一样。对于出借人来说，目前 P2P 网贷平台费用项目有利息管理费、充值费、提现费、VIP 费、债权转让费等。对于借款人来说，收费项目有借款管理费、手续费、充值费、提现费、VIP 费、逾期罚息等，另外，还有一些平台可能会有逾期催收费、担保费、实地考察费等。

借款管理费是平台对成功满标的借款人收取的服务费用，不同平台的定义标准不一。有些平台借款管理费中同时包含担保费、实地考察费、风险管理费等。借款管理费是 P2P 网贷平台的显性营业收入的最主要来源。

利息管理费是在借款管理费之外平台的第二大收入来源，因为该费用来源于出借人，所以与 VIP 管理费类似。平台为了争取客户资源，多数平台削减了利息管理费，抑或在上线初期暂免利息管理费，目前明确收取利息管理费的平台较少。

部分平台的收费情况如表 2-2 所示。

表 2-2　部分平台主要费用收取情况

平台	借款管理费	利息管理费
人人贷	划分 7 个信用等级，收取借款本金的 0.10%~0.35%/月	薪计划——利息收入的 10%
宜人贷	信用资质良好的平台服务费为 3.53%~7.18%；信用资质一般 4%~9%，分别加收 1% 分期服务费	利息收入的 10%
有利网	未公布	暂不收取
翼龙贷	6% 成交金额	投资散标，利息收入的 10%
积木盒子	未公布	不收取
和信贷	未公布	分 5 个等级，2% ~ 10% 不等
红岭创投	净值标：借款金额的 0.175%/月 资产标、秒还标：借款金额的 0.25%/月 其他类型：借款金额的 0.5%/月	根据投资积分分 5 个档次，0~10% 不等
PPmoney	本金的 0.3%/月	利息收入的 10%
投哪网	根据项目类型，借款本金的 0.4%~0.8%/月	利息收入的 10%
团贷网	普通会员：本金的 4% 特权会员：本金的 3% 资产专区：按照借款期限，本金的 0.25%/月	暂不收取
合拍在线	借款期限划分 11 个档次，收借款金额的 0.2%~3%	利息收入的 10%
信融财富	0.5%/月	普通用户 10% VIP 会员 0~8%
开鑫贷	未公布	投资收益的 10%
金开贷	未公布	暂不收取
陆金所	稳盈—变现 通借款金额 0.3%/年	暂不收取
你我贷	本金的 0.3%	未公开
拍拍贷	根据借款人信用等级划分 8 个等级，2%~9.5%	暂不收取

续表

平台	借款管理费	利息管理费
易贷网	未公布	根据用户积分划分 10 档，收取利息收入 1%~10%
鑫合汇	未公布	暂不收取
微贷网	未公布	利息收入的 6%

资料来源：盈灿咨询、网贷之家

2. 平台营业收入及利润

营业收入及利润是平台的核心数据。据了解，平台前期运营中，获客成本比较高，多数网贷平台仍处于烧钱状态，能实现盈利的平台很少。而且根据上市公司入股 P2P 网贷平台的公告显示，有些上市公司为了保障一定的投资回报，在入股 P2P 网贷平台时选择与平台签署对赌协议，对赌条款的存在也折射出 P2P 网贷行业盈利的困境。

据公开数据显示，2015 年，陆金所收入预测为 7.06 亿美元，净利润预测亏损 4.15 亿美元，预计 2017 年开始盈利。[①] 据联想控股 2015 年中期报告显示，2015 年拿下“标王”之称的翼龙贷，至今还没有实现盈利。

监管细则征求意见稿中，定位 P2P 网贷平台为信息中介，这种平台具有金融脱媒属性，收入来源于借款管理费与利息管理费。随着 P2P 网贷市场集中度提升，一些免征利息管理费的平台也许会考虑不再免费。而平台的成本，主要是获客成本、风控成本。P2P 网贷市场经过 8 年的发展历程，出借人积累了一定的投资经验，平台也提高了投资群体的客户黏性；加之，P2P 网贷外围服务的征信系统正在逐步完善，审贷的成本也会下降。在未来的发展中，平台有望逐步扭转当前局面，实现扭亏为盈。

2.1.3 风险指标

1. 网络信息安全

随着行业整体规模的提升，不断增加的流量对原有网站架构造成了压力，

① 雷建平．陆金所融资 PPT 曝光：2015 年预亏 4.15 亿美元．2016-01-18，http://tech.qq.com/a/20160118/039519.htm#p=2.

黑客袭击也越发迅猛，仅靠个位数的技术人员团队再也无法满足平台壮大的需要。观察2015年平台技术的升级，网站改版只是表象，百人以上的技术团队在大平台已不罕见，https协议、CFCA数字证书、公安部信息系统安全等级保护三级证明、布置更大的防DDOS带宽、第三方金融数据保全等已经在越来越多的平台成为标配，给予了平台、借款人和出借人更多的信息安全保护。

首先，从网站平台技术上看，一般以HTTPS（安全的超文本传输协议）方式访问的网址安全性相对较高。HTTPS，即以安全为目标的HTTPS通道，是HTTP的安全版，即HTTP下加入SSL层，SSL则用于保障在互联网上数据传输的安全，利用数据加密（encryption）技术，可确保数据在网络上的传输过程中不会被截取及窃听。[①] 在我们统计的近2 000家网贷平台中，通过HTTPS进行访问的平台占比较少，如图2-3所示。

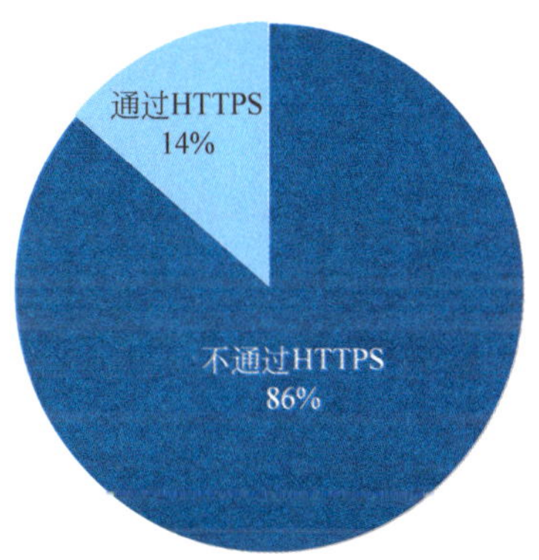

图2-3　网贷平台HTTPS访问情况

资料来源：盈灿咨询、网贷之家

其次，从网站系统建设上看，目前比较多的平台还是购买模板系统，这样的系统抵御黑客攻击的能力比较弱。而部分平台内部搭建网站系统，不仅可以根据平台业务特色优化系统建设，而且平台本身掌握系统建设的核心技术，系统漏洞较难识别，防御黑客攻击的能力也相对较强。

① HTTPS百科定义：http://baike.baidu.com/link?url=ssZn9MDIGnaKNoZQvR8llXEz9P0TjSuB9gyWseWGSmbGzc5JvWYGYtNQeJPAPyUkggyCA-0xbuxahd9vxdZzQq.

2. 平台杠杆

我们将平台杠杆定义为：

平台杠杆 = 贷款余额 ×（1 − 抵质押系数）/ 注册资本 × 做实程度
+ 合作机构注册资本 × 做实程度 × 0.5 + 风险准备金
× 做实程度 + 其他保证金 × 0.1，

并对不保障本金、获得风投的平台给予适当调整。

部分平台在 2015 年底的杠杆，如图 2-4 所示。翼龙贷和你我贷的杠杆倍数都超过 100。2015 年，翼龙贷和你我贷成交量规模明显扩大，而借款期限较长，影响贷款余额体量较大，平台杠杆较高。而红岭创投的风险准备金超过 1 亿元，影响其杠杆系数同比有一定下降。

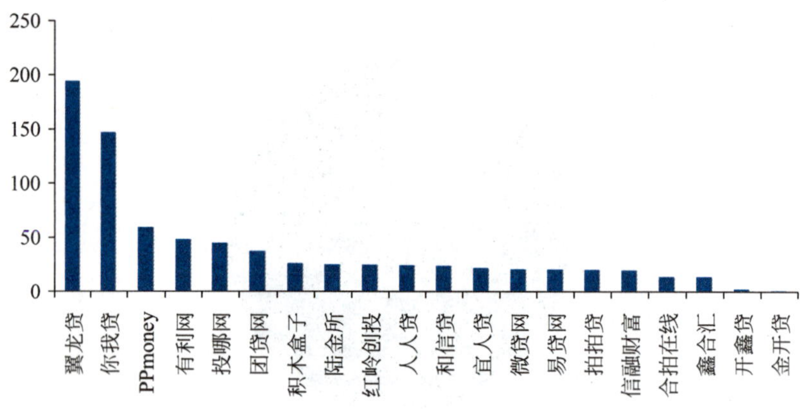

图 2-4　部分平台杠杆

资料来源：盈灿咨询、网贷之家

3. 平台逾期率

大部分平台并未公布逾期率数据，小部分公布的平台对逾期率的计算方法也不同。根据一些平台公布的 2015 年运营报告可见，平台逾期率一般在 3% 以下。比如人人贷逾期率为 0.33%（历史成交额中，逾期 90 天以上借款人未还本金总额占比），团贷网逾期率为 2.38%（未公布计算方法），易贷网逾期率为 0.07%（累计贷款总额中，逾期贷款总额占比）。由于各家平台统计口径不同，不同平台间的数据可比性会打一定的折扣，数据的真实性也有待核实，目前平台公布的逾期率之间对比性不强。

2015 年 12 月底，监管细则征求意见稿对机构经营管理信息披露要求指出，P2P 网贷平台应当披露借款逾期金额、代偿金额、借贷逾期率、坏账率等信息，所以接下来一段时间，P2P 网贷平台在风险指标的披露上还需要进一步改进。

2.2　网络借贷平台发展分析

2.2.1　平台数量及分布

截至 2015 年 12 月底，P2P 网贷行业运营平台达到了 2 595 家，相比 2014 年底增长了 1 020 家，如图 2-5 所示，绝对增量超过上年再创历史新高。由于监管细则征求稿已经落地，预计 2016 年网贷行业运营平台不会大幅度增长。

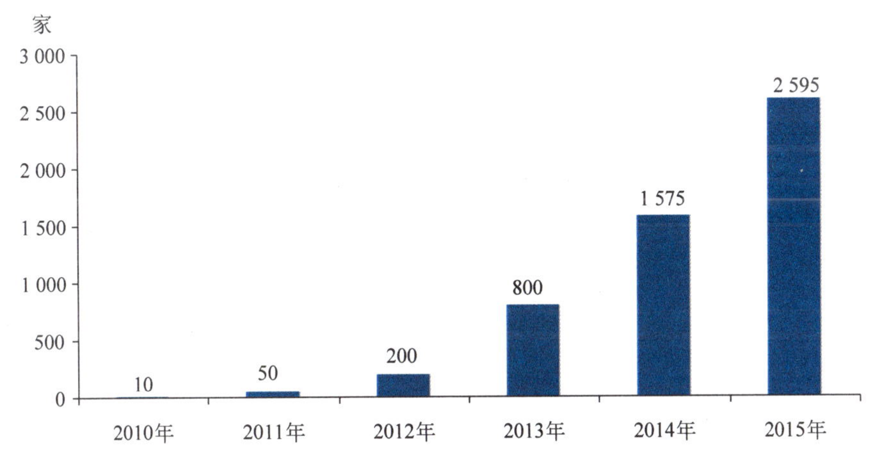

图 2-5　网贷平台数量

资料来源：盈灿咨询、网贷之家

2.2.2　平台成交量

2015 年全年 P2P 网贷成交量达到了 9 823.04 亿元，如图 2-6 所示，相比 2014 年全年 P2P 网贷成交量（2 528 亿元）增长了 288.57%，2015 年 P2P 网贷行业成交量以月均 11.28% 的速度增加，相比 2014 年 P2P 网贷行业成交量月均 10.99% 的增长速度出现小幅度上升。从 2015 年各月的走势看，3 月至 11 月 P2P 网贷行业成交量的增长速度提高较为明显，其中 2015 年 10 月，P2P 网贷历史累计成交量首次突破万亿元大关，而截至 2015 年 12 月底，历史累计成交量已经达到了 13 652 亿元。按目前增长态势，预计 2016 年全年 P2P 网贷成交量快速增长的势头或将继续延续。

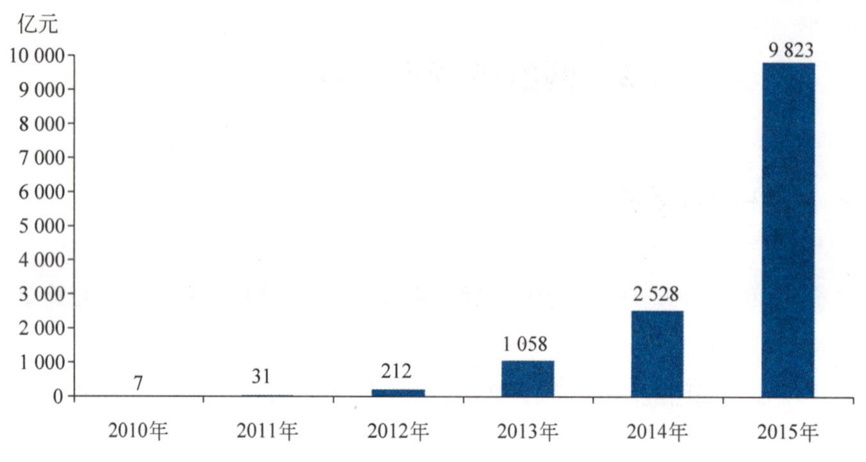

图 2-6　各年网贷成交量

资料来源：盈灿咨询、网贷之家

2015 年 P2P 网贷行业经历着飞速的发展，银行、上市公司、国资背景的平台成交量增长更为明显，月均增长速度达到 17.31%，远超 P2P 网贷行业 2015 年的月均增长速度。主要原因在于问题平台数量高企、不断涌入的新网贷出借人，从避险的角度，这些“派系”平台更受青睐。

从 2015 年各月成交量走势图 2-7 来看，全年基本呈现一个单边上扬的过程。2015 年第一季度，由于春节假期的影响，网贷单月成交金额不足 400 亿元。3 月春节过后，网贷成交量快速上升，年中 6 月的单月成交量相比 1 月增长了近 100%。进入下半年，除了 10 月、12 月两个月份分别因为长假、年底资金紧缺的因素影响，成交量增长速度放缓，到年底成交规模较 6 月翻了一倍多。

值得一提的是由网贷之家发起，约 50 多家国内知名 P2P 网贷平台联合参与的“518 互联网金融理财节”点燃了更多出借人对 P2P 网贷行业的热情。下半年的网贷“双 11”当日 P2P 网贷行业成交量达 102.63 亿元，同比 2014

年“双 11”成交量 23. 46 亿元上涨了 337%，P2P 网贷历史单日成交量首次突破百亿大关。总体来说，伴随着政策利好的支持，网贷人气进一步的攀升，越来越多的投资者将 P2P 网贷作为个人资产配置的一部分，P2P 网贷行业成交量有望继续增长。

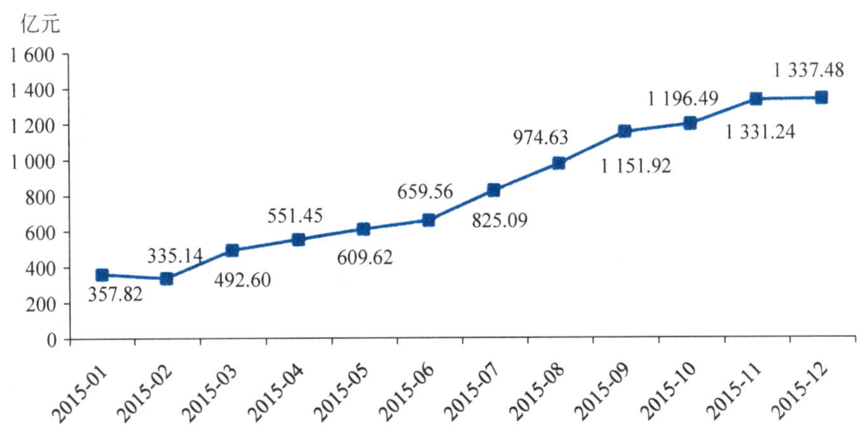

图 2-7　2015 年各月网贷成交量

资料来源：盈灿咨询、网贷之家

2.2.3　平台贷款余额

贷款余额，指平台目前在贷的尚未还款的本金，是衡量平台借贷规模的重要指标。随着网贷成交量稳步上升，P2P 网贷行业贷款余额也随之同步走高。截至 2015 年 12 月底，P2P 网贷行业总体贷款余额已经达到了 4 395 亿元，而上年年底总体贷款余额为 1 036 亿元，增长幅度为 324%，如图 2-8 所示。

从我们选取的个别平台 2015 年贷款余额走势来看，如图 2-9 所示，7 月份基本为贷款余额增长的一个加速点，下半年平台贷款余额增长速度明显要高于上半年。其原因主要有：

第一，受季节性影响，上半年由于春节，行业成交量受到一定影响，使得贷款余额上升缓慢。而进入下半年，投资配置需求上升，“网贷双 11”等活动的进行使得人气更为旺盛，平台成交量大幅度攀升，从而使得网贷贷款余额上升幅度较大。

第二，借款标借款期限逐渐上升，带动平台贷款余额上升。平台为追求利润最大化，倾向于发布长期大额借款标，因为长期借款标能够有效节约平台的运营成本。同时平台在网贷监管落地的背景下，减少了拆标的情况发生。

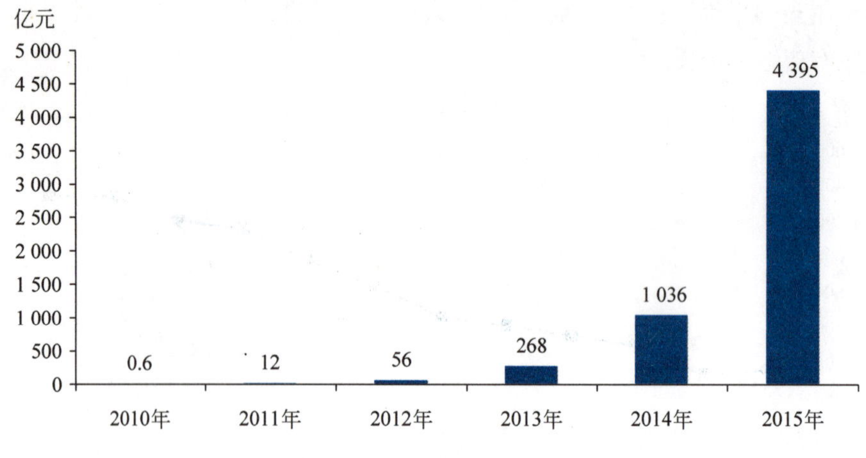

图 2-8　各年网贷贷款余额

资料来源：盈灿咨询、网贷之家

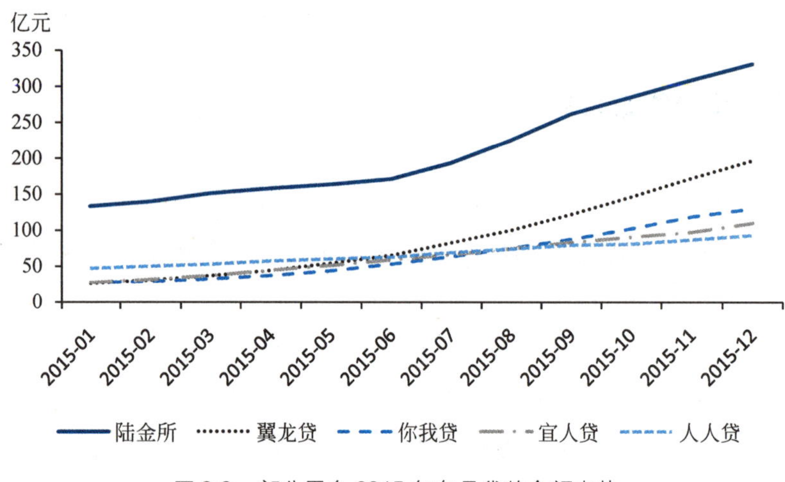

图 2-9　部分平台 2015 年各月贷款余额走势

资料来源：盈灿咨询、网贷之家

2.2.4　平台综合收益率

2015 年 P2P 网贷行业总体综合收益率为 13.29%，相比 2014 年下降了 457 个基点（1 个基点 =0.01%），如图 2-10 所示。纵观 2015 年 12 个月综合收益率走势，前 11 个月几乎呈现单边下跌的态势，截至 2015 年 12 月底，P2P 网贷行业综合收益率跌至 12.45%，如图 2-11 所示。收益率走低的原因主要有以下几点。

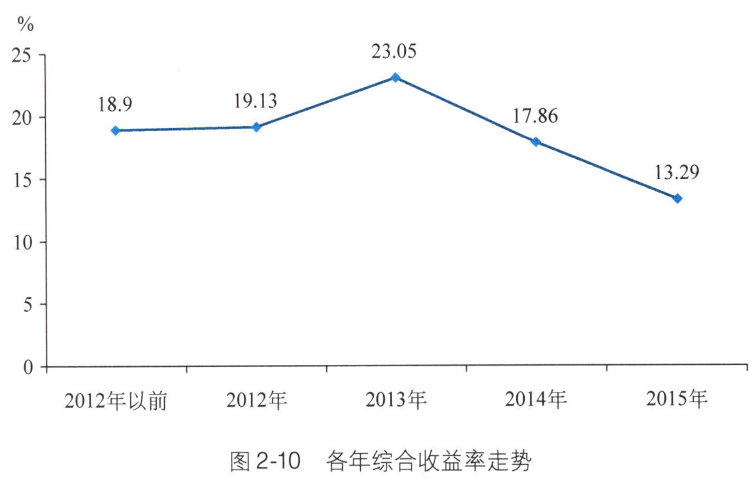

图 2-10　各年综合收益率走势

资料来源：盈灿咨询、网贷之家

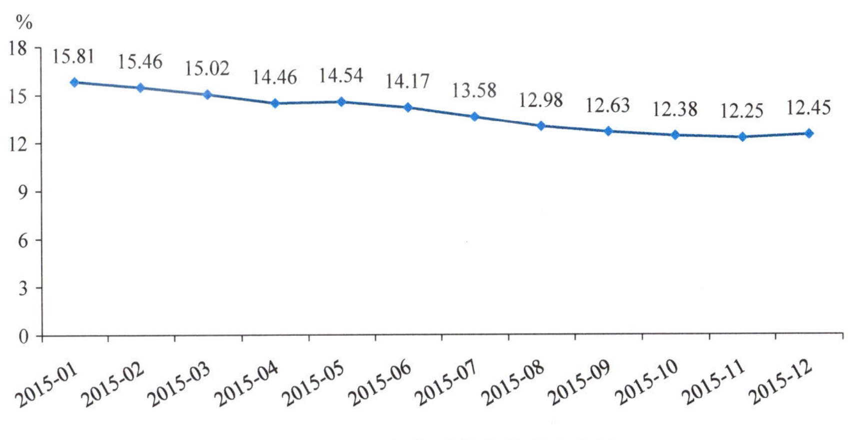

图 2-11　2015 年各月综合收益率走势

资料来源：盈灿咨询、网贷之家

首先，越来越多的出借人开始尝试 P2P 网贷，在资产端增长不如资金端的情况下，供需结构持续失衡影响 P2P 网贷综合收益率持续下降。随着问题平台的不断涌现，风险偏好低的出借人将资金转移至拥有更好的安全性但收益率较低的平台，致使行业整体收益率出现下滑。

其次，我国经济正处于结构调整期，经济下行压力较大，政府部门为了刺激经济增长必须保持资金面整体较为宽松，2015 年央行多次动用货币工具来调节货币走向。据统计，2015 年全年存贷款利率共发生 5 次下调，存款准备金率也发生 5 次下调。

此外，P2P 网贷行业监管政策终于在万众期盼中落地，为了规避政策、法律方面的风险，P2P 网贷平台纷纷调低综合收益率至合理区间。最高人民法院公布《最高人民法院关于审理民间借贷案件适用法律若干问题的规定》中表示，36% 以上部分法院强制不支持，超过部分已经付过的，法院会强制返还。不少高息平台为了规避风险主动下调利率，这也直接带动了 P2P 网贷综合收益率的下降。

从平台来讲，高息已不是平台吸引出借人的唯一策略。从降低运营成本、开发更多优质的借款人、扩大业务量以及稳定经营的角度考虑，平台亦会逐步下调收益率水平。另外，具有“国资系”、“银行系”、“上市系”等背景的“高富帅”平台的上线以及一些运营时间较长的老平台综合收益率普遍较低，也拉低了行业整体收益率。

2015 年网贷行业主流综合收益率区间为 12%~18%，平台数量占比达 47.64%；24% 及以上收益率平台占比为 4.94%；综合收益率 8% 以下的平台合计占比为 4.01%，如图 2-12 所示。通过每月平台收益率分布变化分析，高息平台比例持续下降，12 月 24% 及以上收益率的平台数量占比已经降为 3.45%，而 12%~18% 主流收益率区间优势扩大。

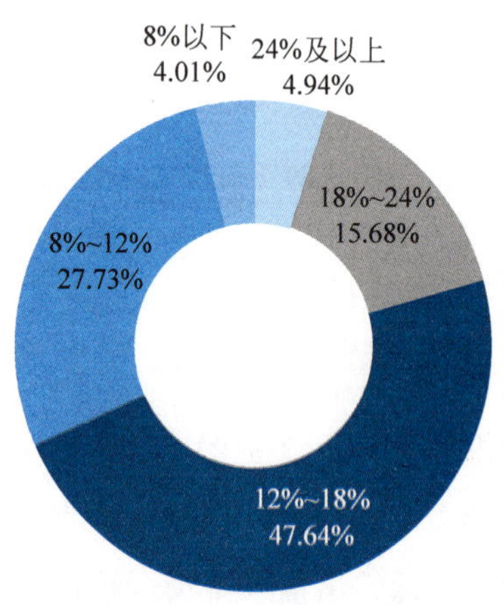

图 2-12　2015 年各综合收益率区间的平台数量分布

资料来源：盈灿咨询、网贷之家

从各成交量区间综合收益率分布来看，10 亿元及以上成交量的平台综合收益率为 9.84%，5 亿~10 亿元成交量的平台综合收益率为 10.75%，而 0.1 亿元以下成交量的综合收益率为 17.5%，如图 2-13 所示。这组数据充分反映出成交量大综合收益率低、成交量小综合收益率高的事实。小平台由于知名度不高，为了维持运营通过采用高息的策略吸引出借人。而中大平台在成交规模具有优势的情况下，选择降低利息来降低运营成本。从月度走势看，高综合收益率区间有逐步走低的态势。

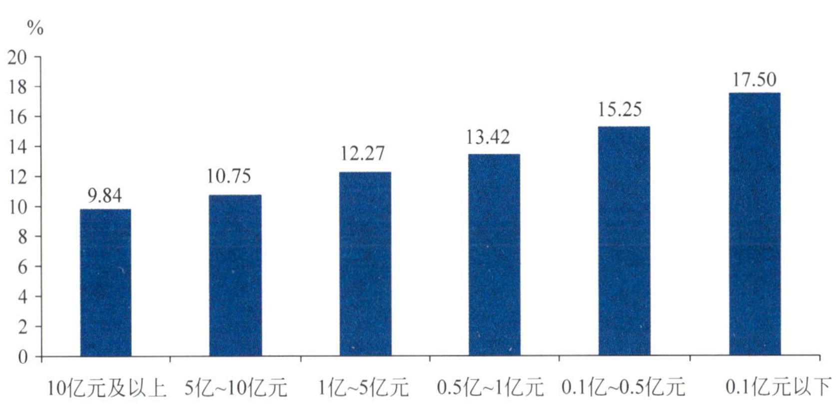

图 2-13　2015 年各成交量区间平台综合收益率对比

资料来源：盈灿咨询、网贷之家

2.2.5　平台借款期限

2015 年网贷行业平均借款期限为 6.81 个月，相比 2014 年平均借款期限增长了 0.69 个月，如图 2-14 所示。行业平均借款期限主要被一些成交量过 10 亿元且平均借款期限在半年以上的平台拉高。如图 2-15 所示，从 2015 年 12 个月的平均借款期限走势看，基本介于 6.5 个月到 7 个月之间波动，表明网贷行业的平均借款期限已经趋向于稳定。

借款期限在 1~3 月区间的平台数量占比最多，达 45.41%，这一比例相比上半年有所缩短，而 6~12 个月区间的平台数量占比有所上升，表明中期借款的项目有所增加。12 个月及以上的平台数量占比为 2.82%，主要是实力背景平台逐渐增加，这些平台的借款标金额一般较大、借款期限较长。综合分析，大多数平台的平均借款期限仍然不高于 6 个月，占比达到 83.67%，这仍表明网贷的短期借款的属性尚未发生明显的改变，详见图 2-16。

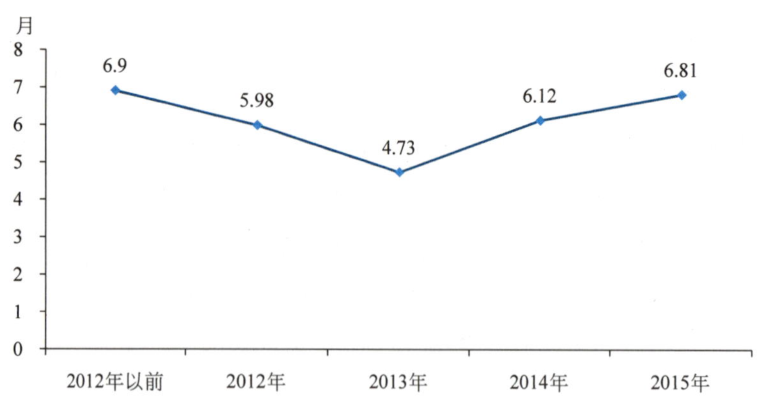

图 2-14　各年平均借款期限

资料来源：盈灿咨询、网贷之家

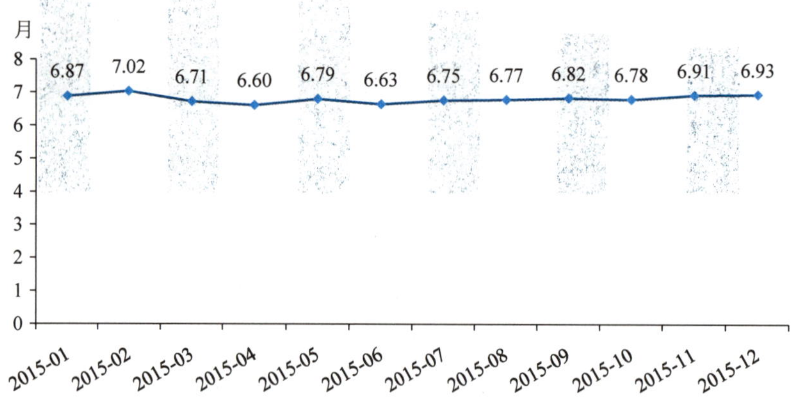

图 2-15　2015 年各月借款期限走势

资料来源：盈灿咨询、网贷之家

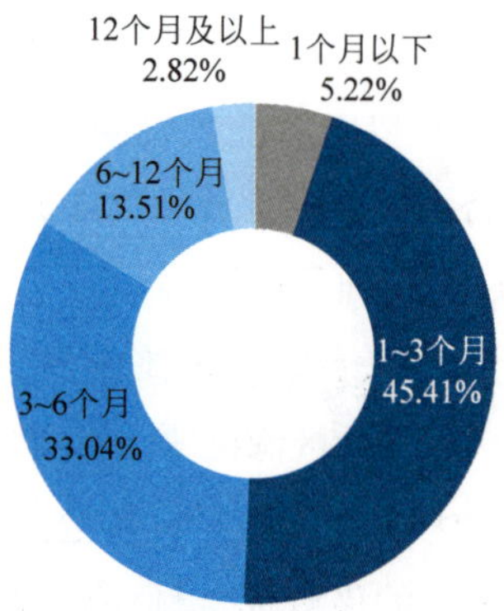

图 2-16　2015 年各借款期限的平台数量占比

资料来源：盈灿咨询、网贷之家

2.2.6　借款人概况

2015 年 P2P 网贷行业借款人数达到了 285 万人，较 2014 年增加 352%，2014 年 P2P 网贷行业借款人数为 63 万人，如图 2-17 所示。月度数据显示，2015 年 12 月单月活跃借款人数已经达到 78.49 万人，而 2014 年 12 月的单月活跃借款人数仅为 18.5 万人，如图 2-18 所示，这组数据同样反映 P2P 网贷行业借款人气出现明显上升。

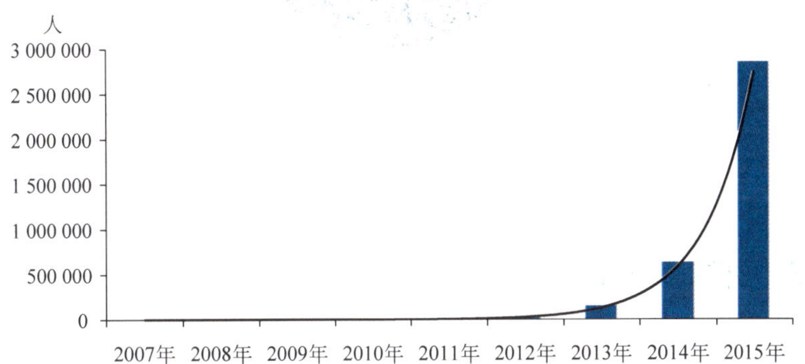

图 2-17　各年累计借款人数

资料来源：盈灿咨询、网贷之家

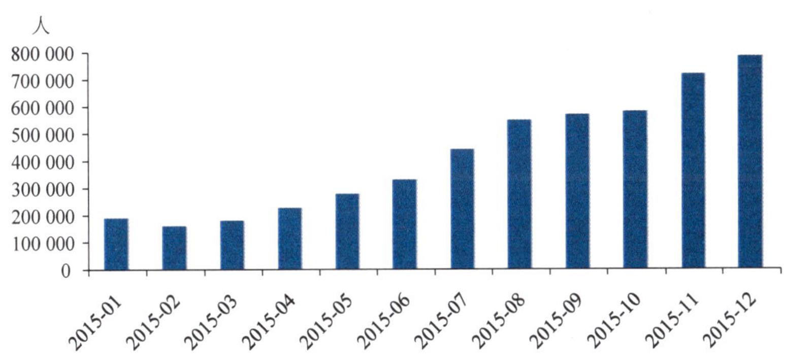

图 2-18　2015 年各月借款人数

资料来源：盈灿咨询、网贷之家

从借款人角度来看，2015 年单个平台借款金额介于 0～10 万元的借款人最多，占比高达 84.28%；其次为 10 万～100 万元，借款人数占比高达 13.53%；100 万～1 000 万元与 1 000 万元以上的借款人数占比分别为 2.01%

和0.18%，如图2-19所示。综上可以看出，P2P网贷仍然以小额借贷为主，其本质并没有发生改变，仍然服务于广大的“草根”阶级。

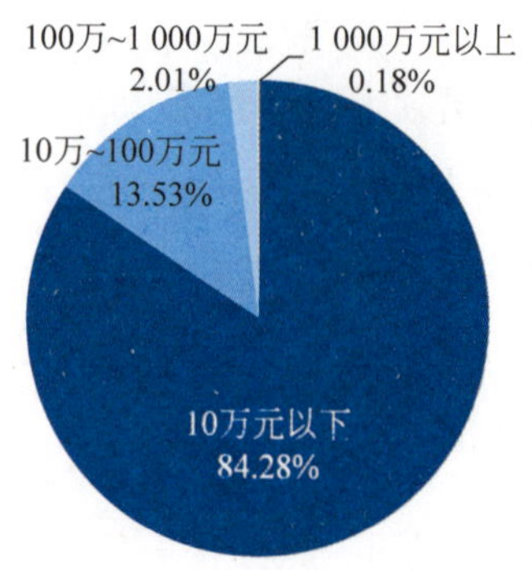

图2-19　P2P网贷借款人分级

资料来源：盈灿咨询、网贷之家

2.2.7　出借人概况

由于出借人是P2P网贷重要的参与方之一，出借人的加入将推动P2P网贷规模的上升。2015年P2P网贷行业出借人数达到了586万人，较2014年增加405%，而2014年全年P2P网贷行业出借人数为116万人，如图2-20所示。月度数据显示，2015年12月单月活跃出借人数分别已经达到298.02万人，而2014年12月的单月活跃出借人数仅为90.82万人，增长了228%，如图2-21所示。

由于国内投资渠道的匮乏，银行存款利率的存续下行、“宝宝类”产品跌破3%、股票市场大幅度波动，散户叫苦不堪的背景下，随着P2P网贷监管征求意见稿的落地，越来越多的出借人对于P2P网贷行业有了更加深刻的了解，对于行业的发展有了更大的信心，陆续加入到P2P网贷行业中。因此，P2P网贷的出借人数量出现了明显的增长。

通过选取运营较为稳定、成交量较为活跃的P2P网贷平台，发现2015年单个平台出借金额介于0~1万元的出借人数最多，占比高达65.65%，其次出借金额为1万~10万元之间，占比达到27.65%。10万~100万元的出借人数占比为6.36%，单个平台投资金额在100万元以上的出借人数占比仅为0.34%，如图2-22所示。随着中小出借人的大举涌入，2015年单个平台出借金额在10万元以下的出借人数占比相比2014年有所上升。

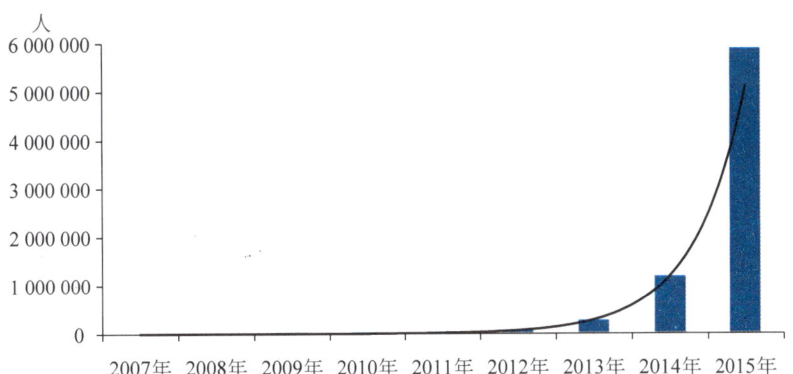

图 2-20　各年累计出借人数

资料来源：盈灿咨询、网贷之家

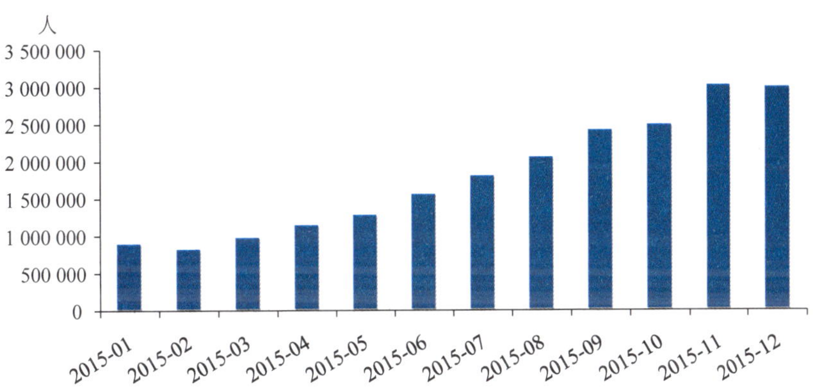

图 2-21　2015 年各月出借人数

资料来源：盈灿咨询、网贷之家

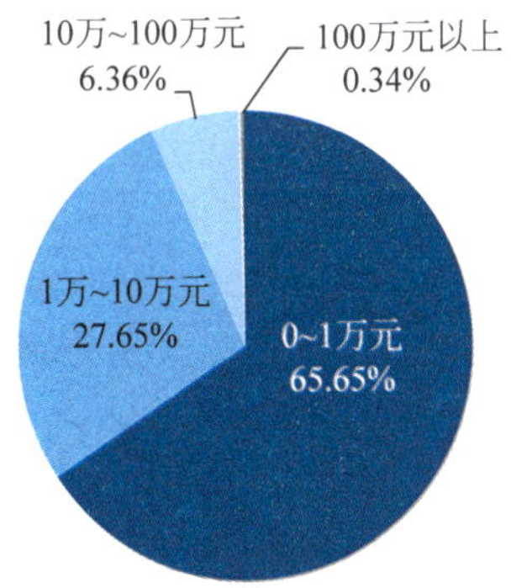

图 2-22　P2P 网贷出借人分级

资料来源：盈灿咨询、网贷之家

2.3 网络借贷平台舆情分析

2.3.1 舆情数据来源

P2P 网贷是一个相对比较专业的投资领域，相关信息通常比较集中。行业内舆情信息传播渠道可分为三类：

第一类，网络新闻媒体，包括报纸、杂志、财经类网站、传统门户网站财经频道和网贷行业门户网站的新闻频道；

第二类，社交媒体，如平台 QQ 群及出借人交流群和兼具社交和官方性质的微博、微信公众号等；

第三类，P2P 网贷第三方行业垂直门户网站、论坛。

因此，我们选取不同的媒体类型，并且挑选与行业相关性较高的数据源进行数据采集。数据来源包括：

① 1 000 余家新闻类网站；

② 新浪微博；

③ 200 余个平台微信公众号；

④ 41 家较活跃的网贷第三方论坛；

⑤ 800 余个平台官方和出借人交流 QQ 群。

2.3.2 平台媒体曝光度排行

由于资金安全是出借人投资的首要考虑，大部分出借人没有专业的金融风险识别能力，更加注重平台的品牌。新闻媒体曝光度对于一个平台的品牌塑造至关重要。

通过对 20 家平台的新闻报道数量的统计，排名第一的红岭创投远超其余平台，因为除主流媒体对红岭创投的报道之外，平台在中小媒体网站中也频繁出现，数量超过 120 000 篇，远高于其他平台；你我贷、陆金所、点融网、团贷网由于公布融资消息或其他事件，报道数量也都超过 20 000 篇；其余平台的报道数量在 2 000—20 000 篇之间，如图 2-23 所示。

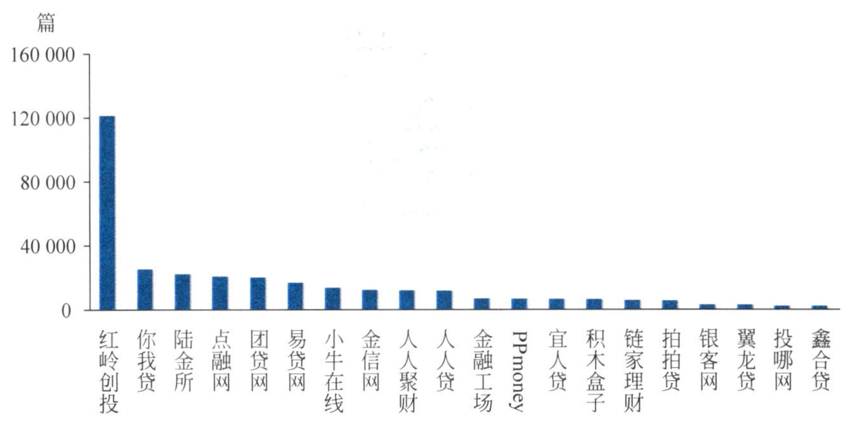

图 2-23　平台新闻曝光度排行榜

数据来源：盈灿咨询、讯库舆情

2.3.3　平台讨论热门词语

论坛、QQ 群一直是行业内出借人交流的主要场所，从讨论中整理出的高频词代表了出借人对于网贷平台的关注热点。随着平台营销活动的火热和问题平台频发，羊毛群和维权群也层出不穷，维权与平台活动成为出借人讨论的重要话题。

相比上半年，下半年涉及维权，跑路的 QQ 消息明显增加。其中不乏对 P2P 网贷行业了解不深，线下理财转网上理财的新手投资人对这个行业的质疑。从词云图 2-24 上可以看出，主要热词集中在薅羊毛①、维权、投资交流和行业交流四个方面。

如表 2-3 所示，薅羊毛相关词语被大量提及，可见不少平台通过高额补贴出借人来聚拢人气，反映出 2015 年行业对于资金端争夺的白热化。维权群也随跑路平台高发而增多，维权信息也比较集中。同时，P2P 网贷行业的专业术语已趋规范化，无论是薅羊毛还是中雷之后维权，出借人对 P2P 网贷行

① 薅羊毛：专门搜集各种金融机构、理财机构及各类商家的优惠信息，从而获得优惠乃至金钱上回报的行为被称作薅（hāo）羊毛。

图 2-24　论坛、QQ 群词云图

资料来源：盈灿咨询、讯库舆情

业更加理性。对网贷行业具体业务的了解也更加深入，对具体地域实体经济状况了解的出借人也有很强烈的表达欲望，在网贷论坛、QQ 群等发表不同的声音，投资交流、行业交流等已经形成专业的社区文化。

表 2-3　2015 年 P2P 网贷论坛、QQ 群高频词分类

高　频　词	所属类型
红包、奖励、注册、充值、返现、立返、信用卡、推荐、推荐人、首投、陆金所	羊毛信息
提现困难、限制提现、跑路、骗子、经侦、维权、雷、打不开、逾期、倒闭、自融、失联、债权转让、债转股、山东、深圳、清盘、审核	维权信息
怎么样、听说、假标、造假、安全、过冬、活动、投过、回款、雷、考察、逾期、第三方资金托管、自融、太低	投资交流
垫付、征信、托管、评级、运营、收录、抵押、担保、车贷、风控、业务、银行、第三方资金托管、自融、背景、融资、国资	行业交流

资料来源：盈灿咨询

2.3.4　不同收益率平台讨论热度

出借人会根据自身的风险偏好选择不同收益率的平台，其投资的关注点

不尽相同。对平台收益率区间进行划分，如表2-4所示，每个区间选择相同样本数量的平台并汇总相关数据后发现，对于不同收益率区间的平台，讨论热度与讨论的负面程度有着明显差异。

表2-4　不同收益率区间平台的社交（论坛、QQ群）讨论对比

利 率 范 围	平均社交讨论次数	负面社交舆情占比
较低收益率（<12%）	830.6	4.21%
中等收益率（12%~18%）	384.4	2.76%
较高收益率（>18%）	25.2	8.73%

资料来源：盈灿咨询、讯库舆情

出借人主要关注收益率在18%以下的平台，而较高收益率的平台受到的关注程度偏低。2015年各大平台活动奖励揽客吸引了大量的“羊毛党”①，原本追求高息平台的出借人转变为“羊毛客”②，使得社交讨论中充斥着低收益平台的大量活动奖励消息。因而与2014年相比，2015年高收益率平台受到的关注更少了。同时高收益的平台，出借人对其风险更为敏感，其负面消息占比相对较高。

在行业内得到极大关注的同时，一些知名品牌的负面消息的传播速度也比其他消息快。宜人贷薅羊毛未提现事件、陆金所提现出错、有利网团队离析等问题也得到了公众的广泛关注，聚光灯之下各平台唯恐出现纰漏，因此，较低收益率区间平台的负面社交舆情占比相对中等收益率区间较高。

从新闻数量来看，收益率较低区间的平台占据了绝大部分的媒体报道，如图2-25所示。中小平台意欲借助其他平台的品牌效应，在软文中顺带穿插提及知名平台来提高曝光率。根据网贷之家、盈灿咨询舆情系统的数据，仅“红岭创投”一词在2015年度各类媒体报道中出现次数已超过12万次（未去除重复新闻）。可以看出2015年度各P2P网贷平台在公关、推广等运营方面大量投入，意图在资金端占据更大的市场份额。

① 羊毛党：关注并热衷于“薅羊毛”的群体。

② 羊毛客：通过发现各种各样的平台（包括但不限于P2P网贷平台）所举办的推广活动，并在推广活动中找寻平台“漏洞”从而达到赚取一般投资者所无法获得的超额利润。

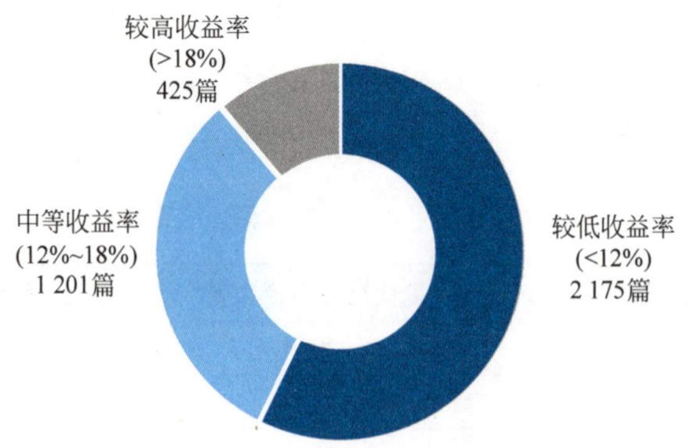

图 2-25　不同收益率区间平台的平均新闻数量对比

资料来源：盈灿咨询、讯库舆情

2.4　地区发展数据统计

2.4.1　地区网络借贷行业发展概况

由于我国地缘辽阔，各个省市的经济发展状况、互联网普及率千差万别，各个地区的网贷生态环境存在较大差异，P2P 网贷发展差异明显。

1. 网贷生态环境

P2P 网贷作为互联网金融的重要组成部分，离不开经济发展与互联网发展的共同支持，我们通过各省市的 GDP、各省市的互联网普及率来分析各省市 P2P 网贷发展的基础——网贷生态环境。

（1）各省市 GDP

广东、江苏、山东省 2015 年的 GDP 总量排名前三，分别达到 7.28 万亿元、7.01 万亿元、6.3 万亿元。宁夏、青海、西藏三地 2015 年的 GDP 总量排名后三位，分别为 0.29 万亿元、0.24 万亿元、0.1 万亿元。全国共有三个省市的 GDP 增速超过 10%，分别为重庆、贵州、西藏，而相对的 GDP 增速置尾的辽宁、黑龙江、山西三地 GDP 增速不足 6%，如图 2-26 所示。

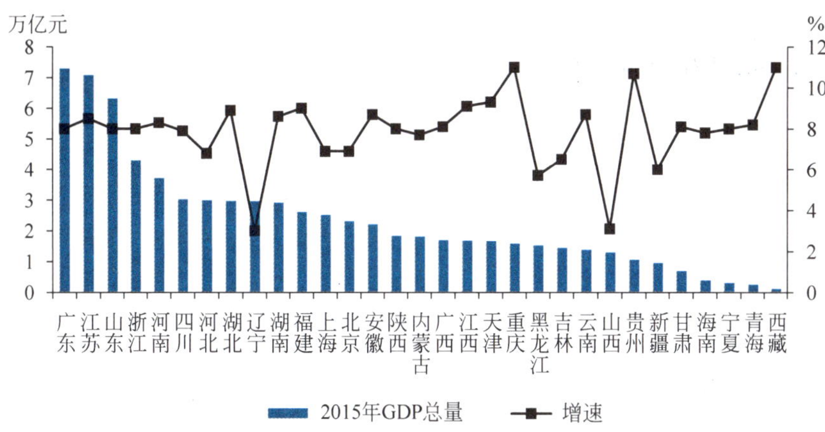

图 2-26　全国各省市 2015 年 GDP 总量及增速

资料来源：盈灿咨询、国家统计局

（2）各省市互联网普及率

北京、上海、广东等 P2P 网贷发达地区的互联网普及率排名全国前三位，普及率均超过 70%，这也表明 P2P 网贷的发展离不开互联网的高度普及。江西、贵州、云南的互联网普及率位于全国末尾，普及率均不足 40%，详见图 2-27。

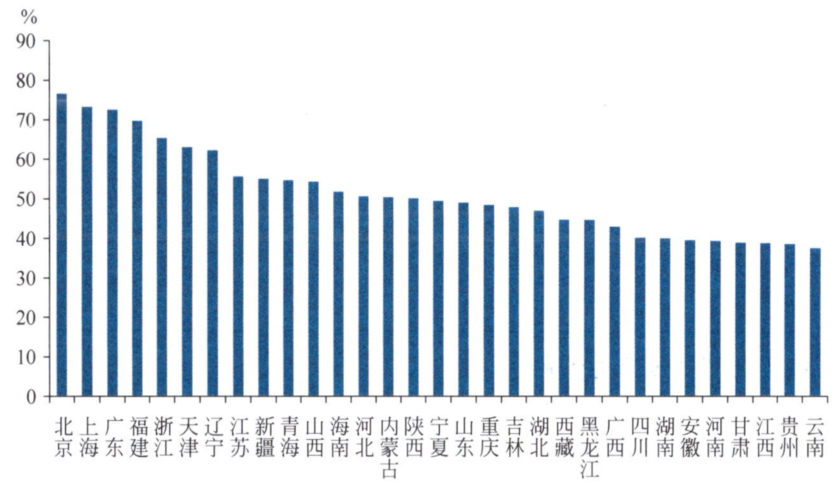

图 2-27　全国各省市 2015 年互联网普及率

资料来源：盈灿咨询、CNNIC①

① 中国互联网络信息中心．第 37 次中国互联网络发展状况统计报告．http://www.cnnic.cn/hlwfzyj/hlwxzbg/201601/P020160122469130059846.pdf.

2. 各地 P2P 网贷平台数量

截至2015 年12 月底，广东、山东、北京三省市分别以476 家、329 家、302 家的运营平台数量排名全国前三位，占全国总平台数量的42.66%，其中山东的运营平台数量相比2014 年增长超过了100%，广东、北京的运营平台数量相比2014 年分别增长了36.39% 和67.78%，如图2-28 所示。其中广东省网贷平台主要位于金融、IT 业较为发达的深圳市，而山东省的运营平台主要位于沿海城市青岛及省会城市济南。与2014 年一样，排名前六位的省市都是分布在经济发展靠前或民间借贷活跃的地区。

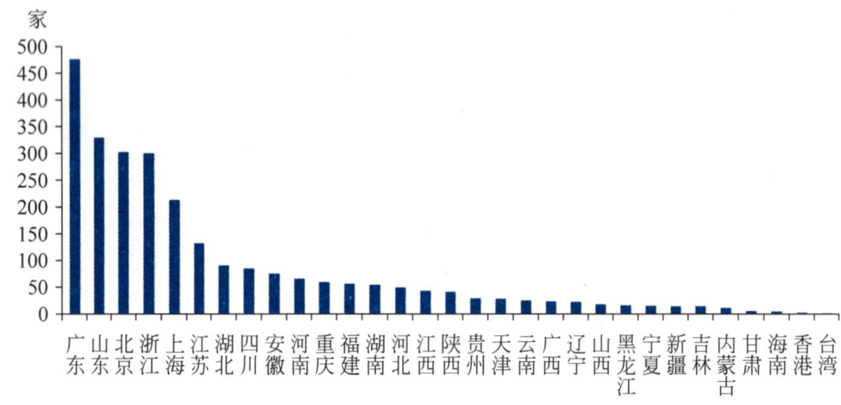

图2-28　2015 年各省市网贷运营平台数量

资料来源：盈灿咨询、网贷之家

随着各地逐步出台支持互联网金融的发展政策，2015 年湖北、四川、贵州等内陆省份的网贷也出现了快速的发展，其中湖北省运营平台数量相比2014 年增长幅度超过了100%。

3. 各地 P2P 网贷成交量

如图2-29 所示，2015 年成交量位居前五位的省市分别是广东、北京、浙江、上海、江苏，累计成交量占据全国累计成交量的比例为87.17%，相比2014 年81.72% 的数值增加了5 点几个百分点。其中，广东省以3 109.63 亿元的成交量位居首位；北京、浙江分别以2 850.07 亿元、1 204.81 亿元的成交量位居第二、第三位；上海以1 126.61 亿元的成交量紧随广东、北京、浙江之后排名第四。

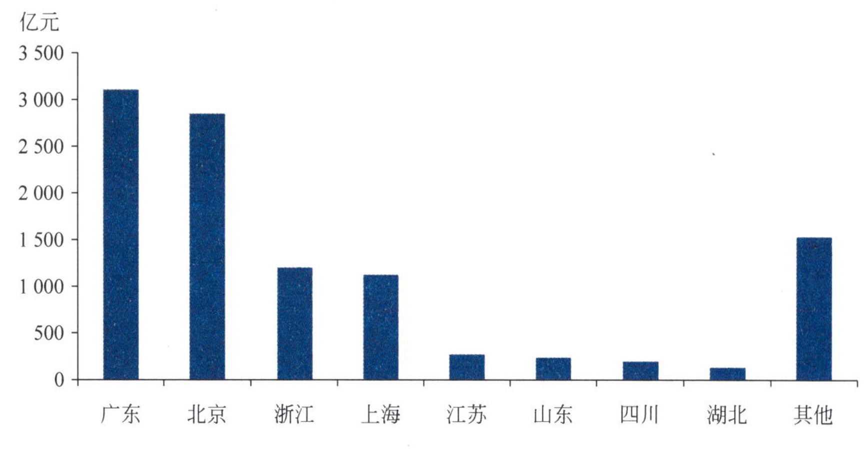

图 2-29　2015 年各省市网贷成交量对比

资料来源：盈灿咨询、网贷之家

全国各省 P2P 网贷行业发展已经形成四个梯队，广东、北京、浙江、上海位于第一梯队，这些地区网贷平台数量众多，大多数平台拥有实力背景，成交规模较大，发展十分迅速，在 2015 年的成交量位居全国前列，累计成交量均超过千亿元。

江苏、山东、四川、湖北、重庆位居第二梯队，年度累计成交量介于 100 亿～300 亿元，这些地区可供投资的网贷平台数量并不少，但是由于缺少成交规模较大的平台，使得这些地区的网贷成交量基本处于稳步增长的状况。

安徽、贵州、山西、福建、河南、湖南、江西、陕西、云南、天津、河北等地虽然传统金融业较不发达，但是民间借贷较为活跃，这些地区的 P2P 网贷行业发展具有较大潜力。目前这些省份的平台年累计成交量介于 10 亿～100 亿元，为第三梯队。由于这些地区平台数量相对较少，缺少实力背景平台，导致这些地区的网贷成交量增长乏力。

其余的省份如甘肃、宁夏、内蒙古等地，活跃的网贷平台数量较少，年累计成交量小于 10 亿元，受单个平台成交规模变动影响较大，为第四梯队。

4. 各地 P2P 网贷贷款余额

从全国分布看，截至 2015 年底，网贷贷款余额排名前三位的省市仍然为北京、广东、上海，累计贷款余额达到 3 498.18 亿元，占全国的比例为 79.6%，其中北京的贷款余额超过 1 800 亿元。2015 年底网贷贷款余额在 5 亿元以上的平台已经达到 128 家，而上年同期仅为 36 家，增长幅度超过

256%，如图 2-30 所示。

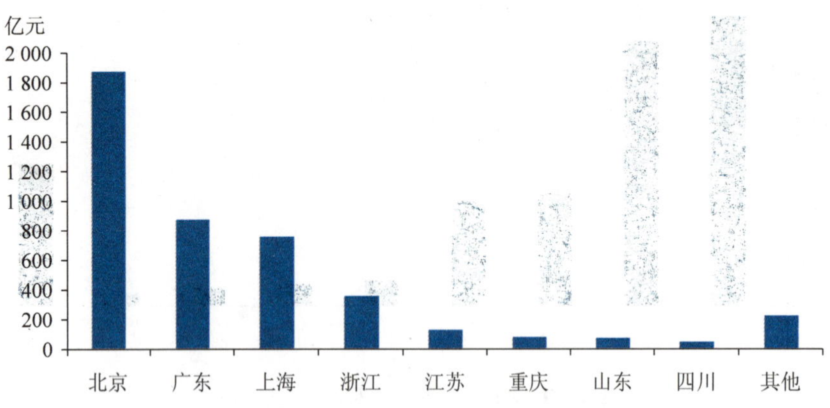

图 2-30　2015 年年底各省市网贷贷款余额

资料来源：盈灿咨询、网贷之家

5. 各地 P2P 网贷综合收益率

从各省市 P2P 网贷的综合收益率情况来看，内蒙古、安徽、甘肃的 2015 年全年综合收益率排名全国前三位，其中内蒙古地区的综合收益率高达 27.76%，安徽的综合收益率也超过 20% 达到 20.38%，其余省市的综合收益率都小于 20%，如图 2-31 所示。重庆、上海、北京的综合收益率排名全国末尾，其综合收益率分别为 9.87%、11.47%、12.14%。

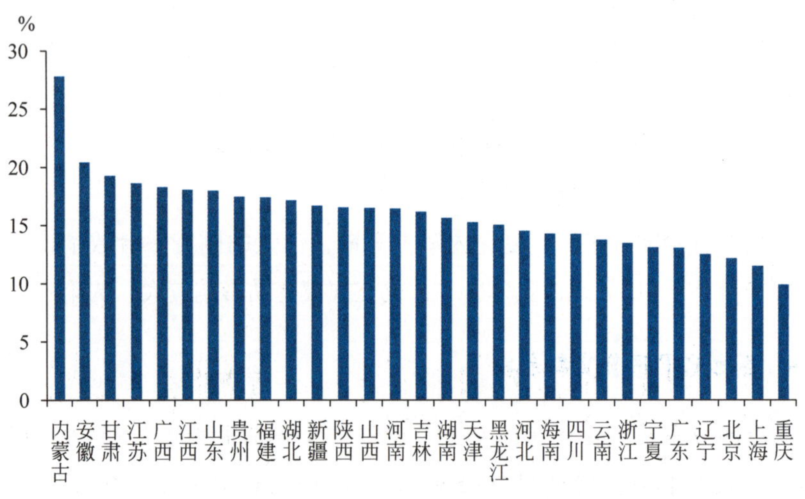

图 2-31　2015 年各省市综合收益率

资料来源：盈灿咨询、网贷之家

2.4.2　地区网络借贷竞争力对比

地区 P2P 网贷综合发展竞争力指数是基于网贷之家数据库中样本数据，对描述各地区网贷生态环境、网贷规模、网贷人气、网贷安全度、资本认可度的 20 多个维度指标进行综合赋权，展示全国（除港澳台外）31 个省/自治区/直辖市的网贷发展综合竞争力。2015 年各地区 P2P 网贷综合发展竞争力指数综合排名如表 2-5 所示：

表 2-5　地区 P2P 网贷综合发展竞争力指数（2015 年）

省份	网贷生态环境（16%）	网贷规模（38%）	网贷人气（18%）	网贷安全度（10%）	资本认可度（18%）	综合竞争力得分
北京	83. 20	97. 35	88. 10	63. 26	68. 11	84. 75
广东	86. 23	98. 63	94. 89	36. 22	49. 89	80. 96
上海	81. 91	89. 41	85. 09	54. 03	36. 11	74. 30
浙江	81. 74	90. 06	81. 33	47. 87	17. 22	69. 83
江苏	80. 71	76. 79	75. 63	55. 18	14. 44	63. 82
山东	74. 75	79. 59	77. 86	30. 55	6. 00	60. 35
四川	63. 58	71. 14	70. 90	66. 53	8. 78	58. 20
湖北	64. 96	69. 48	67. 89	65. 60	6. 67	56. 77
重庆	50. 29	69. 24	58. 93	73. 26	5. 56	53. 29
安徽	46. 92	65. 27	66. 33	56. 74	8. 00	51. 36
福建	57. 32	60. 62	63. 69	63. 78	2. 67	50. 53
河南	49. 33	58. 89	64. 42	71. 39	1. 11	49. 20
江西	42. 22	58. 11	67. 53	75. 33	2. 22	48. 92
贵州	53. 04	58. 17	52. 11	76. 34	2. 44	48. 04
湖南	47. 56	58. 66	65. 00	62. 04	0. 00	47. 80
陕西	52. 26	55. 73	56. 50	73. 33	1. 67	47. 34
河北	48. 37	55. 53	61. 02	59. 31	2. 22	46. 16
辽宁	55. 48	50. 26	53. 07	76. 65	0. 00	45. 19
山西	45. 59	53. 74	55. 97	72. 02	0. 00	44. 99
天津	59. 13	48. 51	49. 65	71. 58	1. 11	44. 19
云南	39. 38	53. 13	57. 02	68. 95	2. 22	44. 05

续表

省份	网贷生态环境（16%）	网贷规模（38%）	网贷人气（18%）	网贷安全度（10%）	资本认可度（18%）	综合竞争力得分
广西	53.91	46.41	63.39	63.62	0.00	44.03
黑龙江	44.45	49.28	47.37	79.79	0.00	42.35
新疆	33.35	42.41	46.09	79.46	2.22	38.09
内蒙古	42.87	35.85	44.00	71.47	1.33	35.79
吉林	36.95	39.25	40.54	72.68	0.00	35.39
宁夏	24.81	41.69	34.05	78.28	0.00	33.77
甘肃	32.49	28.85	35.66	57.02	0.00	28.28
海南	35.41	8.72	30.03	39.08	0.00	18.29
青海	23.59	0.00	0.00	0.00	0.00	3.77
西藏	15.80	0.00	0.00	0.00	0.00	2.53

资料来源：盈灿咨询、网贷之家

1. 北京位居P2P网贷发展综合竞争力指数首位

北京以84.75分位居全国首位。作为我国的政治、经济、文化中心，北京聚集了大量互联网金融人才，加上较大力度的政策支持，使得其在区位、资源、政策上具有较大的优势，在互联网金融领域的发展也是后来居上。如图2-32所示，从具体指标得分可以看出，北京市在网贷生态环境、网贷规模、网贷人气三项指标的得分均不及广东，但是北京地区问题平台发生率较

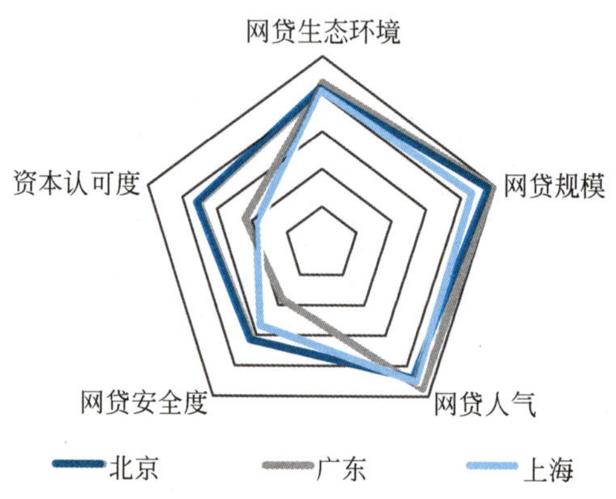

图2-32　北京、上海、广东指标得分雷达图

资料来源：盈灿咨询、网贷之家

低，安全性相对较高，加上实力背景平台数量较多，综合竞争力指数略高于广东省。

位居第二位的广东，网贷综合竞争力得分为80.96分。在自由、开放的环境下，其P2P网贷业蓬勃发展，随之而来的是网贷平台质量参差不齐。问题平台高发生率，是困扰其发展的一个重要因素。该地区的问题平台发生率若有所降低，资本涌入速度加快，网贷规模得分高于北京，未来超越北京仍可期待。长期来看，广东是P2P网贷综合竞争力指数榜首的有力角逐者。

作为金融中心的上海，网贷综合竞争力得分为74.30分，屈居第三位，落后于北京、广东。传统金融的高度发达在一定程度上制约了上海地区的小微金融的发展，在互联网金融发展政策支持力度上也不及北京、广东，其网贷生态环境得分相对较低，知名平台少于北京、广东两地。

2. 沿海经济带多省市位居网贷发展综合竞争力指数前十位

东南沿海作为我国的改革开放门户，地理位置较为优越，经济的发展基本位居全国前列，其P2P网贷行业发展同样领先于全国其他地区。网贷综合竞争力指数前十位省市中，广东、浙江、上海、江苏位居东南沿海，北京、山东位居环渤海地区，这两大区域经济发展较快，金融需求力度大，为互联网金融的发展提供了有利的生态环境。

另外，前十位省市中还包括四川、湖北、重庆三地，分别位居第7、第8、第9位。四川、湖北是内陆省市中网贷行业发展相对较快的地区，高人气是支持其快速发展的主要动力。另外，重庆网贷平台数量虽然较少，但是平台背景相对较强，多与担保公司、小贷公司合作，使得该地区网贷规模加大，安全性相对较高。

3. 网贷发展综合竞争力落后区基本为经济欠发达的西北地区

从地区网贷发展综合竞争力指数来看，网贷综合竞争力后八位，分别为新疆、宁夏、甘肃、内蒙古、吉林、海南、青海、西藏，多数位于西北地区，其中青海、西藏仍然为网贷空白区。这些地区经济欠发达，互联网业、金融业发展较为滞后，网贷生态环境不容乐观。对比可以发现，这些地区的网贷生态环境得分平均为30.66分，基本位居全国末位，如图2-33所示。

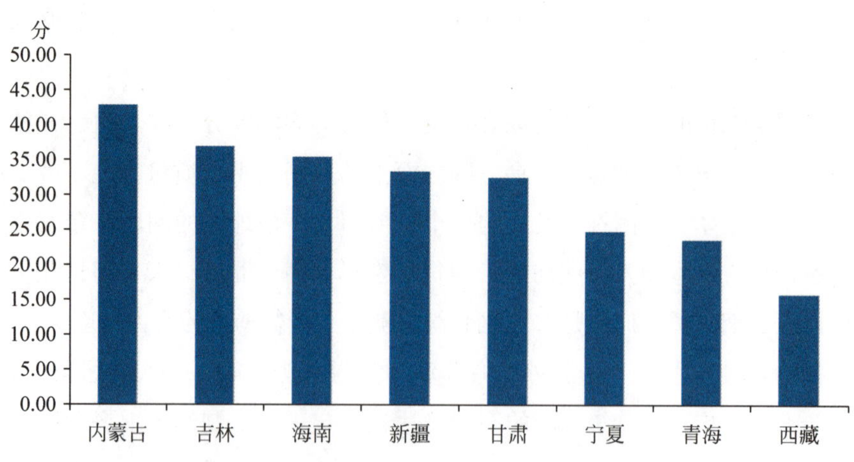

图 2-33　网贷发展落后地区网贷生态环境得分

资料来源：盈灿咨询、网贷之家

4. 江苏社会融资规模前三，网贷发展稍有不足

2015 年地区社会融资规模中北京市、广东省分列前两位，2015 全年社会融资规模分别为 15 369 亿元和 14 443 亿元。而排名第三位的为江苏省，其 2015 年全年社会融资规模为 11 394 亿元，如图 2-34 所示。从社会融资规模这一数据可以看出江苏省的金融发展氛围较好，这对于网贷发展比较有利。但是从网贷竞争发展指数排名看，江苏省仅位列第五位。与北上广三地相比差距较大，更低于同属吴越文化的浙江省，其中网贷规模、资本认可度两项处于明显的劣势。江苏 2015 年网贷成交量不足 300 亿元，同期上海、浙江的

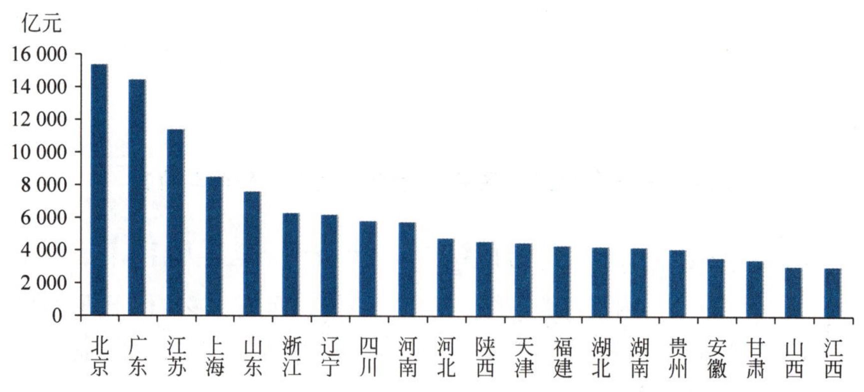

图 2-34　部分省市 2015 年社会融资规模

资料来源：盈灿咨询、网贷之家、中国人民银行

网贷成交量超过 1 000 亿元，而北京、广东两地的成交量约为 3 000 亿元，表明江苏在网贷成交规模方面与北上广相距甚远，这可能由于江苏知名平台与北上广相比较少有关，网贷人气不高所致。

5. 山东成为问题平台重灾区

山东位于中国东部沿海、黄河下游，地理位置优越，“一山一水一圣人”，使得其在经济、文化方面位居全国前列，山东省 P2P 网贷行业发展也位居全国前列。山东网贷综合发展竞争力指数位居第 6 位，其网贷生态环境得分位居全国第 6 位，网贷规模得分位居全国第 5 位。然而，其网贷安全性位居全国末端（除青海、西藏外），如图 2-35 所示，山东 P2P 网贷呈现高速发展的同时，所存在的问题也不容忽视，山东问题平台数达 191 家，问题平台发生率高达 36.73%。这主要与当地法律环境有关，多数问题平台跑路不了了之，缺乏有效的法律制约，在监管措施出台之后，阵痛期过后该地区的网贷发展或迎来一番新气象。

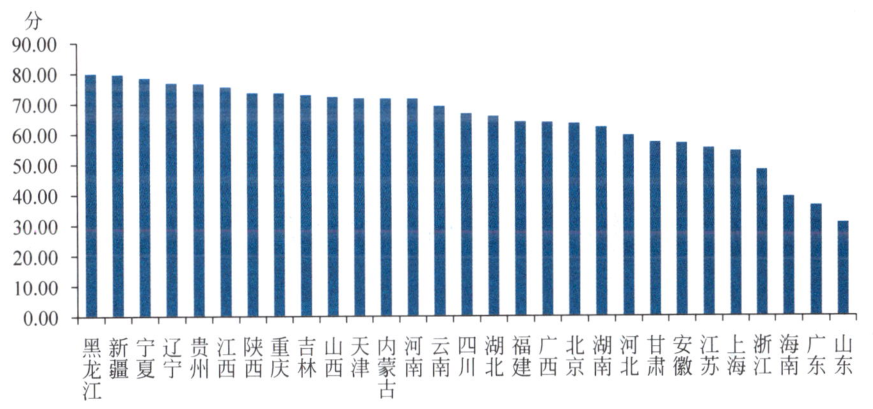

图 2-35　部分省市网贷安全度得分对比

资料来源：盈灿咨询、网贷之家

6. 各省平台资本认可差距明显

获得资本认可的平台主要集中分布在北京、广东、上海三个地区，这三个地区的资本认可度得分分别为 68.11 分、49.89 分、36.11 分，如图 2-36 所示。从全国各省市资本认可度得分看，北京得分优势十分明显，而广东、上海得分处于第二梯队；浙江、江苏处于第三梯队；山东、四川、湖北、重庆等地属于第四梯队，这部分省市获得资本关注的平台数量较少。以 P2P 网贷为代表的互联网金融作为“十三五”发展的重点，未来有无限的成长和创新空间，预计未来进入的正规资本将进一步增加，不过会以综合实力强、发展前景大的平台为主要选择。

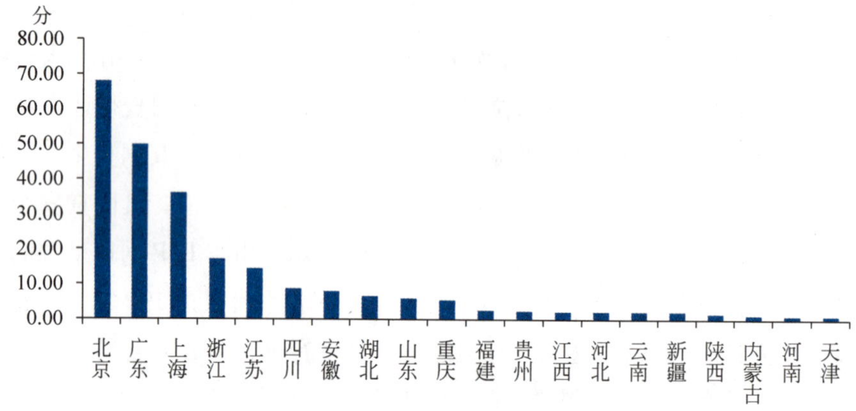

图 2-36　部分省市资本认可度得分对比

资料来源：盈灿咨询、网贷之家

2.5　问题平台分析

2.5.1　问题平台宏观分析

宏观分析主要是站在时间、空间、属性的角度，从数量、地域、问题事件类型、处置情况四个维度，分析问题平台数量及发生率随时间变动情况、问题平台在不同地区分布、不同类型问题平台的爆发原因、问题平台的处置情况。

1. 问题平台数量

P2P 网贷行业发展至今，历史累计曝出 1 263 家问题平台，并在 2015 年呈井喷之势。2015 年网贷行业共爆发 896 家问题平台，占历史累计数量的 70.94%，是 2014 年的 3.26 倍，如图 2-37 所示。

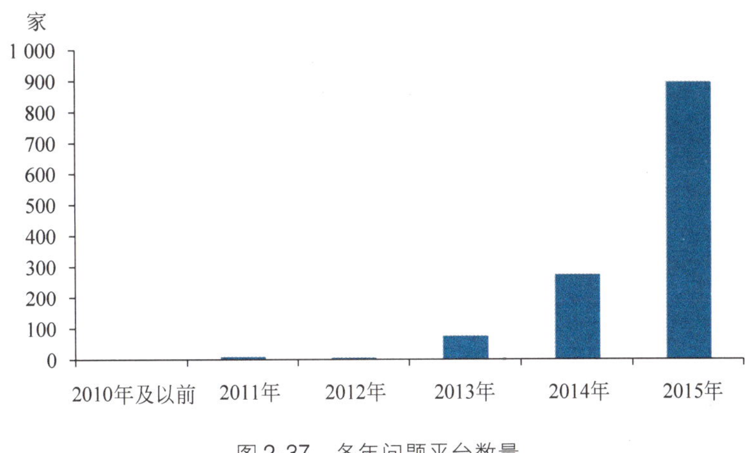

图 2-37　各年问题平台数量

资料来源：盈灿咨询、网贷之家

纵观全年，问题平台高发期出现在年中、年末。这两个时间资金面较为紧张，债务结构不合理的借款人资金面尤为紧张，逾期、展期现象大量发生，爆发出较多的问题平台。月份表现上，6 月、7 月和 12 月单月爆发的问题平台数量均超过 100 家，这三个月问题平台数量合计赶超 2014 年全年问题平台数量，如图 2-38 所示。

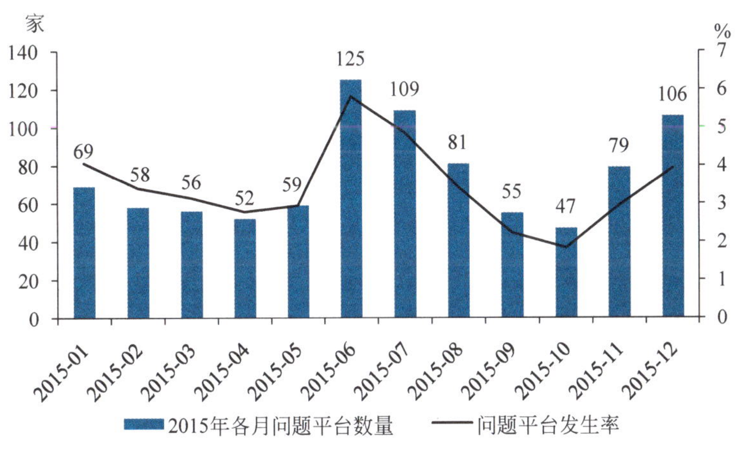

图 2-38　2015 年各月问题平台数量

资料来源：盈灿咨询、网贷之家

在正常运营网贷平台数量稳步增多的情况下，问题平台发生率随着单月爆发较多问题平台而走高，但仍较为可控。2015 年全年每个月的问题平台发生率均在 10% 以下。

2. 问题平台地区分布

问题平台在地区上呈阶梯分布特色。经济水平较高的地区，网贷行业发展较为迅速，吸引了较多的网贷平台入驻。受此影响，这些地区问题平台数量也较多。如东部沿海广东、山东、浙江、上海及首都北京，问题平台数量位居全国前列。五省市的问题平台数量合计占全国问题平台的 60. 16% 。东北及西部地区部分省份，经济活力不足上述五省市，民间借贷活动也不太普遍，在网贷平台数量较少的同时，问题平台数量也较少，如图 2-39 所示。

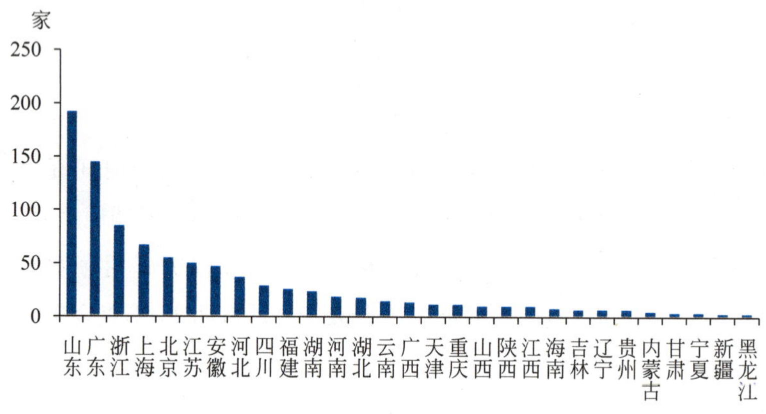

图 2-39　2015 年各省市问题平台数量

资料来源：盈灿咨询、网贷之家

3. 问题平台事件类型

相对于 2014 年，2015 年跑路、停业类型的问题平台数量占比出现了增长，分别为 55% 和 15% ，而提现困难、经侦介入的问题平台数量占比出现了下降，分别为 29% 和 1% ，如图 2-40 所示。之所以 2015 年跑路、停业类型的问题平台占比出现增长，主要原因在于运营平台数量的增加进一步加剧了中小平台的生存压力，一旦经营不善极有可能因此而跑路或停业。同时监管意见稿的出台也使得不少平台选择了加速跑路，这也直接导致 2015 年跑路、停业类型的问题平台数量占比上升。虽然提现困难的问题平台占比数量相比 2014 年出现了下降，但是发生问题平台的绝对数量还是明显上升。平台出现提现困难主要分为以下几个原因：股市大幅波动对 P2P 网贷平台形成了抽资效应，中小平台由于挤兑现象导致无法生存；一些网贷平台拆标现象较为严重，加上资金实力和风控能力较弱，一旦发生负面消息，容易爆发挤兑现象。经侦介入的平台数量相比其他类型的问题平台数量明显要少，但是国湘资本等平台被经侦介入调查受到了整个行业的关注①，P2P 网贷行业秩序整顿对于建造一个健康良好的发展环境有着积极作用。

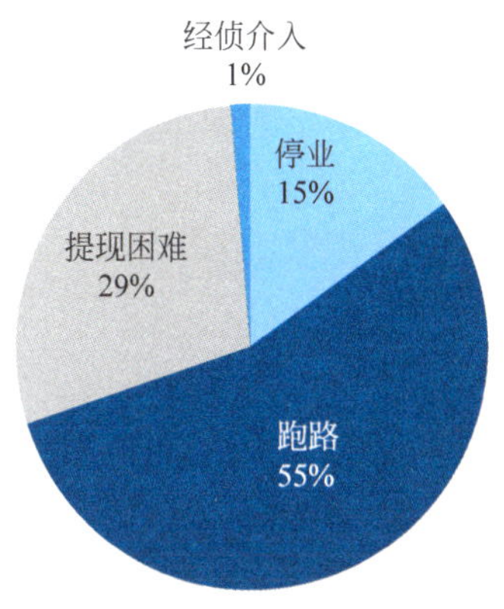

图 2-40　2015 年问题平台事件类型

资料来源：盈灿咨询、网贷之家

4. 问题平台涉及范围

整个 2015 年问题平台涉及的出借人数约为 17.8 万人，约占同期 P2P 网贷行业的 3.1%，而涉及贷款余额约为 87.6 亿元，占 2015 年底 P2P 网贷行业贷款余额的比例仅为 2.0%。可以发现虽然问题平台涉及出借人数、涉及贷款余额在不断增长，但是占整个 P2P 网贷行业的比例却在下降；问题平台的涉及金额及人数在整个 P2P 网贷行业的比例都较小。具体数据详见表 2-6：

表 2-6　问题平台数据统计表

	问题平台数（家）	涉及出借人数（万人）	占比（%）	涉及贷款余额（亿元）	占比（%）
2013 年及之前	92	0.9	3.7	14.7	5.5
2014 年	275	5.5	4.7	50.5	4.9
2015 年	896	17.8	3.1	87.6	2.0

资料来源：盈灿咨询、网贷之家

① 网贷之家. 国湘资本亿元风投被疑 经侦介入摸底平台. 2015-9-2，http://www.wdzj.com/news/pingtai/22858.html.

5. 问题平台处置情况

问题平台的处置情况包括倒闭或警方立案、恢复运营、毫无进展。2015年问题平台的处置情况仍然不容乐观。在896家问题平台中，我们发现的立案问题平台数量不足30家，恢复运营的问题平台数量更少，占比不足1%，其余一些平台直接倒闭，或仍处于不断画饼、毫无进展状态之中。

2.5.2 问题平台微观分析

微观分析主要从问题平台生命周期、贷款余额、注册资本等维度对2015年问题平台进行分析，旨在发掘问题平台的共性或相似性。

1. 问题平台生命周期

在896家问题平台中，已经有80家问题平台查不到上线时间。在可以统计到上线时间的问题平台中，问题平台运营时间差距较大。有的纯诈骗问题平台运营寥寥几天就跑路，也有像盛融在线这样的老平台因自融而爆发提现困难。总体而言，运营时间与相应区间的问题平台数量呈反向相关关系。其中，运营时间不超3个月就爆发问题事件的平台数量最多，占比达到27%。运营时间不足半年的问题平台占比为44%，运营时间不足1年的问题平台占比高达72%，运营时间在3年以上的问题平台占比不足2%，如图2-41所示。

2. 问题平台贷款余额

2015年问题平台的贷款余额又创新高，如年初爆发问题事件的里外贷和盛融在线，平台贷款余额均直逼10亿元。[①] 在我们统计到有贷款余额数据的平台中，贷款余额亿级以上的平台有13家，如图2-42所示。通过研究发现，部分问题平台在暴雷之前会有各种迹象，如发标频率提高，标的期限短而综

① 网贷之家．盛融在线危局持续发酵 投资人深陷维权泥潭．2015-3-23，http://www.wdzj.com/news/pingtai/17856.html.

合收益率高，成交量增长乏力或呈现一定萎缩，大户事先得到消息紧急兑现而引起贷款余额一定程度下降等。

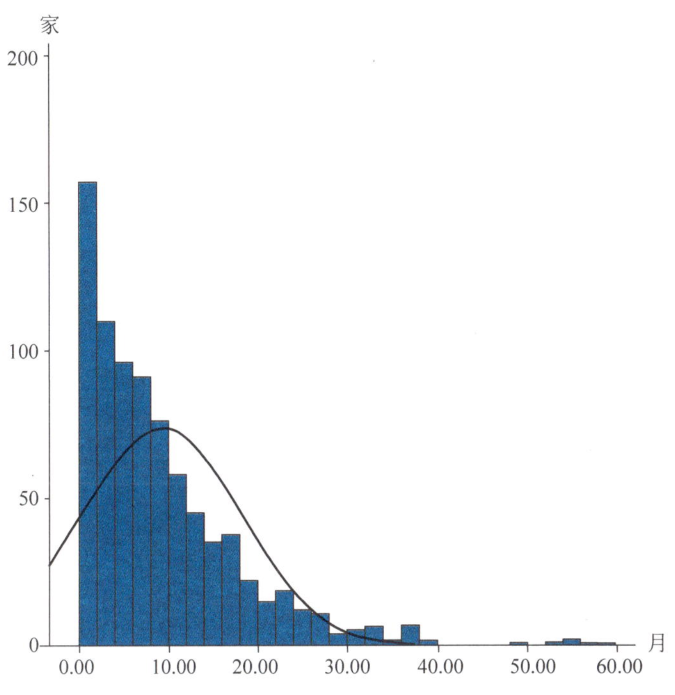

图 2-41　2015 年问题平台生命周期

资料来源：盈灿咨询、网贷之家

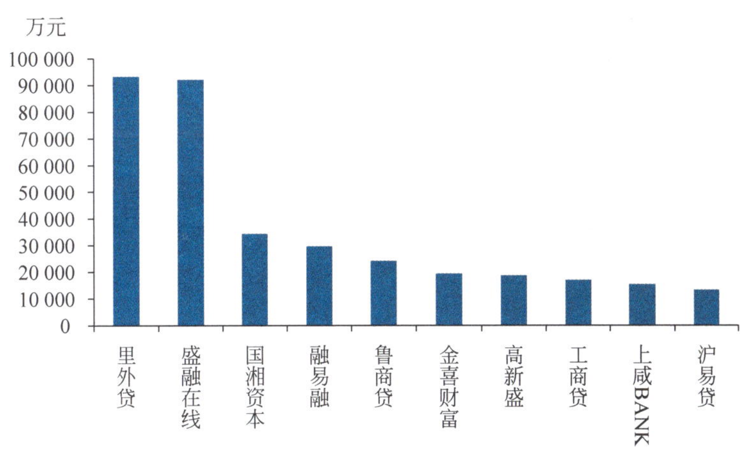

图 2-42　部分问题平台贷款余额

资料来源：盈灿咨询、网贷之家

3. 问题平台注册资本

如图 2-43 所示，注册资本数据可得的问题平台有 893 家，有 530 家的问题平台注册资本在 1 000 万～5 000（不含）万元，占比近 60%；近 15% 的问题平台注册资本在 5 000 万～10 000（不含）万元。也有部分问题平台的注册资本比较小，1 000 万元以下的问题平台占比为 17%，500 万元以下的问题平台占比不足一成，个别问题平台的注册资本不足 10 万元。可见注册资本对判断一个平台是不是问题平台的意义不大。

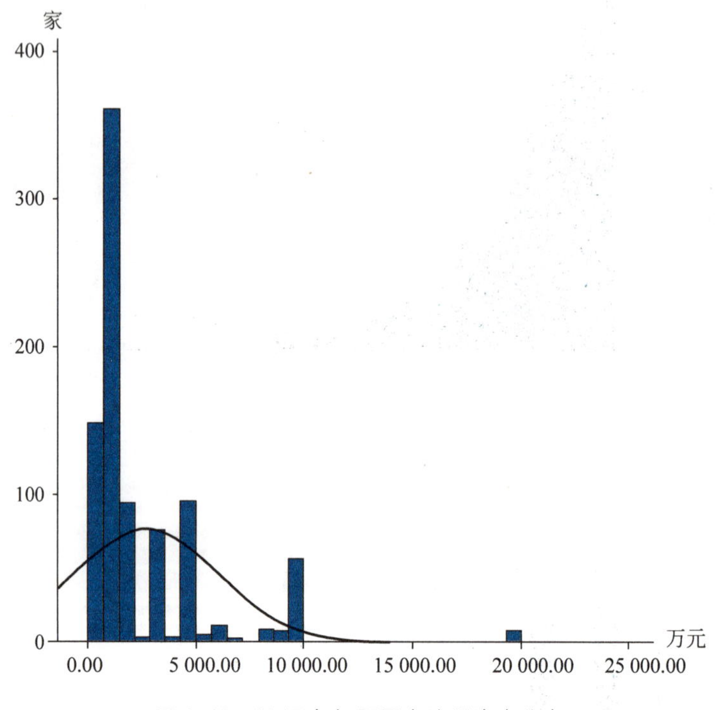

图 2-43　2015 年问题平台注册资本分布

资料来源：盈灿咨询、网贷之家

4. 综合收益率

随着网贷行业综合收益率的下降，问题平台的综合收益率也打破了 2014 年 30%～40% 高息平台占主流的情况。2015 年，50. 22% 的问题平台综合收益率在 18%～24%，43. 61% 在 12%～18%。24% 及以上的高息平台数量大幅下降，但仍有平台以高息吸引出借人，给出了 36% 以上的高息。而 8% 以下低息的平台，对出借人吸引力不足，数量也较少。如图 2-44 所示。

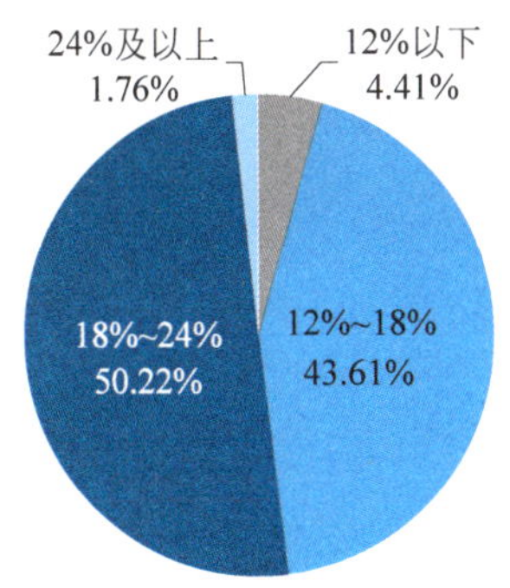

图2-44　问题平台综合收益率

资料来源：盈灿咨询、网贷之家

5. 借款期限

2015年问题平台借款期限以短期为主，其中1~3个月平均借款期限的问题平台占比最多，为64.48%，如图2-45所示。其次是3~6个月平均借款期限的问题平台，占比为21.05%。处于借款期限两端的问题平台占比则有不同，12个月以上较长借款期限的问题平台占比不足1%，1个月以下较短问题平台占比近一成。2014年问题平台平均借款期限为2个月，2015年则有所缩短，43.43%的问题平台的平均借款期限在1~2个月。

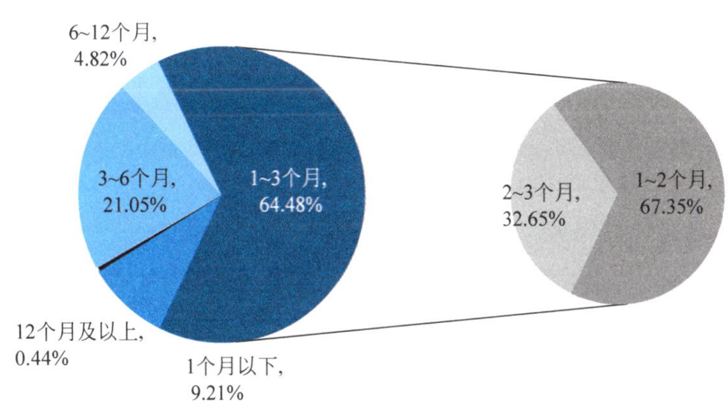

图2-45　问题平台借款期限分布

资料来源：盈灿咨询、网贷之家

6. 待收出借人数

根据统计到的问题平台待收人数，总待收出借人数已超17万。在统计到的数据中，盛融在线的待收出借人数最多，超过1万人，如图2-46所示。另外还有速可贷、工商贷等问题平台的待收出借人数超过1 000人。

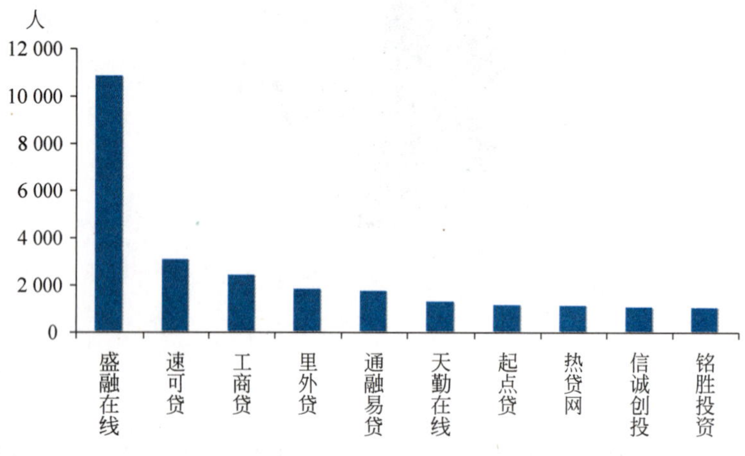

图2-46　部分问题平台待收出借人数

资料来源：盈灿咨询、网贷之家

7. 出借人"触雷"情况及态度

通过对2015年P2P投资人问卷调查[①]显示，2015年网贷投资中，有81.90%的出借人表示未遇到过跑路、停业、提现困难等问题平台事件；13.99%的出借人表示遇到1~2家的问题平台；2.76%的出借人遇到3~4家问题平台；而踩雷高达5家以上的出借人占比为1.35%，同比降低了0.87个百分点，如图2-47所示。

尽管2015年持续爆发出较多问题平台，但有59.63%的出借人表示继续看好P2P网贷行业发展，并追加投资。而这一比例是2014年的两倍之多。33.94%的出借人表示维持现状，而5.67%的出借人表示会减少投资。看空网贷的出借人占比最少，仅有0.76%的出借人表示将退出网贷投资，这一数据同比出现有一定幅度下降。由此说明，出借人对平台爆雷已经有比较理性、客观的认识，也反映了出借人对P2P网贷行业的信心。如图2-48所示。

① 由盈灿咨询与网贷之家联合上海交通大学互联网金融法治创新研究中心、财经国家周刊及财经国家新闻网合作开展。

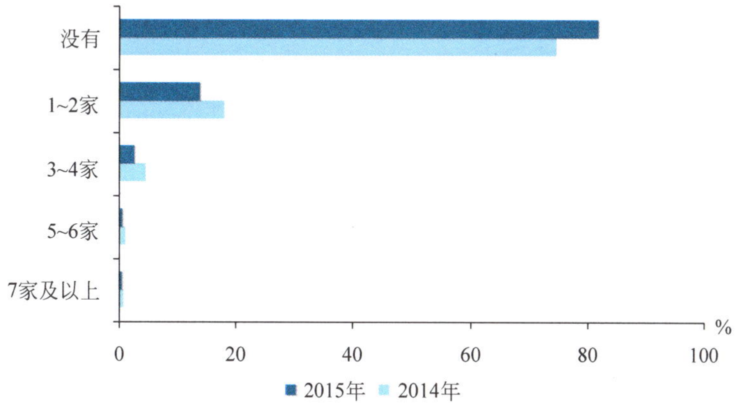

图 2-47　2015 年出借人“触雷”情况

资料来源：盈灿咨询、网贷之家

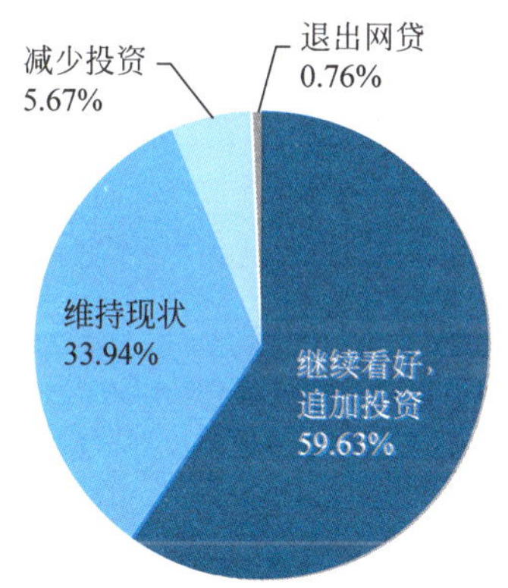

图 2-48　2015 年网贷出借人信心

资料来源：盈灿咨询、网贷之家

2.5.3　问题平台案例分析

1. 跑路型问题平台

近年来，跑路一直是问题平台中常见的事件类型。2014 年大规模的跑路型问题平台并没有让出借人充分提高警惕，2015 年一些虚设网站、蓄意捏造平台资料骗取出借人资金的诈骗平台，不仅故技重施，还想出新的诈骗花招，刷新最短跑路时间，挑战行业底线。

上咸 BANK，全称是“山东上咸投资有限公司”，于 2014 年 1 月 13 日正式上线，注册资金1 666万元。截至2015年1月15日，上咸BANK总成交量4.62亿元，贷款余额1.56亿元，平均借款期限2.9个月，综合收益率28.25%。2015年1月16日下午，上咸BANK出问题的消息在网贷之家论坛及各大网贷QQ交流群传开，该平台的客服QQ集体下线，运营总监电话也打不通，该公司已经“人去楼空”。①

上咸BANK和里外贷，两平台的实际控制人均是高琴夫妇。里外贷问题事件爆发后，不再为上咸BANK强力输血，上咸BANK因资金链断裂而爆发问题事件。上咸BANK有三宗罪：首先是假风投。1月20日，上咸BANK官网公告获得济南华科创业投资企业风投。据工商信息显示，上咸BANK的股东没有济南华科的身影。其次是夸大公司实力。公司宣传优越的办公配置，均是租用非自有。最后是虚假发标。上咸BANK网站首页上的部分投标项目标注为“某公司”或“某集团”，且满标时间极短，这些借款项目实际是伪造借款人身份虚假发标。

2. 提现困难型问题平台

提现困难型问题平台多数为自融平台。平台充当运营公司自身或者关联公司的“资金池”，或者无力垫付的平台采用自融方式，借新偿旧。而自融或多或少地涉及期限错配，一旦发生挤兑，平台资金链极易断裂而爆发问题事件。

盛融在线运营方为广州志科电子商务有限公司，注册资本1 000万元，2010年10月正式上线，2014年3月在深圳前海股交中心正式挂牌。截至2015年2月10日，盛融在线总成交量126.63亿元，贷款余额9.21亿元，平均借款期限1.45个月，综合收益率18.93%。2015年5月14日，盛融在线因涉嫌非法吸收公众存款被刑事立案。② 而该平台最早在该年2月就爆发出无法提现、官方QQ群无客服应答、电话无人接听等问题。

盛融在线爆发提现困难的原因有三。第一，自融。盛融在线的出借人和借款人均集中于内部高管。第二，挪用客户资金。盛融在线发布的提现公告

① 牧晨．传上咸BANK人去楼空 本息待收1.56亿元．2015-1-16，http://www.wdzj.com/news/pingtai/16645.html.

② 网贷之家．盛融在线待收9亿暴雷 涉嫌犯罪已被刑事立案．2015-5-15，http://www.wdzj.com/news/pingtai/18850.html.

称，出借人95%的“站岗资金”不能提现。大规模限制提现实际上是挪用了客户资金。第三，违规担保。盛融在线借款项目的担保公司是其关联公司、平台本身或者是不具融资担保资质的公司。

3. 停业型问题平台

停业型问题平台常见于一些中小平台，这些平台主观上不存在诈骗或自融的意图，多是由于资金实力较弱、业务能力水平较差，在网贷行业总体仍处于亏损状态的情况下无法继续生存，导致其在经营不善的情况下选择停业。以前，此类平台多是低调开张也低调关张，而2015年一些停业型平台以发布“清盘公告”的形式宣布停业。

平台清盘形式有三种，分别是分期清盘、打折回购和“债转股”形式清盘。2015年爆发的停业型问题平台大多是分期清盘、打折回购。

分期清盘，也称“分批清盘”，指对不同的出借人、不同金额的待收款项分多次偿还。这种清盘方式的特点是每批/期赎回金额少、偿还周期长。中信速贷，2014年9月成立于江苏，注册资本金1 000万元。2015年7月，平台发布清盘公告称，受其他平台崩盘等影响，导致出借人集中兑现。因借款企业资金未即时到账，平台决定分批清盘。[①] 根据这种分期清盘，出借人还是有可能拿回本息的，只是等待时间要长一些。

打折回购，是对出借人的债权进行回收，同时根据不同待收金额划定不同回购等级。一般而言，待收金额越高，回购折扣越低。这种清盘方式的特点是无论是几折回购，都造成了出借人资产的大幅缩水。宿州易贷是安徽的一家网贷平台，全称为“安徽洛尧投资有限公司”，注册资本为2 000万元。爆发问题事件后，对未还投资款项采用打折回购方式清盘。[②]

4. 经侦介入型

经侦介入型问题平台多发于平台涉嫌非法吸收公众存款，虽然经侦介入前并未发生实质性的问题。如果平台存在自融等行为，就算经侦没主动介入，之后因提现困难而倒闭的概率也较大。

---

① 希财. 中信速贷跑路了？发布清盘公告. 2015-7-6，http://www.csai.cn/p2pzixun/909113.html.

② 网贷之家. P2P屡现“奇葩说”业内称网贷被玩坏了. 2015-10-28，http://www.wdzj.com/news/hangye/24241-all.html.

2015 年 9 月，深圳平台国湘资本涉嫌非法吸收公众存款自融达 8 亿元被深圳龙岗经侦介入，该平台包括法人代表、CEO 和运营总监等在内的 22 名平台人员已遭警方刑事拘留。[①] 国湘资本，2014 年 1 月 7 日上线，注册资本 4 000 万元，截至事发前，待收金额为 3. 44 亿元。

国湘资本事件爆发的原因有二：一是自融。国湘资本利用集团基酒业务形成的积压基酒进行抵押融资自融，通过虚假发标吸引出借人资金，实则设立资金池。二是虚假风投。2014 年 10 月，国湘资本宣布获得中国黑钻资产管理有限公司、上海银来集团战略投资 1 亿元风投。前者实际为国湘资本注册的空壳公司；而后者公司虽真实存在，但在融资后，国湘资本的工商信息一直未变更，所谓的风投资金实际上是国湘资本向银来集团的拆借资金。

① 网贷之家. 深圳平台国湘资本涉嫌自融 8 亿元公司法人被拘 . 2015-9-2，http://www. wdzj. com/news/pingtai/22851. html.

第3章

网络借贷资产端

3.1 个人信用贷款

3.1.1 个人信用贷款业务分析

个人信用贷款业务是针对个人各类需求提供的贷款业务，贷款额度一般在50万元以下，借款期是1个月到3年不等，借款人不需要提供抵（质）押物，凭借款人的信用就可以借到资金。

不同的P2P网贷平台对个人信用贷款的条件要求、贷款流程、审批额度虽有不同，但业务流程基本相似。一般P2P网贷个人信用贷款业务流程如图3-1所示：

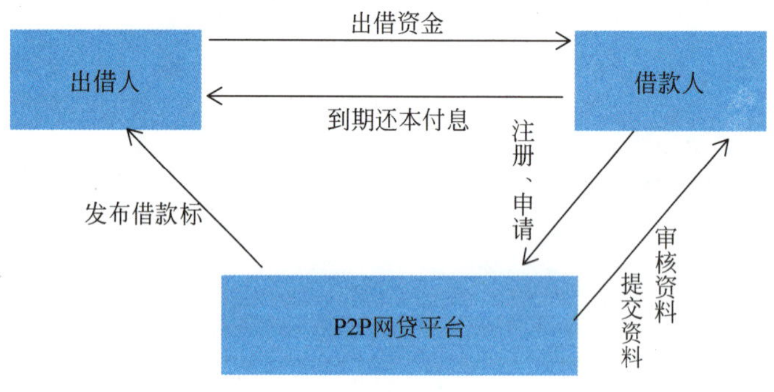

图3-1 个人信贷业务流程图

资料来源：盈灿咨询

由于个人信用贷款不需要任何的抵押物，因此P2P网贷平台对个人信贷可以采用线上审核的方式，即平台人员对借款人提供的电子信息（身份信息、收入情况、工作情况、信用记录等）进行审核，通过电话询问借款人以及借款人亲属的方式对借款目的、还款能力等进行了解。线下审核则由平台工作人员对借款人提供的纸质材料进行审核，并进行面谈。相比较而言，线上审核成本相对较低，但是在风险控制上要弱于线下审核，审贷的准确性受到影响。

个人信用贷款业务面临的风险主要包括：①借款人的信用风险，借款人信用受诸多方面的影响，包括个人工作的变动，个人收入的变动，个人身体状况等；②平台内部制度漏洞，平台审核没有统一的标准，审贷人员靠经验判断也可能造成风险；③平台工作人员与借款人勾结骗贷，存在道德风险。

在我国的征信体系尚不完善的情况下，征信数据的使用机构覆盖面窄，导致我国 P2P 网贷个人信用贷款业务整体规模受到限制。随着我国个人征信的市场化，对平台个人信用贷款业务将会有很好的推动作用，基于场景的垂直市场个人信用贷也将会陆续出现。

3.1.2　纯线上个人信用贷款

纯线上个人信用贷款是指从申请到审批通过、放款、再到借款人还款，不需要借款人提交纸质材料也不需要进行面签，只要借款人信用记录良好，就可以在线上获得贷款的过程。这个过程可能仅需要几分钟的时间，效率远高于传统个人信贷模式。在征信技术逐渐完备的趋势下，个人信用贷款将是 P2P 网贷的未来，而在线放贷则是大势所趋。

目前从事在线放贷的 P2P 网贷平台中具有代表性的平台有：拍拍贷、宜人贷、爱钱进、人人贷、积木盒子等，如表 3-1 所示。

表 3-1　纯线上个人信用贷款产品平台情况列举

平台	产品	借款利率（月息）	借款额度	还款期限
拍拍贷	—	0.55%	1 000～50 万元	3、6、12 个月
宜人贷	极速模式	0.78%	1 万～50 万元	12、24、36、48 个月
爱钱进	借啊	≥1%	10 万元以内	3 年以内
人人贷	工薪贷	0.55%～0.88%	3 000～50 万元	3、6、9、12、15、18、24 个月
积木盒子	读秒	—	1 000、3 000、5 000、10 000、15 000、20 000 元	1、2、3、6 个月
挖财	快贷	≥1.2%	20 万元以内	1、3、6、12、18、24 个月

资料来源：盈灿咨询、各门户网站

纯线上个人信贷的借款利率基本在年化6.6%以上，借款的额度在50万元以内，还款期限最长可以达到48个月。对于P2P网贷平台而言，纯线上个人信贷业务重点是对借款人的信用审核，大部分的平台都是通过自建数据模型来完成对借款人进行信用等级划分。还有部分P2P网贷平台与征信机构合作，完成对借款人的信用等级划分，并以此确定借款人的授信额度。

3.1.3 线上借款人画像

1. 借款人属性

男性青年为线上借款申请主力。在众多借款人中，男性占据多数，比例高达77.74%，这与目前国内多数企业主为男性的情况相符，如图3-2所示。

男性占比77.74%

女性占比22.26%

图3-2 线上借款人性别分布

资料来源：盈灿咨询、融之家

19~35岁是借款人主力。从线上借款人年龄分布图3-3中可以看出，借款人数的年龄段多数集中在19~35岁（包括19岁和35岁），占比达到了88.87%，呈现出非常明显的年轻化主体。由于该年龄段人群对于互联网接触较深，同时伴随着P2P网贷本身就是小额、短期，以及“80后”、“90后”提前消费的意识也越来越强，所以这是一个可以预见的趋势。

借款人婚姻状况。在借款人婚姻分布情况中，已婚和未婚的数量占比相对比较接近，分别为43.64%和56.36%。以25岁为已婚、未婚的分界线，从借款人年龄分布看也比较符合已婚、未婚数量占比接近的现状。如图3-4所示。

借款人学历与征信记录。线上借款人的学历主要集中在大专及大专以下，其借款人数量占比达到了 82.94%。本科、研究生及以上学历的借款人数量占比分别为 16.19%、0.87%。数据呈现出借款人学历与借款人数量明显的反比关系。

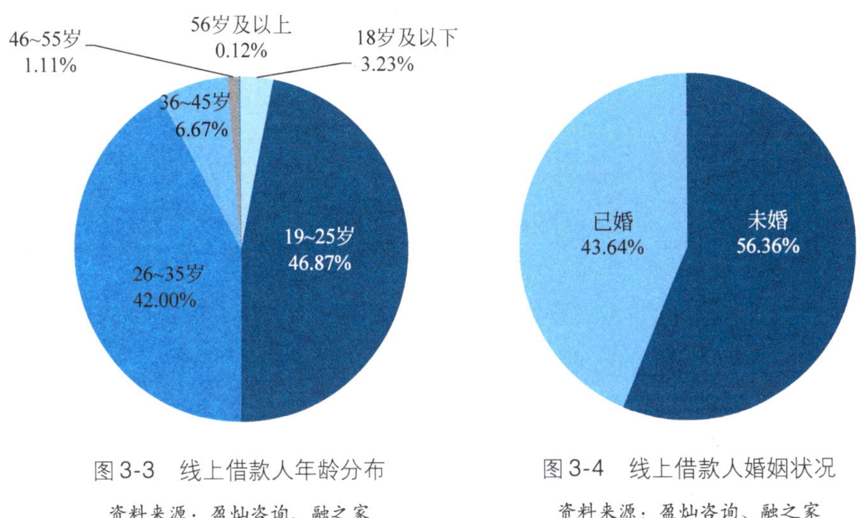

图 3-3　线上借款人年龄分布

资料来源：盈灿咨询、融之家

图 3-4　线上借款人婚姻状况

资料来源：盈灿咨询、融之家

信用记录良好的借款人数量占比达到 60.87%，出现少量逾期及征信较差的借款人占比 17.71%，无信用记录的占比为 21.42%，如图 3-5 所示。良好的信用记录对于 P2P 网贷在个人信用贷款降低坏账方面有着较好的帮助，能进一步增强风险控制。

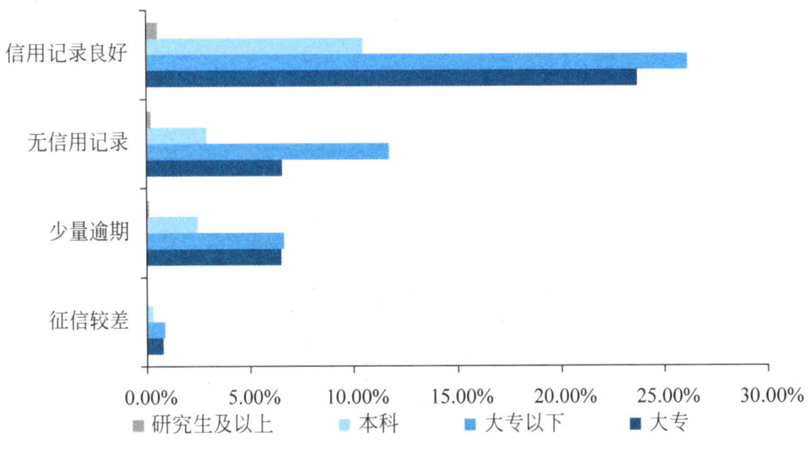

图 3-5　线上借款人学历及征信记录

资料来源：盈灿咨询、融之家

借款人地域分布。由于多数平台的业务来源还是来自于本地，借款人多数也是来源于平台所在地，所以，平台数量分布也可以从侧面反映全国的借款人分布。根据资料显示，在借款人分布情况中，借款人集中最多的地方是东南沿海地区，主要分布在广东、浙江、江苏、福建这四个地区，人数占比分别达到 16.20%、9.39%、9.22%、7.42%。此外，中西部地区中，四川、湖北的借款人数也相对较多，占比达到了 6.23%、4.50%。上海、北京、山东等 P2P 网贷发展领先地区，借款人数量紧随其后。如图 3-6 所示。

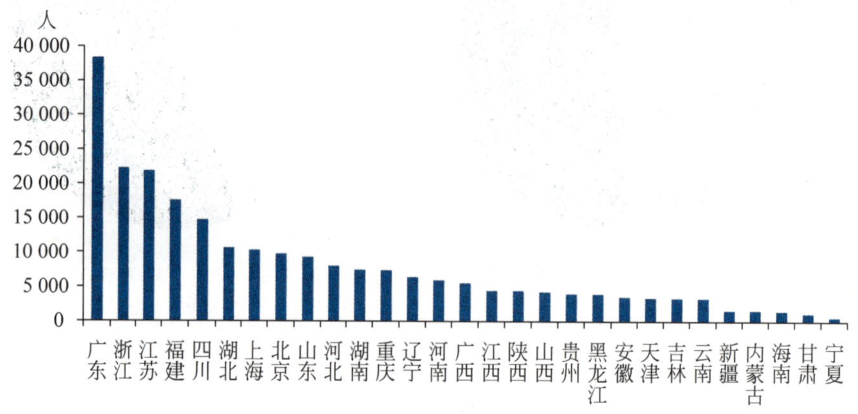

图 3-6 线上借款人地域分布

资料来源：盈灿咨询、融之家

借款人工作年限。线上借款人工作年限在 1～3 年是最多的，将近一半的借款人都在这个范围内。如图 3-7 所示。

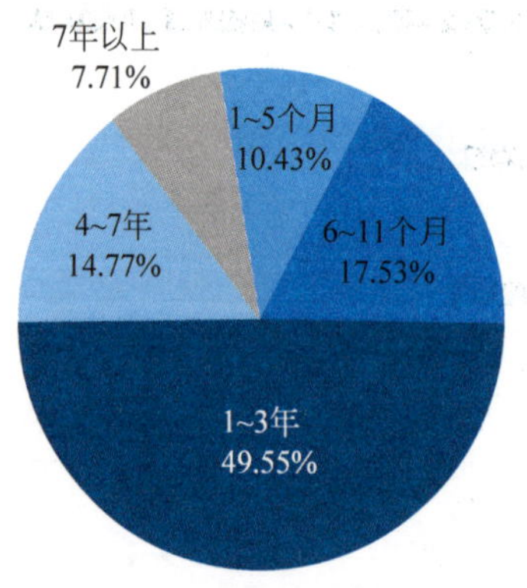

图 3-7 线上借款人工作年限分布

资料来源：盈灿咨询、融之家

借款人收入情况。线上借款人的月收入分布集中在 1 500～8 000 元，占比达 84. 10%，其中尤以 3 000～5 000 元的收入人群最多，占比达到 39. 96%，详见图 3-8。

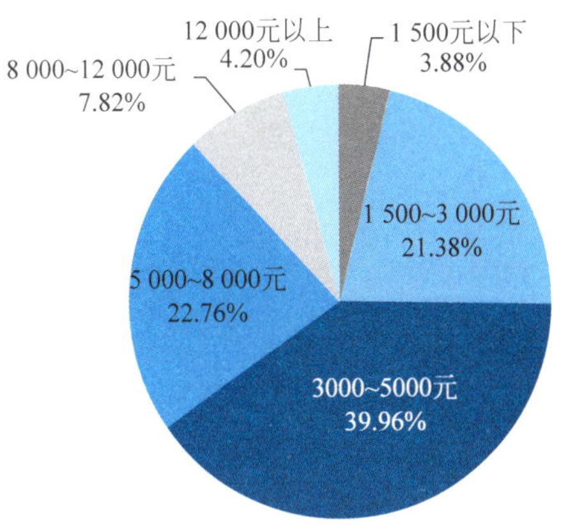

图 3-8　线上借款人收入分布

资料来源：盈灿咨询、融之家

借款人信用卡拥有情况。在借款人是否有信用卡中，56. 65% 的借款人拥有信用卡，有 43. 35% 的借款人没有信用卡，如图 3-9 所示。拥有信用卡的人已经习惯于信用消费，对纯线上信贷的接受度也相对更高。

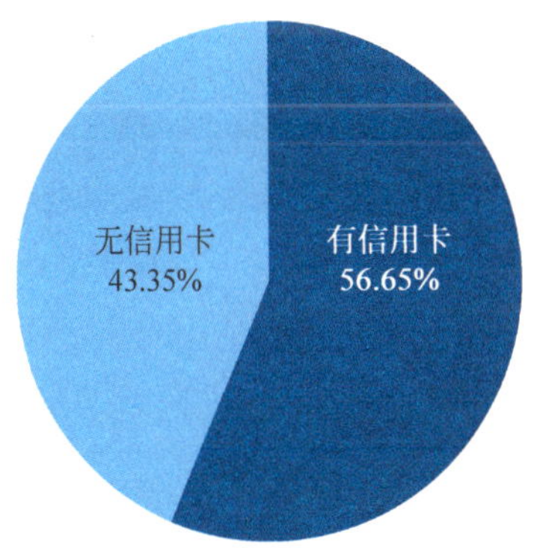

图 3-9　线上借款人信用卡拥有情况

资料来源：盈灿咨询、融之家

无车、无房的人更喜欢在线上借款。如图 3-10、图 3-11 所示，无车、无房的借款人在线上借款的比例最高，其中 82. 31% 的借款人没有车产，61. 68% 的借款人没有房产。在有房产的借款人中，拥有商品房的借款人占比最高为 12.51%，其次是宅基地为 9.40%。大多数借款人无车、无房符合 P2P 网贷服务中低收入人群的特性。P2P 个人无抵押小额信贷业务的发展正在成为在信用卡之外个人消费借贷的另一重要渠道。

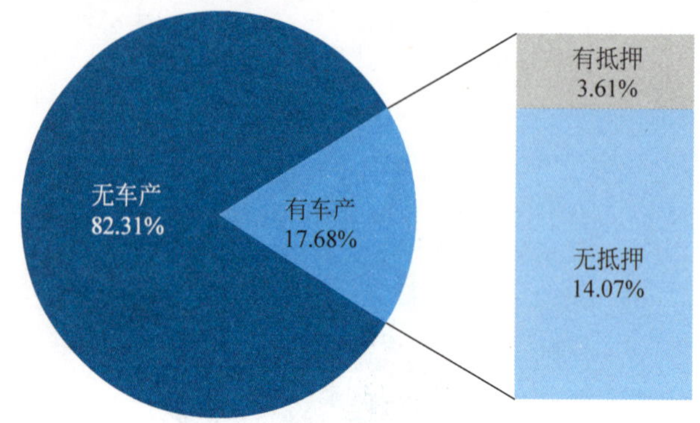

图 3-10　线上借款人车产拥有情况

资料来源：盈灿咨询、融之家

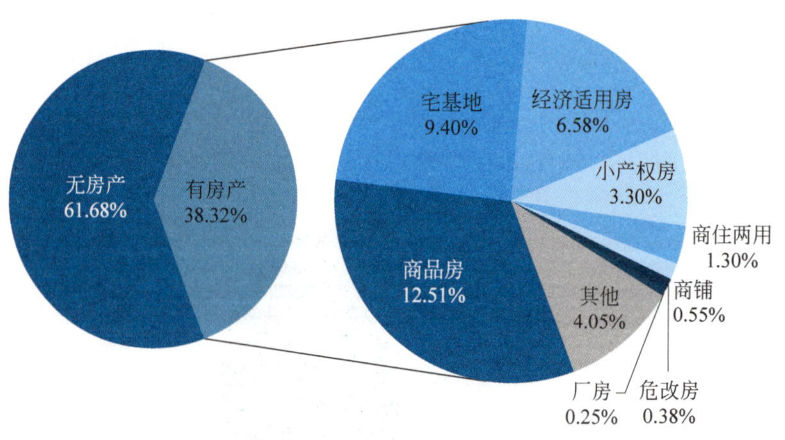

图 3-11　线上借款人房产拥有情况

资料来源：盈灿咨询、融之家

2. 借款资金用途

在借款人的资金用途上来看，主要可以分为 9 大类。其中，26.00% 的借款人资金用于过桥短期资金。另外，资金用于网购贷款的借款人数仅次于过桥短期资金，占比高达 20.52%。用于装修贷款、旅游贷款、教育培训贷款、购车贷款的人数占比介于 5%~20%。这部分资金主要属于借款人改善生活的需要，对促进消费拉动内需起到了重要的作用。三农贷款、购房贷款、股票配资贷款的人数占比相对较少，处于借款资金用途的尾端。如图 3-12 所示。

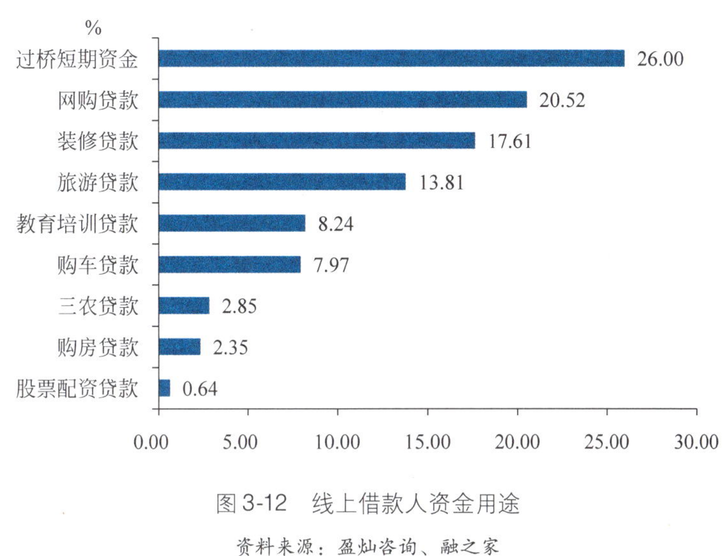

图 3-12　线上借款人资金用途

资料来源：盈灿咨询、融之家

3.1.4　典型平台：拍拍贷

拍拍贷成立于 2007 年 6 月，是我国成立的第一家 P2P 网贷平台，其服务个人消费借款的纯线上无抵押无担保模式，与国外 P2P 网贷标杆 Lending Club 相似，也因此成为国内个人信贷的典范之一。

2008 年下半年，拍拍贷把全部业务转到线上，解决了传统金融高成本审贷和获客问题，突破了地域的限制，有效发挥了线上模式边际成本低的优点，因而能够为长尾消费市场的广大个人用户提供标准化的服务。

拍拍贷于 2015 年 3 月正式发布“魔镜”风控系统，在提高业务自动化程度的同时，对 60 余亿条互联网行为数据进行筛选、分析和验证，从而对借款个人做出精准的风险评级和定价，风险等级从 AAA 到 F，风险依次上升。借助高效的风控技术，拍拍贷笔均借款额度控制在 4 630. 43 元，在小额分散的前提下较好地满足了个人高频消费借款的需求。

2015 年 4 月，拍拍贷完成了 C 轮融资，联想控股旗下君联资本和海纳亚洲联合领投，VMS Legend Investment Fund I、红杉资本以及光速安振中国创业投资基金等机构跟投。[①] 根据拍拍贷年报显示，2015 年拍拍贷全年共受理 5 539 890 笔借款申请，平均每分钟 10. 54 笔，成功借款人数量占行业借款人总数的 23. 38%；全年成交 56. 25 亿元，用户规模达 1 211 万人。

拍拍贷纯线上信贷产品针对的客户人群主要包括：普通借款人（工薪族、私营业主、学生、网购达人）、网店卖家、拍拍贷投资人。借款人在拍拍贷验证身份信息后，便可上传资料发布借款标。根据借款人的不同，提供的资料也略有不同，其中普通借款人需要提供劳动合同、收入证明、身份证明等；学生需要提供身份证明、学历证明等；网店卖家则需要通过网商卖家身份认证；拍拍贷投资人的账户资金需要满足一定的额度才能发布借款标。借款利率由系统根据借款人上传的资料、个人信息、认证情况等综合评定给出。

3.2 汽车金融

3.2.1 汽车金融概述

汽车金融起源于 20 世纪 20 年代的美国，最早的业务模式是提供购车人的汽车销售分期贷款服务。广义的汽车金融是指在汽车的生产、流通、购买与消费环节中融通资金的金融活动；狭义的汽车金融服务是指汽车销售过程中的金融服务。

目前汽车金融市场的主要参与者包括银行、汽车金融公司、融资租赁公司，以及互联网金融公司（如 P2P 网贷平台）。银行的资金成本低，物理网点多，但是需要其他抵押物和担保，客户体验较差，而且银行对于车辆的风险评估和处置变现经验不足；汽车金融公司专业性较强，但资金成本较高，需要外部补贴（如整车厂）来提高竞争力；融资租赁公司相对灵活，但是融资渠道单一，规模化较难，而且利率较高；互联网金融（如 P2P 网贷平台）

---

① 拍拍贷．拍拍贷顺利完成 C 轮融资．2015-4-7，http://www.ppdai.com/help/mediaReports123.

产品最为灵活多样，满足个性化需求，客户体验较好。但是存在政策风险，发展时间最短，市场占有率和影响力均较小，但增速较快。

目前，P2P 网贷平台提供的汽车金融产品主要面向车主（企业或个人）和车商，包含新车和二手车的金融服务，借款用途包括资金周转、购车垫资款、购车分期贷款等，多数以车辆作为抵押或者质押作为风控措施，详见表 3-2。

表 3-2　车贷产品平台情况列举

平台	产　品	收益率	期限	说　明
微贷网	车辆抵押贷	9.5%~18%	1 天 ~36 个月	我国最大的车贷平台，“上市系＋风投系”强背景
投哪网	旺车贷	10%~21.4%	1~36 个月	广发证券战略合作伙伴
积木盒子	车辆周转贷、车辆抵押贷、车商周转贷	8%~9%	1~3 个月	率先实现平台资金的银行托管，转型综合智能理财平台
人人聚财	车辆抵押贷	14.2%	12 个月	“本地化＋大数据”双重风控
搜易贷	车易贷	6.5%~13%	1~36 个月	品类丰富，包含车商贷、购车垫资贷、购车分期贷
易贷网	车辆抵押贷	12%~14.4%	1~24 个月	软银中国注资，信息披露较全面
短融网	车押宝	10%~18%	7 天 ~3 个月	以短期理财项目为主
银客网	好车宝	8%~18%	0.5~12 个月	车辆抵押贷款或者担保公司担保贷款

资料来源：盈灿咨询

3.2.2　P2P 网贷车贷产品业务模式

如图 3-13 所示，P2P 网贷平台上的汽车金融产品的运作相对成熟和标准，一般采用线上发标融资和线下借款审核的商业模式，以车辆为核心，采用车辆抵押或质押、第三方担保以及平台的风险准备金进行多重保障，并依靠大量线下分公司和工作人员进行风控尽调，以及贷后催收等。

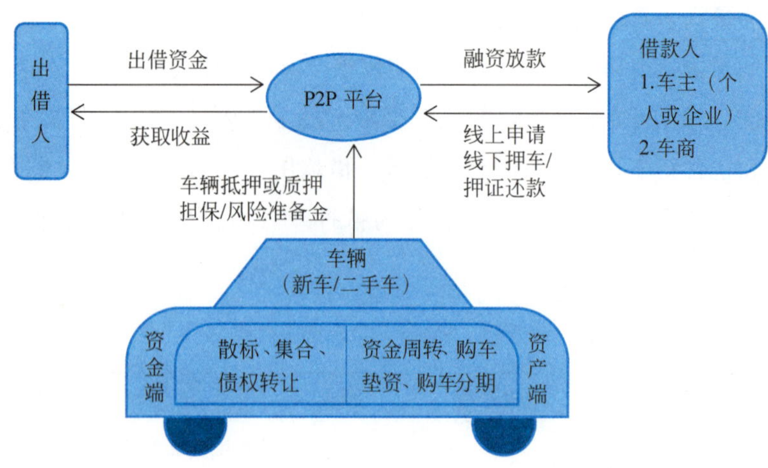

图 3-13　P2P 网贷车贷产品业务模式

资料来源：盈灿咨询

客户开发一般是由线下分公司业务员邀约，也可客户线上自行申请，一般需要身份证、机动车登记证、行驶证、车辆商业保险全险保单、个人信用报告、工作证明和其他资信材料。在经过多轮审核、车辆评估和尽职调查（在需要排除风险点的情况下）后，将签订放款合同，客户把车辆抵押给平台指定的债权人，由债权人陪同借款人去车管所进行抵押登记，并在车辆隐秘处安装多个 GPS；如果是质押，将车辆保存在指定停车场。最后，按照客户的风险评级，平台发标融资，满标后把资金打给借款人，并由专人负责贷后管理，维护保养车辆或者跟踪车辆位置，提醒客户到期还款和完成催收。

3.2.3　P2P 网贷车抵贷款 SWOT 分析

P2P 网贷车抵贷款 SWOT 分析如表 3-3 所示：

我国的汽车消费市场增量和存量巨大，P2P 网贷车抵贷款借款人来源广泛。据中国汽车工业协会的数据显示①，2015 年我国汽车产销量超过 2 450 万辆，创全世界历史新高，连续七年蝉联全球第一；据德勤研究②，我国机动

① 中国新闻网．2015 年中国汽车产销量创全球历史新高．2016-1-12，http://finance.chinanews.com/auto/2016/01-12/7713329.shtml.

② 德勤研究．2015 中国汽车金融白皮书．2015，pp. 20.

表 3-3　P2P 网贷车辆抵押贷款 SWOT 分析

方面	SWOT 分析
S（优势）	1. 出借人获得的平均收益率在行业主流收益率范围，略高于房产抵押等其他常见抵押类产品，具有一定利率优势。 2. 车辆抵押贷款一般期限较短，受出借人喜欢。 3. 风控体系成熟，运作模式标准，易于复制和推广。 4. 抵押物可控性好。车辆质押，受平台控制；车辆抵押，车管所登记受法律保护，GPS 定位技术成熟，有效追踪抵押车辆位置。 5. 符合小额分散的要求，有发达的二手车市场，价格透明，变现快，也不会对平台资金流造成较大压力。
W（劣势）	1. 多数平台采用线下风控审核，分公司和风控专员要尽可能覆盖多个地区，虽是互联网金融，仍然重资产，对人员管理和培训、总部监督都提出了更高要求。 2. 模式成熟，运作标准，不容易形成独特竞争优势，只能靠价格战，中小平台的利润空间被压缩。 3. 车辆作为动产，相对于房产抵押，需要专人定时跟踪；每单借款相对较小，需要更多的业务员进行资产端开发，人力成本提高。
O（机会）	1. 2015 年，我国汽车产销量全球第一，二手车市场增速迅猛，汽车金融渗透率（2014 年仅为 20%①）远远落后于西方发达国家，未来增长空间巨大。P2P 网贷汽车金融业务也将受益于整体市场规模的提升。 2. 国外汽车金融与互联网结合发展良好，可参考借鉴，如 Ally Financial（联合汽车金融公司）。
T（威胁）	1. 政策上依然存在风险，监管细则在各地方执行会有不同。 2. 传统金融已经注意到互联网金融的优势，在努力缩小差距；汽车金融公司拥有更多的专业业务人员，P2P 网贷车辆抵押贷款市场影响力较小。 3. P2P 网贷行业从蓝海进入红海，车贷产品盈利能力堪忧。 4. 二手车市场仍然在发展阶段，二手车跨区域流通受阻，导致抵押车辆处置仍然有潜在风险。

资料来源：中国汽车工业协会、统计局、盈灿咨询

① 凤凰财经 .2014 年度中国汽车金融公司行业发展报告 .2015-8-12，http://finance.ifeng.com/a/20150812/13904813_0.shtml.

车保有量达到2.7亿辆（截至2015年6月30日），私家车保有量达到1.23亿辆，除了日常通勤时间外，每日使用率不到10%。随着熟悉互联网，习惯金融服务的“80后”、“90后”逐渐成为社会消费的生力军，P2P车辆抵押贷款的资产端开发可能迎来高速增长。

3.2.4 典型平台：微贷网

微贷网于2011年8月8日正式上线，总部在浙江省杭州市，专注于车辆抵押贷款业务，是我国最大的车贷品类P2P网贷平台。2015年9月，微贷网获得上市公司汉鼎股份的子公司1.5亿元B轮融资，成为“上市系+风投系”的强背景平台。

微贷网融合并开创了“互联网+金融+汽车”体系，从产品标准化、风控标准化、服务标准化、行业自律标准化四个维度入手，建立标准的运营模式。在实际操作中，微贷网所有借款人的抵押车辆均需办理抵押登记或过户手续，以保证平台上每一笔标的都有明确的资产来源；抵押车辆都安装GPS定位系统，以便平台实时监控汽车运行轨迹。此外，在前期审核方面，微贷网采取多重审核的方式，业务员初审，然后由门店客服人员进行资料核对与复核，再由门店负责人通过面谈等方式和客户进行信息核对，最后提交总部审核专员审核，并且仿效银行信贷员终身问责制方式，采取了业绩、风险双捆绑的作业模式。以上四个标准化在最大程度上利用了汽车抵押贷款类产品在风控较成熟和易复制推广上的优势，大大加速了微贷网的发展。

此外，微贷网还采用“线上线下”相结合的方式进行风控，开设分公司，辅助线下借款审核，最终建立车贷风控“护城河”。从2012年第一家萧山营业部开业起，到2013年新增17家，再到2014年新增33家，再到2015年新增102家，截至2015年底，微贷网共拥有153家营业部，员工数超4 000人，遍布北京、上海、浙江、广州、四川等全国15个省市地区，大大扩展了资产端来源。这些线下门店按照《网络借贷信息中介机构业务活动管理暂行办法（征求意见稿）》要求，只做借款人审核、资产评估、抵质押管理、贷后管理等服务，不做线下理财业务，不触碰资金。2016年，微贷网将朝着“五年五百店”的战略目标前进，在继续做大车贷业务的同时，将向汽车供应链市场纵深布局，将汽车垂直细分市场做精、做透。

截至 2015 年底，微贷网累计交易金额突破 227 亿元，单月交易额突破 22 亿元（2015 年 12 月），年度总成交量达到 163. 68 亿元，同比 2014 年增长超 200%，牢牢占据国内 P2P 车贷市场第一的位置。同时，微贷网的人气一直很旺，到 2015 年底，每月活跃出借人数超过 4 万人，活跃借款人数超过 3 万人。

3. 3　房地产金融

3. 3. 1　房地产金融概述

房地产金融是指围绕房地产的开发、经营、流通和消费等过程而发生的资金筹集、融通和结算的一系列金融活动。[①] 我国的房地产融资目前以间接融资为主，参与者主要为商业银行，但直接融资近年来发展迅速，从大型房企通过第三方平台发行直接融资产品，到“舶来品”REITs（房地产信托投资基金），再到“普惠金融”概念下的众筹买房与 P2P 网贷房贷产品等。互联网加速了房地产金融的直接融资化，让更多普通出借人参与到房地产开发与交易的市场中来。值得一提的是，在过去的 2015 年，P2P 房贷产品在资产端和理财端都有着丰富的产品线，满足了借款人和出借人的多样化需求，成为我国房地产直接融资市场一只不可或缺的生力军。

P2P 房贷产品已经覆盖了个人和企业在房地产融资上的大部分需求。在个人房贷产品上，买房有首付贷（包括新房和二手房）和按揭贷款（如二手房按揭贷款）、卖房有卖房贷（满足卖房者临时的短期资金需求）和赎楼贷（帮助业主付清贷款本息，方便其卖出房产）、持有期间的房产抵押贷款（不通过银行贷款，直接从出借人处获得融资）或者房产周转贷款（银行已审批通过抵押贷款，但房主需要提前支取资金），等等，详见表 3-4。

① 龙胜平．房地产金融与投资概论．北京：高等教育出版社．2006，pp. 1.

对于企业的房贷产品，有抵押经营贷款（如链家理财，用于短期资金周转）、租金收益权转让产品（如搜易贷的租金宝）、应收购房款收益权转让产品（如搜易贷的购房宝）、锁定新楼盘潜在客户并为企业融资的预售产品（如链家理财的新房宝），以及最常见的房地产抵押贷款等。此外，为了制造差别化优势，吸引出借人，有些平台还会借助母公司的实力来提供增值服务，如搜房网旗下的天下贷，如果出借人投资搜房网产品，不仅可获得理财收益，还能自动成为搜房会员，享受搜房网提供的购房家居等一系列优质服务。

表 3-4　房贷产品平台情况列举

平台	地区	产　品	收益率	期限
链家理财	北京	家多宝、新房宝、定期宝	6.48%~10%	1~12 个月
温商贷	浙江	转贷宝、温商宝	10.8%~19.3%	1~12 个月
银客网	北京	房产抵押贷款	8%~14.5%	1~12 个月
91 旺财	北京	房产抵押贷款	8.1%~12%	1~6 个月
搜易贷	北京	房易贷	6.5%~13%	0.5~36 个月
积木盒子	北京	房屋周转贷	7%~10%	1~12 个月
国诚金融	上海	房产抵押贷款	15%~18%	1~6 个月
口贷网	四川	房产抵押贷款	18%	1~12 个月
天下贷	北京	天下金、搜房宝、定投宝	5%~8%	1~12 个月
安心贷	北京	房产抵押贷款	9%~16%	1~12 个月

资料来源：盈灿咨询

3.3.2　P2P 网贷房贷产品业务模式

P2P 网贷房贷产品的商业模式与车贷产品类似，但是由于房产具有区位的特殊性，相对于车贷，更加依赖于线下的资产评估，考验风控人员的评估能力与市场经验。P2P 网贷房贷产品的业务模式如图 3-14 所示。

3.3.3　P2P 网贷房抵贷款 SWOT 分析

P2P 网贷房产抵押贷款 SWOT 分析如表 3-5 所示。

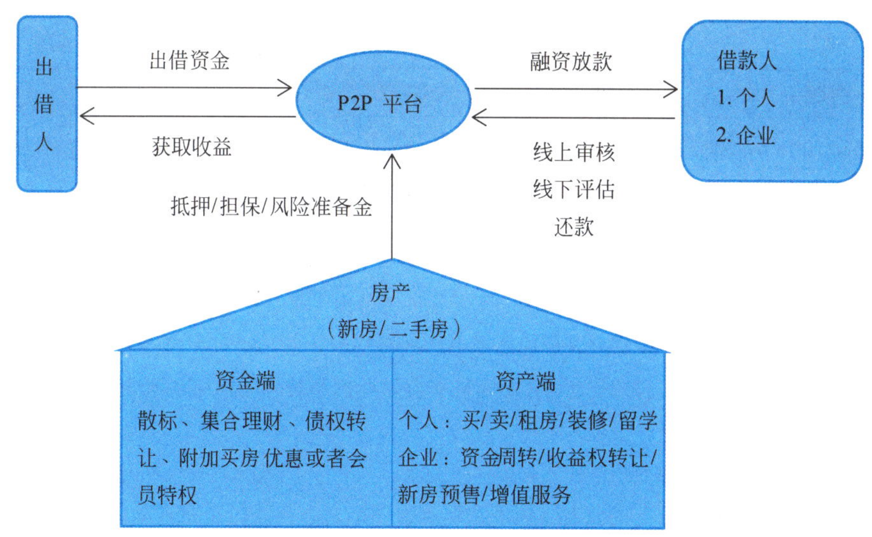

图 3-14　P2P 网贷房贷产品业务模式

资料来源：盈灿咨询

表 3-5　P2P 网贷房产抵押贷款 SWOT 分析

方面	SWOT 分析
S（优势）	1. 对于出借人，房产抵押因为有抵押物，相比纯信用贷款，本金更有保障。 2. 对于借款人，P2P 网贷房抵贷款比银行具有手续办理周期短、放款速度快、贷款门槛低等优势，借款市场存在一定需求。 3. 风控上，有房产抵押贷款的流程标准，有法可依。
W（劣势）	1. 房产是不动产，具有极强的地域性特点，可能需要在各地建立子公司或安排业务员，进行资产评估，增加运营和风控成本。平台可能因此变成重资产企业。 2. 因为部分房产价值较大，使得审贷风险①和房屋二抵风险②等负面影响被放大。 3. 单一借款项目金额较大，给平台的运营和风控压力较大，若采取拆标，则后患无穷；万一出现逾期，区位差价格高的房产处置时间可能较长，给平台的声誉造成巨大破坏。 4. 房产市场地区差异大，宏观经济情况不同，对于风控人员的经验和分析能力要求较高，推广和复制难度大。

① 审贷风险：由于风控过程中的信息遗漏、尽职调查不完备、在法律和财务上的判断失误等，导致平台对借款人的贷款额度偏高。

② 房屋二抵风险：二次抵押是对已设有抵押权的房产再次设定抵押权，用房屋目前的估计值大于原评估值的部分进行抵押借款，但二抵无法享受优先受偿权。

续表

方面	SWOT 分析
O（机会）	1. 房产是我国人民重要的投资渠道，出借人对房产抵押不陌生不抵触。 2. 虽然我国房地产告别了疯涨的时代，但是一线和部分二线城市的房价依然坚挺，房产抵押依然是一种稳妥的担保方式。
T（威胁）	1. 政策上依然存在风险，监管细则在各地方执行会有不同。 2. 银行一直掌握着最优质的房产抵押贷款来源，并且在风控和业务能力上积累了长期优势，P2P 网贷平台短期内很难在资产来源和人员储备上与其竞争。 3. 三、四线城市房屋去库存压力大，房价下跌风险较大；同时，在“买涨不买跌”的心态作用下，贷款逾期的三、四线城市房产处置更加困难。这些都导致优质房产抵押资产的来源范围进一步缩小。

资料来源：盈灿咨询

P2P 网贷房贷产品是最具代表性的贷款产品，特点鲜明。上至大型企业，下至普通个人，都可以方便地借助房产价值来实现资金融通，这是因为在我国当前不完备的信用体系下，房产价值相对于个人信用更加容易评估。但是，房地产行业本身具有周期性，房地产的价值长期来看并不一定完全有保障，P2P 网贷房贷得面临我国房地产市场的终极风险。

3.4 供应链金融

3.4.1 供应链金融概况

供应链金融通过把供应链上的核心企业及其相关的上下游企业作为一个整体，基于对真实的物流、商流、信息流和资金流的掌握，为核心企业所处产业上下游企业提供金融解决方案，是一种将产业与金融相融合的业态。由于供应链金融主要是对中小企业提供融资服务，在国内中小企业融资难并且融资成本高企的环境下，发展前景极为广阔。据数据预测，2020 年中国供应链金融市场规模将近 15 万亿元。①

供应链金融主要有三种模式：应收账款融资、预付账款融资、存货融资模式。应收账款融资包含了应收账款质押和保理业务等，是目前国内供应链金融业务开展较多的业务模式。一般通过银行、保理公司等机构受让卖方的应收账款，在此基础上为客户提供应收账款账户管理、应收账款融资、应收账款催收和承担应收账款坏账风险等一系列综合性金融服务。预付款融资一般通过银行等机构先替买方支付货款后，卖方才将货物发送至监管方，当客户向银行等机构追加保证金时，银行等机构再通知监管方发货，包含保兑仓等模式，主要为核心企业的下游进行融资。存货融资即以企业已有的存货做质押从而获得贷款。在供应链金融中常见的存货融资模式是静态抵质押融资、动态抵质押融资、标准仓单质押融资和普通仓单质押融资等。

2015 年的五次降准、降息带来各类资产收益的持续下行，资金端和资产端供需出现失衡，从而出现“资产荒”。随着优质资产获得变得更为困难，供应链金融由于基于真实的交易，具有相对较好的收益，从而受到包含 P2P 网贷平台在内的互联网金融平台的青睐。以往传统的供应链金融通常由银行来主导，但互联网成为传统产业转型升级的驱动力，也为供应链金融注入了新活力。通过与互联网的融合，供应链金融生态圈也将进一步升级。

3.4.2　P2P 网贷供应链金融产品业务模式

P2P 网贷为供应链金融的资金来源开辟了新渠道，解决了以往中小微企业的融资缺口，降低了融资门槛。目前，P2P 网贷供应链金融业务包含两种主要方式：一种是直接围绕核心企业提供融资服务，另一种是和商业保理公司合作。

1. 围绕核心企业的供应链金融模式

P2P 网贷平台通过与核心企业签订合作协议，为核心企业的供应链上下

① 美国供应链管理专业协会中国圆桌会、深圳市怡亚通供应链股份有限公司．全球互联网供应链创新观察报告，2014-12-11.

游提供融资服务。在上下游企业申请融资后，平台将项目展示给出借人并引入资金，发放给融资人，到期后由融资人进行还款。通常这一模式下，由核心企业负责项目融资方的信息审核和风险控制，并为项目提供担保。模式如图 3-15 所示：

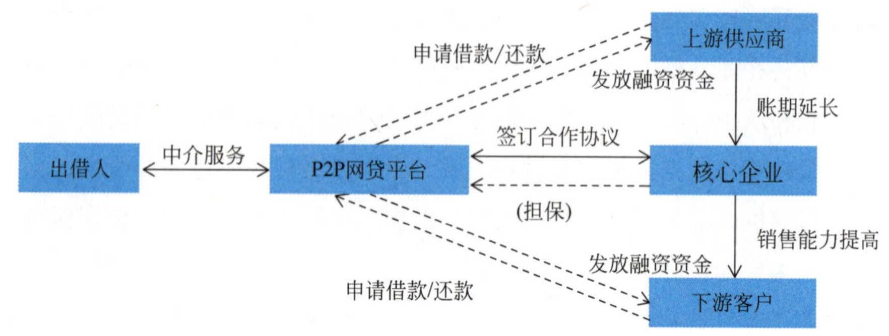

图 3-15　P2P 网贷平台供应链金融产品业务模式图

资料来源：盈灿咨询

P2P 网贷供应链金融产品的收益率基本处于 8%～12%，如表 3-6 所示。上市系背景的 P2P 网贷平台开展供应链金融业务最为常见，上市公司或出于整合自身供应链角度，以参股、控股、自建等方式通过 P2P 网贷平台来构建完善供应链金融体系，提高供应链资金运作的效力，通过金融“换媒”摆脱对银行的依赖，解决资金来源问题和天花板的限制，降低供应链整体的管理成本。

2. 商业保理公司合作模式

由于银行保理有较高的要求，且随着贸易融资整体风险上升，银行对保理业务的信贷额度明显减少，大量中小企业的保理融资需求无法得到满足，从而为商业保理的快速发展创造了条件。目前，我国商业保理还处于起步阶段，很多商业保理公司受制于资金，业务发展受到制约。按以往传统融资方式，保理公司可以通过银行贷款、发行债券等方式进行融资，以获取稳定的资金来源，但普遍受到融资周期长、效率低下的影响。时下越来越多的商业保理公司开始与 P2P 网贷平台合作，通过平台寻求高效融资。

P2P 网贷平台与商业保理公司合作的产品一般都是有追索权的保理。供应商（通常是中小企业）与买方订立货物销售或服务合同，产生应收账款；

表 3-6　供应链金融产品平台情况列举

平台	地区	产品	收益率	期限	核心企业
铜掌柜	杭州	供应链金融	9%～18%	2～178 天	—
中瑞财富	北京	定期理财	9%～12%	3 天～1 年	上市公司
鹏金所	深圳	鹏金链	8%～10%	20～210 天	上市公司
库天下	上海	融天下	8%～12%	10 天～6 个月	奢侈品电商
金联储	北京	供应链	8%～12%	10 天～12 个月	—
付融宝	南京	活利宝、定期宝、月盈宝	7%～16%	活期～12 个月	电商
皮城金融	嘉兴	大城小爱、珠联璧合	7%～10%	3 天～12 个月	海宁皮革城
融贝网	北京	供应链	8%～12%	25～184 天	Molbase
银豆网	北京	供应链融	12%～13%	1～6 个月	Molbase、上市公司、央企
道口贷	北京	—	6.5%～10%	1～9 个月	上市公司，如碧桂园；电商，如尚品网
随时融	北京	随时宝、散标	7%～12%	7 天～12 个月	上市公司
团贷网	东莞	供应链	6.80%	7 天	电商企业
力帆善融	成都	产业链金融	10%～12%	6～12 个月	上市公司
农发贷	深圳	农优宝、散标	9%～12%	1～10 个月	上市公司、电商平台
君融贷	大连	供应链	7.5%～18%	0.5～12 个月	雅戈尔、联想、京东
中广核富盈	深圳	订单宝	7%～8%	5～7 个月	中广核

资料来源：盈灿咨询

供应商将该应收账款转让给商业保理公司，由商业保理公司向其提供融资服务，实现资金周转；商业保理公司与 P2P 网贷平台签订合作协议，将该应收账款转让给平台出借人；到期后商业保理公司从买方（明保理）或供应商（暗保理）处收到还款，并支付给 P2P 网贷平台出借人。在商业保理业务中，P2P 网贷平台通常都会通过商业保理公司回购、引入担保机构或保险公司等方式对投资者进行本息保障。P2P 网贷平台该项业务的运营模式如图 3-16 所示：

P2P 网贷商业保理产品的收益率基本处于 8%～12%，收益率低于 P2P 网贷行业整体综合收益率。一方面，收益率受限于应收账款的利率成本；另一方面，商业保理业务是基于基础交易，风险相对较低，因此相应的风险补偿

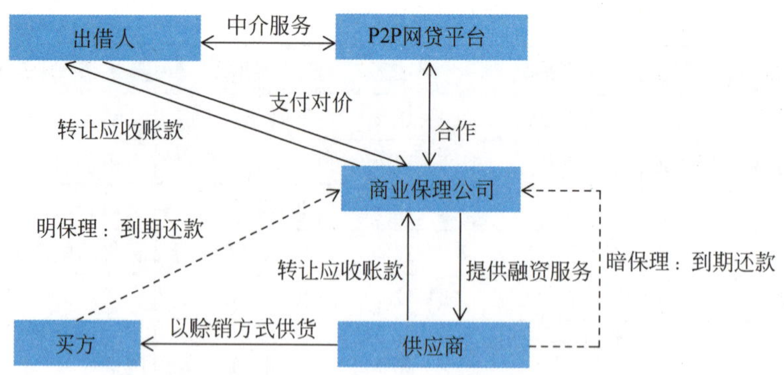

图 3-16　P2P 网贷平台商业保理业务模式图

资料来源：盈灿咨询

也会降低。商业保理产品的投资期限较灵活，目前一般以 1～6 个月的短期项目为主。如表 3-7 所示，爱投资、银湖网、前海航交所、腾邦创投、大麦理财等平台都有上线商业保理产品。

表 3-7　保理合作平台情况列举

平台	产品	合作保理公司	收益率	期限	保障模式
爱投资	爱保理	深圳国投商业保理、中安融金（深圳）商业保理、深圳晟信商业保理、微弘商业保理（深圳）	6%～12%	1 周～6 个月	保险公司承保、保理公司回购
银湖网	机构渠道标	大秦商业保理、融信国际商业保理（天津）、上海国宏商业保理、安家世行商业保理	9%～13%	1～6 个月	担保公司担保、保理公司担保
九斗鱼	九省心、九安心、九随心	耀盛商业保理	10%～11%	活期～6 个月	保理公司担保
普惠理财	零供保、核心保、政通保	厚朴商业保理	7%～12%	20 天～6 个月	保险公司承保、卖方企业回购

续表

平台	产品	合作保理公司	收益率	期限	保障模式
众利网	保理平台	德融晟商业保理、深圳清石保理、上海国宏商业保理、中兴恒和国际商业保理	8%~12%	1~3 个月	保理公司担保
万盈金融	稳赢宝	深圳方达商业保理	10%	31 天~3 个月	保理公司回购
前海航交所	航金保	渤海国际商业保理	7.5%~11%	30~360 天	担保公司担保
腾邦创投	保理融资	深圳前海腾邦商业保理	10.8%~19.8%	3~12 个月	保理公司回购
懒投资	懒人计划保理	深圳前海再信保保理	8%~11%	2~6 个月	保理公司回购
大麦理财	大麦保理	深圳国投商业保理	9.5%~20%	5 天~6 个月	保险公司承保、保理公司回购
利得行	保理通	浙江大道保理	9%~22%	55~90 天	出口信用险保障

资料来源：盈灿咨询

供应链金融业务涉及多个环节，供应商、买方、保理公司、P2P 网贷平台、担保公司/保险公司等。因此，一般 P2P 网贷的供应链金融业务有以下几个还款源：第一还款源：基础交易中的债务方，即买方；第二还款源：基础交易中的债权方，即供应商；如与保理公司合作的情况下，第三还款源：保理公司；有安排担保/保险的话，第四还款源还有担保公司/保险公司等；此外，如果 P2P 网贷平台有风险准备金保障机制，遇到逾期或违约情况，将成为最后还款源。

3.4.3　P2P 网贷平台供应链金融业务风险

供应链金融有利于 P2P 网贷平台业务产品线的拓展，带动平台量增，而与商业保理公司的合作也节约了平台资产端项目开发成本。但同时，这项业务也存在着以下几点风险：

第一，应收账款真实性风险。供应链金融的应收账款业务是基于企业基础赊销交易产生的，但由于我国信用环境复杂，不排除有伪造应收账款存在。

第二，各环节参与企业违约风险。供应链金融业务的参与方众多，节点风险包括了买方风险、供应商风险及保理公司风险等。买方风险主要有买方拒绝付款、拖欠、生产经营困难或破产等引起的风险。供应商风险主要包括商业纠纷，未完全履行基础合同义务导致买方索赔；买方间接付款，供货商挪用回款，供货商生产经营困难、破产等。商业保理公司风险指优质低风险的核心企业往往选择银行作为保理商，商业保理应收账款违约风险相对较高。此外，P2P 网贷平台与商业保理公司共享利差，因此业务的营利性较低，来源依赖商业保理公司推荐，容易被合作绑架。

第三，政策及法律风险，包括业务政策及法律障碍和重复抵押风险。

供应链金融相关法律法规还不健全，P2P 网贷监管细则征求意见稿中禁止“利用本机构互联网平台为自身或具有关联关系的借款人融资”，意见稿中对于关联的定义尚不明确，而目前 P2P 网贷平台的供应链金融业务存在涉及股权关联、股东或管理层关联、利益关联等问题。因此 P2P 网贷平台的供应链金融业务面临政策及法律障碍。

重复抵押风险。应收账款转让应在央行征信中心根据《物权法》授权建设的应收账款质押登记公示系统进行登记。基本上，应收账款在债权方转让给商业保理公司环节，都会被登记在央行登记系统。而当商业保理公司在 P2P 网贷平台上再次转让应收账款收益权时，P2P 网贷平台的相关业务并没有要求进行登记，存在应收账款在不同平台重复抵押融资的风险。

第四，行业风险。核心企业及上下游企业所处行业因素会对 P2P 网贷平台供应链金融业务产生较大的影响。如钢贸等产能过剩行业，其议价能力低，经营利润薄，容易出现企业连续倒闭引发的系统性风险。

第五，保障风险。主要包含担保公司资质、承保能力上的风险，以及保险公司风险覆盖不足的风险。由于目前 P2P 网贷平台在供应链金融业务上与保险公司的合作基本都是信用保险，而信用保险承保范围是买方破产、倒闭、恶意拖欠等风险。因此，如果不是买方责任，而是卖方原因（例如质量问题）则不在承保范围。此外，如果发生项目违约，信用保险赔付期与违约发生之间时间间隔较长，将对有垫付机制的 P2P 网贷平台资金流动性形成冲击。

3.5 融资租赁

3.5.1 融资租赁概况

融资租赁是指出租人根据承租人需要，出资购买租赁物，提供给承租人使用，承租人支付租金的交易活动，是将融资、融物以及资产管理集于一体的新型金融产业。融资租赁将租赁物的所有权和使用权分离，在合同期间内租赁物所有权归出租人，承租人拥有使用权。

根据商务部数据显示①，截至 2014 年底，我国登记在册的融资租赁企业共 2 045 家，比上年底增加 959 家，增幅为 88.3%。行业从业人数总计 28 247 人,比上年底增加 2 455 人，增幅为 9.5%。数据显示，截至 2014 年底，我国融资租赁企业资产总额 11 010.0 亿元，比上年同期增长 26.2%。总体上，全国融资租赁行业规模继续保持高速增长态势，企业数量和注册资本都大幅增加；行业资产总额快速增长，总量突破万亿元。然而，目前大多数融资租赁公司的资金来源主要依赖于银行项目贷款，资金来源较为单一且不稳定，制约了融资租赁行业的发展。在此背景下，融资租赁公司开始借由与 P2P 网贷平台合作的形式来拓宽融资渠道。

3.5.2 P2P 网贷融资租赁产品业务模式

P2P 网贷平台与融资租赁公司的一般合作模式为：融资租赁公司与承租人订立融资租赁合同，由融资租赁公司按承租人需求出租设备给承租人，产生收租权；融资租赁公司与 P2P 网贷平台签订合作协议，将收租权转让给平台出借人；承租方按时对出借人付租还本。在融资租赁业务中，P2P 网贷平

① 商务部 . 2015 中国融资租赁业发展报告 . 2015-09-08，http://ltfzs.mofcom.gov.cn/article/wtojiben.

台通常以融资租赁公司回购担保作为保障，少数平台还会引进担保机构对投资者进行本息保障。P2P 网贷平台该项业务的一般运营模式如图 3-17 所示：

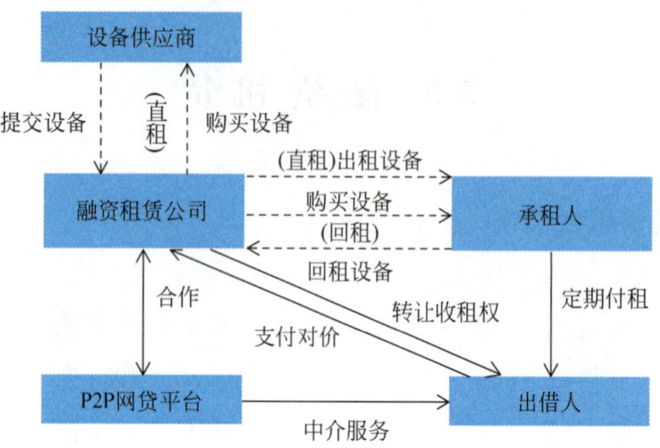

图 3-17　P2P 网贷平台融资租赁产品业务模式图

资料来源：盈灿咨询

除了上述模式外，也有融资租赁公司将收租权转让给资产管理公司，由资产管理公司通过 P2P 网贷平台将收租权转让给出借人，这种模式极为个别。P2P 网贷融资租赁产品的收益率基本处于 8%~12%，低于行业综合收益率水平，借款期限多为 6 个月到 1 年。如表 3-8 所示，例如爱投资、融租 e 投、今日捷财、拾财贷等平台都有上线融资租赁产品。

表 3-8　融资租赁产品平台情况列举

平台	地区	产品	合作方	收益率	期限
爱投资	北京	爱融租产品	圣华元、财和、耀金、中程、长融国际、恩和国际、沣腾国际、国采晟信、荣信租赁	11%~14%	6~24 个月
融租 e 投	北京	物流项目融资	狮桥融资租赁	8%~20%	10 天~12 个月
今日捷财	上海	捷财宝、捷福利、捷高薪	庆汇、先锋、同岳、弘高、金江、信都租赁、三营、友成、德通、中程、中翔国际	6.5%~15%	活期~12 个月

续表

平台	地区	产品	合　作　方	收益率	期限
红象金融	广州	月鑫宝、季盈宝、双季宝、四季宝	宝信国际租赁、量通、富汇、中程、英吉斯、环球、德通、恒泰、新通达租赁	6.5%~11%	1~12 个月
广金所	深圳	广融系列	横琴国际、金控、富银、盈华、永泰、德银、鼎益融资租赁	7%~8%	3~6 个月
拾财贷	厦门	活期赚、定期赚	鑫海、富银、英吉斯、国帕国际、湖北国中、七星融资租赁	8%~12%	活期~18 个月
壹心贷	南昌	融资租赁	江西省海济租赁	11%	3 个月
石投金融	上海	融资租赁贷	同岳租赁	9.5%~11%	3 个月

资料来源：盈灿咨询

3.5.3　P2P 网贷融资租赁 SWOT 分析

P2P 网贷融资租赁 SWOT 分析如表 3-9 所示：

表 3-9　P2P 网贷融资租赁 SWOT 分析

方面	SWOT 分析
S（优势）	1. 平台可以借助与优质的融资租赁公司合作，快速拓展资产端项目源并做大体量。 2. 融资租赁由于对接的是实体经济，且融资租赁方既有债权又有物权，当承租人发生违约事件时，可以通过物权处置租赁物变现来弥补债权上的损失，业务相对风险较低。 3. 平台与融资租赁公司合作节省了线下开发借款人的成本，降低了平台运营成本。
W（劣势）	1. 业务和风控依赖于融资租赁公司，平台普遍对于合作项目的控制能力有限，融资租赁公司一旦出现风险容易传导至平台，尤其是以融资租赁产品为主的平台可能被合作方“绑架”。 2. 由于合作收益分摊，平台在此项业务中利润较薄。

续表

方面	SWOT 分析
O（机会）	1. 融资租赁行业处于朝阳期，市场潜力较大。 2. 产品的收益率相比银行理财以及“宝宝类”产品高出不少，对出借人具备较强的吸引力。
T（威胁）	1. 合作的具体业务形态、模式尚存在不确定的监管风险。 2. 现有法规对融资租赁公司资金来源边界未作清晰阐述，目前融资租赁与P2P 网贷平台的合作模式仍在初步探索阶段，业务可能存在一定的法律风险。 3. 期限错配风险。一般融资租赁项目的期限都较长，而 P2P 网贷平台融资租赁产品大部分都在 6 个月到 1 年。由于 P2P 网贷出借人偏好短期投资，因此除了平台尽量选择短期项目外，存在平台拆分项目期限风险。

资料来源：盈灿咨询

3.5.4 典型平台：今日捷财

今日捷财 2014 年 6 月于上海创建，2015 年 10 月获上市公司西藏珠峰（600338）投资入股，是中国深耕融资租赁的互联网金融平台之一。平台坚持“信息中介”，并与同岳租赁、庆汇租赁、先锋租赁、浩瀚租赁等 20 家行业领军融资租赁公司展开了战略合作。

在今日捷财的互联网金融融资租赁交易模式中，融资租赁公司作为借款方，其将设备租赁给承租企业，并以承租方每月等额本息的应收账款作为此次借款的担保，在人民银行下属的中登网进行登记，同时把设备的物权质押给今日捷财。融资租赁公司还会对租赁设备进行投保，即使设备丢失也能由保险公司进行赔偿，并且与设备出售公司签订回购协议以便快速处理设备。此外，在租赁项目生效前，融资租赁公司会向承租企业收取一定的保证金及第一期等额本息还款。

今日捷财首创了“蝴蝶型”金融级安全保障模式，对用户资金安全形成物权、债权、保险、资金以及共管账户五重保障。

① 物权保障：平台拥有租赁物的所有权，有权直接处置租赁物，回收资金保障还款。

② 债权保障：质押应收账款，具备法律效力。今日捷财投资者可在中国人民银行旗下应收账款登记平台查询。

③ 财产保险：租赁物由保险公司全额承保，账户资金安全由平安保险承保。

④ 共管账户：设立共管账户，专款专用严控资金流向，杜绝单方面挪用资金。

⑤ 还款保障：五重还款来源全方位防范逾期和坏账。

第一重还款来源：承租人使用租赁物后产生的经济效益。

第二重还款来源：承租人公司的整体营业收入。

第三重还款来源：融资租赁公司的整体营业收入。

第四重还款来源：承租人公司或融资租赁公司的法人代表或股东的个人全部资产。

第五重还款来源：租赁物经过拍卖、二手交易、转租赁等方式获取的收入。

在风险控制上，今日捷财通过建立完整的融资租赁公司评估标准与流程，从不同角度、不同职能出发，控制、应对、把控全局风险。按照“资产导入”、“风险控制”、“商务管理”、“资产管理”四大职能模块做好风险管理，涵盖了“风险识别”、“风险评估”、“风险应对措施规划和实施”的全程。对于合作的融资租赁公司，平台不仅要求其必须要有真实的租赁结构、对外借款没有发生过任何非正常逾期，还要从传统金融机构获得过授信并有业务往来，如银行借款（银行）、信托计划（信托公司）、资产证券化（券商）、履约保证保险（保险公司）。同时，在挑选行业时，今日捷财会选择医疗设备、汽车、教育、机加工等朝阳产业，以保证设备的可变现性。在项目审核时，今日捷财会重点审核租赁公司的还款意愿及还款能力。除此之外，项目的真实性、租赁设备的通用性及承租人过往还款情况也都是必审项目。

3.6 票　　据

P2P 网贷票据业务中所指的票据，包括银行承兑汇票（以下简称“银票”）和商业承兑汇票（以下简称“商票”）。2015 年，随着 P2P 网贷行业历史累计成交量再上一个量级，P2P 网贷平台之间展开了优质资产争夺战。票据，尤其是银票，具有银行“刚性兑付”属性，资产安全性较高，成为 P2P 网贷平台比较关注的资产类型。

3.6.1 P2P 网贷票据产品业务模式

商票业务模式与其他质押类业务类型相似，不再赘述，这里主要介绍采用银票形式的票据业务类型。根据 P2P 网贷平台获得银票后的处置方式不同，票据业务主要有三种业务模式：票据质押、委托贸易付款和信用证循环回款。

P2P 网贷平台的票据业务，多采用票据质押模式。即借款人将银票质押给平台，平台经过自身风控组织或邀请专业验票机构审核后，将票据托管在银行；然后发布借款标，募集期满，向借款人出让资金；等票据到期，借款人并不赎回票据，而是由平台向承兑行贴现，向出借人支付本息，如图 3-18 所示。

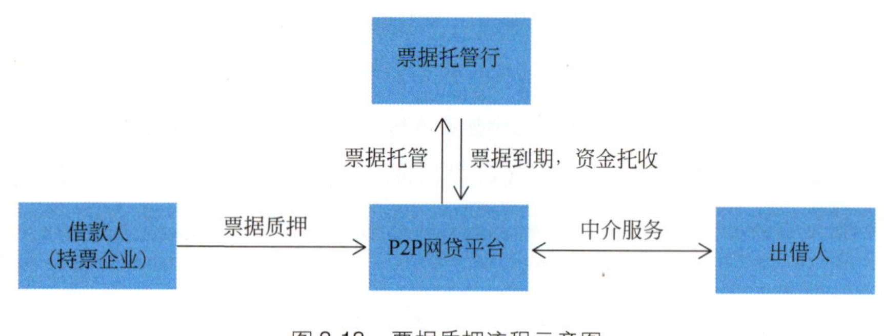

图 3-18 票据质押流程示意图

资料来源：盈灿咨询

委托贸易付款模式主要基于国内贸易付款，是指一些平台通过在一些低贴现率的地区收购票据，然后到高贴现率的地区为一些贸易企业进行付款，从中赚取贴现利差，同时从被垫付货款的企业收取垫付费用。委托贸易付款模式下，P2P 网贷平台与借款人确认不再赎回票据，先办理票据质押手续，然后通过买断的方式获得票据质押权。为方便贸易付款或到银行兑付票据，平台一般不会给票据做信用背书。其主要利用了融资方和贸易付款方对于时间的需求，免除了银行的烦琐手续。但因票据并不允许直接倒卖，而必须要有真实贸易存在，这种模式存在着一定的法律风险。此外，其容易受到贸易资金链的影响，被垫付货款的收货商营收情况也是风险产生的关键因素。

信用证循环回款，是指在境外有分公司的境内公司，在境内银行开出保函或备用信用证为其境外公司在境外银行申请贷款。具体操作流程是，平台可以帮助有银行授信的贸易企业缴纳保证金，向银行申请开票。贸易企业获得票据后，再将票据质押给平台，获得融资。之后，平台将票据托管在银行，在授信银行开出信用证，然后在境外银行申请贷款。企业再通过进出口贸易实现资金回流，偿还平台借款。这种模式主要利用了国内外贴现利差及汇差，由于国外贷款利率远远低于国内利率，通过在国外贷款、国内存款，即可获得贴现利差。同时，人民币升值使国内外资金回流过程中可赚取较高的汇差。另外，由于办理信用证（一般 10 天）和票据期限（6 个月）间的差距，在票据质押期间，可以完成多次信用证循环。

银票，可以通过向银行贴现获得资金，缓解企业流动性资金不足的难题。同时，因为最后付款人是银行，银行见票即兑形成银行信用背书，市场非常大。截至 2015 年 12 月底，未贴现银行承兑汇票存量规模为 58 500 亿元，占社会融资规模总量的 4.23%。[①]

P2P 网贷平台票据产品的综合收益率普遍在 8% 左右。因为银票质押期限一般不超过 6 个月，所以票据业务的期限一般也较短。据统计，P2P 网贷平台的平均借款期限仅 1 个多月。从事票据产品业务的平台主要见表 3-10。

表 3-10　票据产品平台情况列举

平台	地区	产品	期限	收益率	承兑机构
民贷天下	广东	民商票 民银票	43～181 天	8%～10%	招商银行、徽商银行、中信银行、交通银行等
金银猫	上海	银企众盈 商融保盈	6～360 天	5.8%～11.18%	中国银行、建设银行、招商银行、中信银行等
票据宝	广东	票票宝	27～175 天	5.0%～8.60%	农业银行、工商银行、建设银行、兴业银行等

① 中国人民银行．社会融资规模存量统计表，http://www.pbc.gov.cn/diaochatongjisi/116219/116319/2161324/2161336/index.html.

续表

平台	地区	产品	期限	收益率	承兑机构
爱银承	天津	银票宝、银城票据系列	18～165 天	15.8%～7.2%	浦发银行、农业银行、中国银行、工商银行等
招财宝	上海	票据贷	61～168 天	5.8%～6%	—
京东金融	北京	小银票	3～131 天	4.2%～7.5%	建设银行、中国银行、农业银行、平安银行等
金票通	江苏	汇银众通	14～175 天	6.7%～12.25%	中国银行、兴业银行、江苏银行等

资料来源：盈灿咨询

目前票据市场业务量每年几十万亿元，[①] 市场容量非常大，在一些传统、过剩产能行业还处于买方市场，进而导致票据业务不断增加，这自然带来更多的市场机遇。并且，我国已经连续 5 个月 PMI 处于荣枯线以下，在经济下行背景下，银行信贷较为宽松，票据的融资属性更加明显。票据业务在迎接发展机遇的同时，也面临行业监管的考验。2015 年 12 月底，银监会再度下发了《关于票据业务风险提示的通知》，对票据市场普遍存在的问题予以风险提示。

3.6.2 典型平台：民贷天下

在涉足票据业务的平台中，民贷天下最为典型。2014 年底，民贷天下推出了几款银票业务后，在 2015 年转向商票业务。

由于目前国内商票市场的流通性较差、国内缺乏权威的针对商票业务的企业信用评级机构、授信银行有业务区域限制、开票人不希望占用银行的授信额度、加上电子票据未能普及，纸质票据易存在假票、克隆票、背书瑕疵等问题，目前商业承兑汇票在银行授信中占比非常低，并没有成为企业融资的主流产品。民贷天下依托其产品创新、资产拓展和风险管理能力，在众多垂直细分领域中，独辟蹊径选择商票作为立足行业的重要着力点。

---

① 陈颖，田姣．浙商银行副总经理称：P2P 票据业务难持续．2015-12-10，http://wwwwdzj.com/news/hangye/25078.html.

“民商票”是民贷天下联合国有保理公司共同推出的，以大型上市公司商票资产为基础的固定收益型投资产品。“民商票”的承兑人均为大型民营企业、知名上市公司或实力雄厚的国有企业等行业龙头，具有很好的现金流和兑付能力，较高的知名度和市场占有率。业务规模上，“民商票”的交易量占民贷天下总交易量的五成以上。

对于商票借款项目，民贷天下的风控措施包括但不限于核实借款人信息、核查商票真实交易背景、商票验票等。发布借款项目标时，在保护借款人隐私的基础上，披露借款项目信息，减少信息不对称。民贷天下通过对承兑企业的行业地位、成长性，对企业进行横向（行业地位）、纵向（成长性）对比评级，然后根据评级对商票进行定价，并根据投资认可度检验并调整定价。民贷天下大力推广电子商票，通过人民银行电子票据系统进行传递，解决了纸质票据的验票、查票等麻烦，也能有效避免纸票可能出现的无法兑付的情况。

3.7　配　　资

3.7.1　配资介绍

配资是指配资人在提供一定幅度的风险保证金的基础上按照一定比例向配资平台借款使用的过程。根据配资人的借款时间以及借款金额，配资人需要支付一定的管理费、手续费和借款利息。配资从分类上来说主要可以分为股票配资、期货配资、权证配资、黄金配资，等等。

配资大多情况下需要使用配资平台提供的账户进行操作，开展股票配资业务的 P2P 网贷平台基本都是使用恒生电子[①]的 HOMS 系统[②]（除了 HOMS 系

① 恒生电子：A 股上市公司（代码：600570），金融软件和网络服务供应商，http://www.hundsun.com.

② HOMS 系统：一款全托管模式金融投资平台，主要功能是可以将一个证券账户下的资金分配成若干独立的小单元进行单独的交易和核算。

统外，还有上海铭创、同花顺的交易系统）。以恒生电子 HOMS 系统为例，配资人通过下载恒生电子提供的客户端进行股票交易，交易委托通过恒生电子交易系统进入合作券商在市场上实时成交。配资人在完成配资申请打入风险保证金后，P2P 网贷平台将账号、密码告诉配资人，由其自主在该系统操盘炒股。当然，如需使用自己的账户进行操作，则需要提供抵押物，如房、车等。

3.7.2 配资流程

下面我们以配资比例 1∶5、风险保证金为 10 万元、警戒线为本金亏损 88%、平仓线为本金亏损 92% 的标准（不同网贷平台的警戒线和平仓线有所不同）以流程图 3-19 的形式进行股票配资流程展示。

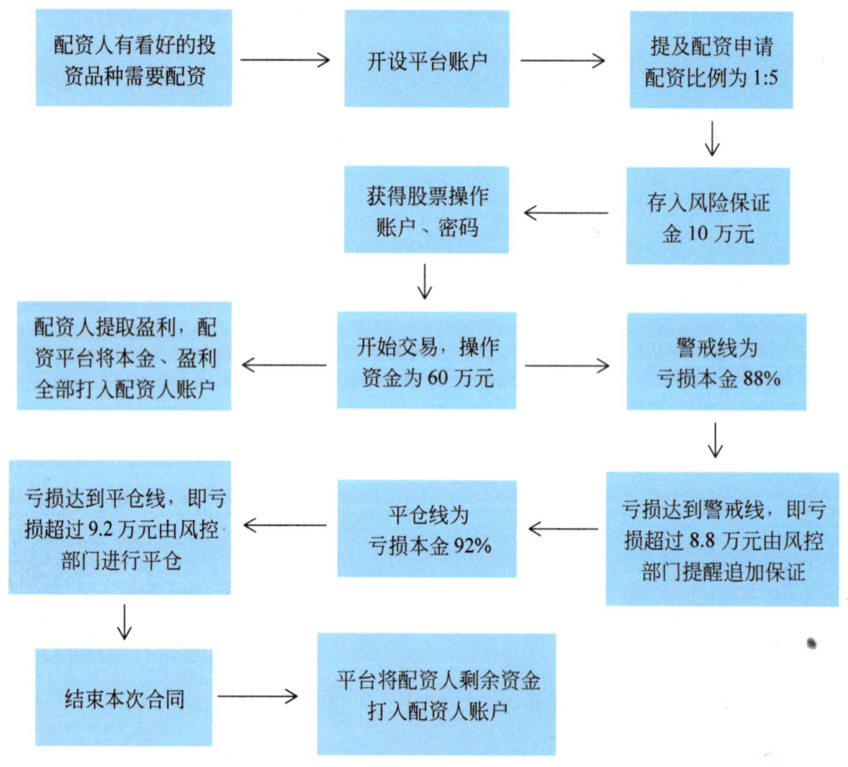

图 3-19　P2P 网贷平台配资流程

资料来源：盈灿咨询

3.7.3　配资风险

当股市呈现一片祥和的持续上涨时，股票配资的风险或多或少地不容易爆发出来，但是当股票出现下跌时，配资的风险将立刻显现出来并容易出现连锁反应，导致出现较大的风险。

1. 政策风险

政策风险无疑是配资消亡的直接原因。2015 年 7 月 12 日，中国证券监督管理委员会公告公布《关于清理整顿违法从事证券业务活动的意见》，对于 P2P 网贷配资是致命性的打击。该意见明确禁止机构和个人借助信息系统为客户开立虚拟证券账户，借用他人证券账户、出借本人证券账户、代理客户买卖证券等，认为其严重扰乱了股票市场秩序。为了股票市场平稳运行，证监会表示必须予以清理整顿。

2. 市场风险

（1）股票下跌风险

股票红红火火的时候，配资人、P2P 网贷平台、出借人都在赚钱。可是从来没有只涨不跌的股市，一旦股票上涨结束出现调整，因为股票配资所具有的杠杆属性，1∶5 的配资比例可能仅仅是 15% 的调整就已经触发平仓线，会造成配资人血本无归的状况，因为配资人的投资失败甚至会导致平台出借人也会出现不能及时获得应有的收益。此时就极易发生纠纷。

（2）股票停牌风险

股票市场风云突变，股票很可能因为公司突发事件导致停牌的情况发生。发生停牌对于配资人来说，有几类处理方法。①配资人需要支付与股票市值等值的资金，对于大多数配资人来说，配资的原因就是因为有看好的投资标的而缺少资金，所以不可能有能力进行支付。②配资人继续持有账户，但是需要继续交付管理费，直到股票复牌进行结算。如若股票停牌是因为利好消息，对于配资人来说还能够承受，毕竟股票上涨带来的收益也是很可观的。如果因为利空消息而停牌，容易导致击穿平仓线，配资人会被要求追缴保证金，此时真有可能血本无归。

3. 操盘风险

股票炒作的背后反映的是股票出借人个人的行为。由于股票素有“1 赢 2 平 7 亏”的说法，是个零和游戏①（不考虑任何交易成本），个人水平和投资习惯决定了投资的收益。如若配资人仅仅是因为股市上涨而进行配资行为，则其是带着巨大的风险的。

4. 道德风险

大多数 P2P 网贷平台因为防范配资人携款逃走，而采用在 P2P 网贷平台所提供的账户中进行股票买卖操作的模式，随着股票市场的疯狂会导致很多股票成倍地上涨。当配资人操作的股票涨幅巨大而利润丰厚时，因为没有第三方托管，就有可能发生道德风险，容易发生 P2P 网贷平台携款跑路的情况。

3.7.4 配资在 P2P 网贷的沉浮

2014 年 7 月中旬至 2015 年 6 月中旬，作为代表 A 股整体趋势的上证指数从 1900 多点上涨至 5100 点，短短一年时间上涨幅度超过 150%。然而，正当人们向往上证指数能够冲击历史最高点的时候股市开始了下跌之旅。从 2015 年 6 月中旬至 8 月底的短短 2 个多月时间上证指数快速下跌至 2850 点，下跌幅度超过 40%，其中“千股跌停”屡次出现，这一段时间被众多人士称之为 A 股历史上一部宏伟的大片，而这与配资这一业务有着千丝万缕的关系。我们可以把 2015 年 P2P 网贷行业配资业务的发展分为三个阶段，分别定名为初露锋芒、渐入高潮、消亡退出。

1. 初露锋芒

2015 年，我国的 P2P 网贷行业进入第 8 年，由于 2015 年初监管尚未落

① 参与博弈的各方，在严格竞争下，一方的收益必然意味着另一方的损失，博弈各方的收益和损失相加总和永远为“零”，双方不存在合作的可能。

地，各路资金涌入P2P网贷行业，出现了野蛮式增长，平台数量大幅度增长，P2P网贷行业快速发展的同时网贷平台业务类型也不断丰富。据不完全统计，截至2015年3月中旬，拥有配资业务的P2P网贷平台已有20余家。2015年1月、2月P2P网贷行业配资月成交量不足6亿元，随着股市进一步攀升，3月P2P网贷的配资成交量已经达到了14.64亿元，环比增长了170%，配资在P2P网贷行业的辉煌时期由此开始。

2. 渐入高潮

随着股市的进一步攀升，各路投资者跑步入场。4月21日上证指数成交量更是“爆表”[①] 突破了10 000亿元整数关口。不少P2P网贷平台闻到了其中的商机，纷纷上线以配资为模式的产品。据不完全统计，截至6月底，P2P网贷平台中有配资业务的平台数量接近50家，5月、6月配资成交量约为30亿元，相比3月增长了近100%。不少人沉迷于这场全民盛宴狂欢后迅速膨胀的财富，却忘了其中的风险所在。

3. 消亡退出

2015年6月初股市继续走强，6月12日上证指数最高点达到了5178点，而这个转折点后迎来了股市的大幅度下跌，各路杠杆资金夺路而逃。由于平仓盘的涌出，众多个股直接被打至跌停，短短一个月不到的时间，上证指数下跌至3200多点，跌幅近2000点。如此迅猛的下跌，与杠杆资金是分不开的，正所谓成也杠杆败也杠杆。7月12日晚，证监会公布了《关于清理整顿违法从事证券业务活动的意见》后，不少P2P网贷平台连夜商讨转型，关闭配资频道。据数据统计，2015年7月P2P网贷平台配资成交量迅速下降至9.5亿元，8月下降至0.37亿元，在股市一片惨淡的下跌中，政策风险显现，导致配资瞬间的消亡退出。

① 当上证指数成交量突破10 000亿元后，股票行情软件成交量数值没有发生增长。

3.8 农村金融

3.8.1 农村金融概况

在2004—2015年间，中央持续发布12年的“一号文件”都是以“三农”为主题，可见“三农”相关问题在我国的全面发展中的地位。至2015年底，《深化农村改革综合性实施方案》[①] 由中央发布，该文件发布的主旨是支持农村金融，在文件中制定了创新农村金融服务模式的政策。我国要全面实现小康社会，“三农”问题是如今面临的一大议题，通过金融创新来实现农村群众获取相应的信贷服务机会刻不容缓。要全面发展农村经济势必要首先发展农村金融，以金融带动经济的发展。近年来我国逐步实现金融体制的全面改革，也取得了相应的成绩，但是，中国经济与金融体系的长期发展战略导致我国的农村金融缺乏健全的体系。当前我国的农村市场经济发展仍然存在诸多问题，滞后、盲目并且具有自发性，在全国各地经济发展不均衡，导致我国少数地区的金融问题无法得以解决，“普惠金融”无法全面推广，诸多农村贷款无法真正实现，农村弱势群体无法从中获取益处，因此无法真正做到“服务于民”。在此经济背景与市场现状之下，P2P网贷平台认准了农村金融的商机，将业务开展至农村市场。

据不完全统计，截至2015年12月底，含农村金融业务的P2P网贷平台超过35家，其中专门做农村金融业务的P2P网贷平台达23家。P2P网贷农村金融业务年化收益率普遍在12%左右，平均借款期限为6个月。从事农村金融产品业务的平台主要如表3-11所示：

① 中共中央办公厅、国务院办公厅．深化农村改革综合性实施方案．2015-11-2，http://www.gov.cn/zhengce/2015-11/02/content_2958781.htm.

表 3-11　农村金融产品平台情况列举

平台	地区	产　品	收益率	期限
翼龙贷	北京	翼存宝、翼星计划、散标	6%~13%	7~730 天
希望金融	天津	惠农贷、应收贷、股权贷、订单贷、惠商贷、兴农贷、兴业贷、周周盈	5.2%~9.3%	7 天~9 个月
贷贷兴隆	重庆	兴农贷、个人经营贷、专业市场贷、债权融资	7%~10%	2 天~12 个月
供销金融	北京	小贷宝、利增宝、商票通	6%~10%	15 天~9 个月
宜农贷	北京	资助农户	2%	3~12 个月
农发贷	深圳	农优宝、种植贷	9%~11%	1~12 个月
海吉星金融网	深圳	健康贷、安心债、便利转	7.5%~9%	1~12 个月
财大狮	深圳	理财宝 1 号、理财宝 2 号	5%~20%	30 天~6 个月
中联农商贷	贵州	农商贷散标	18%	5 天~12 个月
贷帮	深圳	聚财宝、月利宝、优选债	7.5%~30%	30~360 天

资料来源：盈灿咨询

3.8.2　P2P 网贷农村金融产品业务模式

1. 平台与农村信用社、互助社或村委会结合模式

“平台 + 农村信用社”、“互助社或村委会”模式是农民贷款的互联网化产物，是 P2P 网贷平台为解决农民贷款难的问题而提出的新型网络借贷模式，也是目前 P2P 网贷平台开展农村金融业务的主要模式。如图 3-20 所示。

2. 平台与加盟商合作模式

“平台 + 加盟商”模式由担保机构和小贷公司等与涉农 P2P 网贷平台进行合作运营，加盟商和运营平台合作建立代理委托关系。加盟商找寻融资客户，然后把好的融资客户介绍给 P2P 网贷平台，平台负责对借款项目进行二次审核，并利用收益分成机制对加盟商进行激励，涉农 P2P 网贷平台将项目的首次审核及担保的权利剥离给了合作加盟商，平台主要做信息展示并提供撮合交易。如图 3-21 所示。

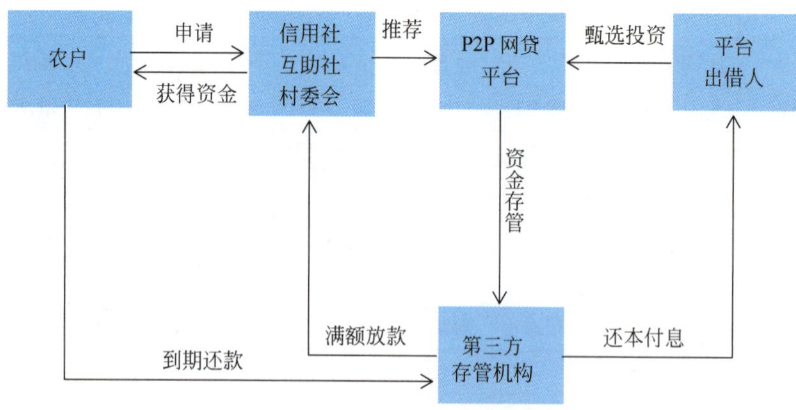

图 3-20　平台与农村信用社、互助社或村委会结合流程示意图

资料来源：盈灿咨询

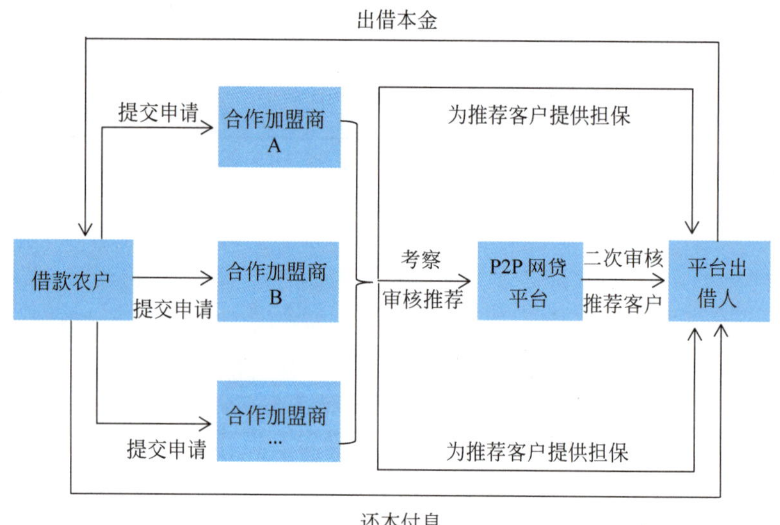

图 3-21　平台与加盟商合作流程示意图

资料来源：盈灿咨询

3. 平台与小贷机构合作模式

“平台 + 小贷机构”是由 P2P 网贷平台对小贷机构进行资信审核和实地调查，确保借款信息的真实性并对借款人进行风险评估和信用评级，平台选择资信高的小贷机构进行合作，将其优质债权发布在网上。同时小贷机构需为借款人提供本息回购，以降低出借人的投资风险。最后，工作人员定期跟

踪农户项目的运作情况，并提醒用户按时还款。这种模式下，小贷公司可以利用丰富的小额贷款经验，承担项目的“线下”开发，为平台提供优质借款人、贷前调查和审核、贷后管理等事务。而 P2P 网贷平台则将小贷公司提供的优质借款项目信息公布在平台上，帮助借款人达到融资目的。如图 3-22 所示。

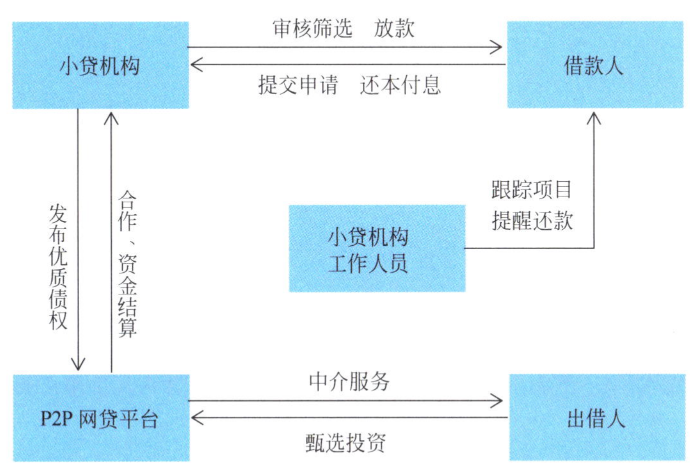

图 3-22　平台与小贷机构合作流程示意图

资料来源：盈灿咨询

3.8.3　公益助农

P2P 网贷公益助农扶贫业务是把城市中高收入、热心助农扶贫的人士和有信用贷款需求的低收入困难农户对接，助农平台上的出借人和 P2P 网贷平台均不以营利为目的，通过个人对个人借贷方式实现信贷助农扶贫。

P2P 网贷公益助农平台连接了陌生的出借人及农村贫困借款人，为了有效风控，大多平台采用与农村公益性小额贷款机构合作的方式来克服公益助农信贷模式中存在的信息不匹配、资金管理困难等障碍。

与平台和小贷机构合作模式类似，P2P 网贷公益助农的主要模式是以 P2P 网贷助农平台为运转中心，具体运作流程为：P2P 网贷助农平台去选择多家农村公益性小额贷款机构合作，小额贷款机构则负责去审核筛选适合放贷的困难农户，将这些借款人的信息资料递交给 P2P 网贷助农平台，平台上的出借人根据平台发布的借款人信息做出选择性出借，随后 P2P 网贷助农平台与农村小额贷款机构进行资金结算，平台将出借人资金按借款人所属的小贷机构归集支付。之后，借款农户在限定的还款期限内再将本息通过小贷机构代收的方式与平台再次进行资金结算，最后付还给出借人。如图 3-23 所示。

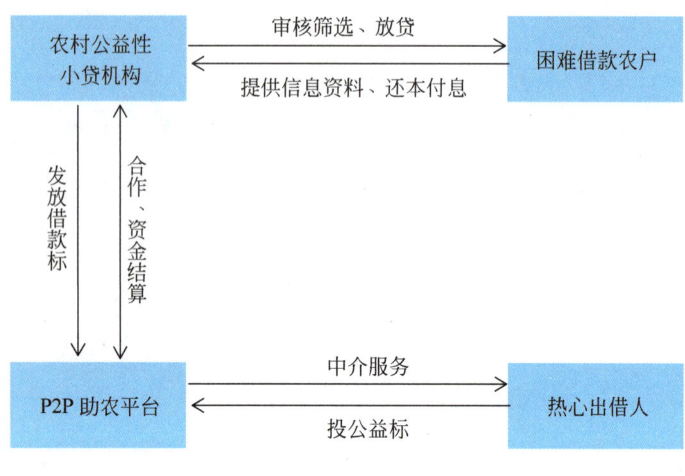

图 3-23　公益助农流程示意图

资料来源：盈灿咨询

3.8.4　P2P 网贷平台农村金融业务风险

在如今的互联网金融时代，风险控制是 P2P 网贷平台得以长期生存的关键因素，也是 P2P 网贷平台的核心竞争力。但在目前的农村市场，农村的征信工作很难开展。虽然我国的信用体系建设在逐步完善，但是农村的征信体系仍然滞后，大部分农民是没有征信记录，征信报告是一片空白的。主要还是由于农民的金融知识的缺乏，很少与银行产生借贷关系，发生的金融行为比较少。征信记录的缺失给网贷平台筛选客户带来了一定的困难，这无疑是对互联网金融平台的风控提出了更高的要求。

P2P 网贷平台选择的合作机构多以担保公司、小贷公司等机构为主。这些合作机构的经济实力和风险控制等也都是平台得以生存和运营的主要因素。但是如今有些机构管理还不够规范，质量也是参差不齐。互联网金融平台刚刚涉足农村金融业务，才进入农村地区，还并未深入。同时，关于互联网农村金融方面的政策体系还未建立。如果正式的监管政策出台，资质不全和实力不强的平台很有可能会面临倒闭风险。

农村金融问题是我国经济发展过程中的一个长期的历史问题，也是我国实现全面建成小康社会的重大议题。虽然农村市场巨大，但是毕竟现在的农村地区互联网并不普及，农民的金融知识严重缺乏，P2P 网贷平台要想真正进入农村地区，并在农村市场占有一席之地，仅仅依靠推广和产品研发是远远不行的，还需制订相应的战略计划和适合农村金融的风控体系，并做好持久战的打算。

3.9　艺术品质押

作为中国艺术品市场的新兴产物，P2P 网贷艺术品质押产品业务是指借款人以其持有的艺术品为质押，作为债权担保物向出借人融资借款的行为。借款到期后借款人向出借人偿还所有的本息，当借款人出现违约等不偿还出借人本息时，出借人有权对质押的艺术品进行出售，变卖所得资金用于偿还出借人的本息。

3.9.1　艺术品质押概况

中共十七届六中全会提出加快培育产权、版权、技术、信息等要素市场，办好重点文化产权交易所，规范文化资产和艺术品交易。[①] 在此背景下中国艺术品市场因为涌入了大量的资本而变得越发的繁荣，与艺术品相关的金融产品应运而生，艺术品质押贷款业务也开始发展壮大。由于艺术品质押贷款能够让持有者在保留其拥有艺术品收藏的同时释放出艺术品中储存的价值，因此，深受广大艺术品收藏机构和个人的青睐，许多艺术品投资机构和金融机构也将其视为业务创新点和利润增长点。

① 新华网．中国共产党第十七届中央委员会第六次全体会议公报．2015-10-18，http://news.xinhuanet.com/politics/2011-10/18/c_111105580.htm.

据不完全统计，截至2015年12月底，含艺术品质押产品业务的P2P网贷平台超过25家，其中专门做艺术品质押产品的P2P网贷平台达11家。P2P网贷艺术品质押产品年化收益率普遍在13%左右。从事艺术品质押业务的平台主要如表3-12所示：

表3-12 艺术品质押产品平台情况列举

P2P网贷平台名称	产品名称	年化收益率	担保机构
艺投金融	艺利宝	12%~18%	北京琮尚国际拍卖有限公司
利魔方	融艺宝	8%~14%	北京蜂赢国际投资管理有限公司
艺融易	艺安心、字画抵押贷	12%~13%	深圳财富资产管理集团有限公司
艺品贷	艺术品散标	12%~24%	北京盛世军地文化传播有限公司
艺融网	艺彩系列	18%~20%	聚通投资担保有限公司
莫愁信融	艺术品散标	8%~11%	南京十竹斋拍卖有限公司
利基金融	NI收藏	10%~13%	跃天财富融资担保有限公司
玉器贷	玉器宝	12%~15%	南阳万宝玉城电子商务有限公司
爱投资	爱收藏	10%	北京奥园拍卖有限公司
融资易	融币通	15%~16%	广东盛兆信用担保有限公司

资料来源：盈灿咨询

3.9.2 P2P网贷艺术品质押产品业务模式

1. 银行保管质押品模式

该模式主要为个人及中小微企业以艺术品、贵重藏品质押的方式提供短期资金周转，由第三方专业拍卖机构和融资性担保机构、商业银行等提供全程连带保证，并将质押物品存放在合作银行的保险箱，待借款人将借款本息归还出借人后，由网贷平台通知第三方合作机构将抵押艺术品归还于借款人。如图3-24所示。

2. 专业保管机构保管质押品模式

该模式是投资用户通过网贷平台借款给使用书画艺术品质押的借款人（严格筛选）并获得收益，质押物由第三方评估机构评估后（出具证书），交

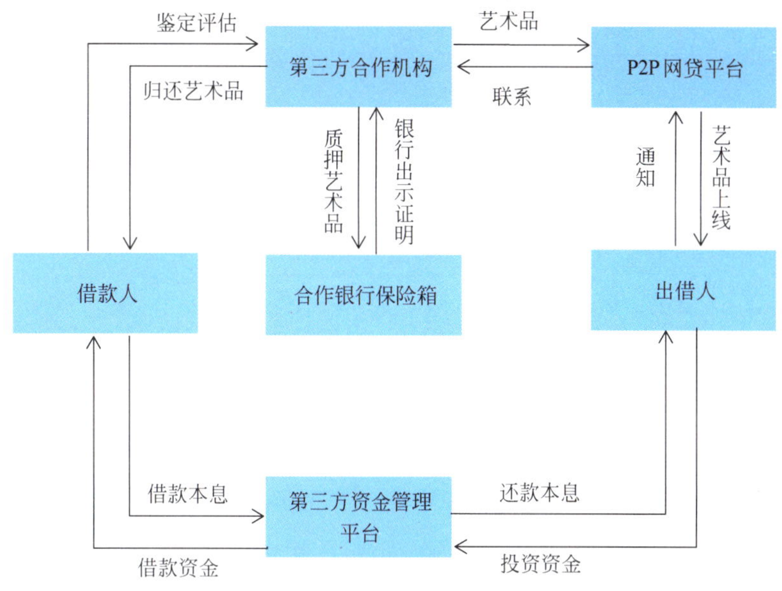

图3-24　银行保管质押品流程示意图

资料来源：盈灿咨询

由保管机构妥善保管，质押期间保障机构与网贷平台共同监管。一旦贷款发生违约风险，网站承诺先由平台本身或合作的担保公司为出资人垫付本息。对于无法收回的借款，平台和担保公司有权对抵押物品进行拍卖。如图3-25所示。

3. 拍卖公司直接担保模式

该模式是投资用户直接借款给用艺术品质押的企业，然后P2P网贷平台将艺术品质押给与网贷平台有战略合作关系的拍卖行。在质押期间拍卖行在专业保管机构开立保险箱储存保管，并与P2P网贷平台共同掌管保险箱。借款企业按月付息，到期还本，若发生逾期还款违约行为，则由拍卖行先行提供全额本息。如图3-26所示。

3.9.3　P2P网贷平台艺术品质押业务风险

随着艺术品交易规模的逐步增长，艺术品行业已经成为P2P网贷尝试的一种新型业务类型。由于一切处于起步阶段，因此其中必然蕴藏着较大的风

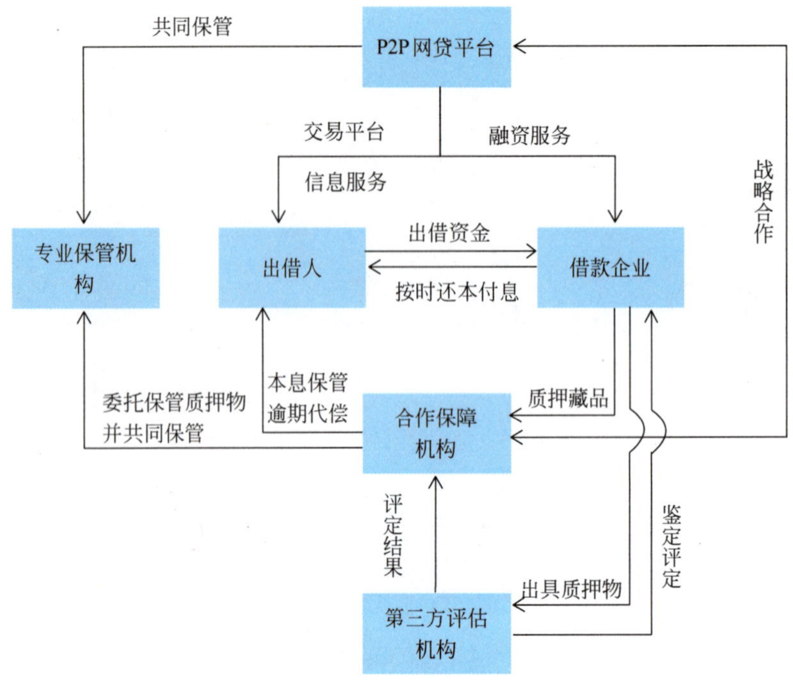

图 3-25　专业保管机构保管质押品流程示意图

资料来源：盈灿咨询

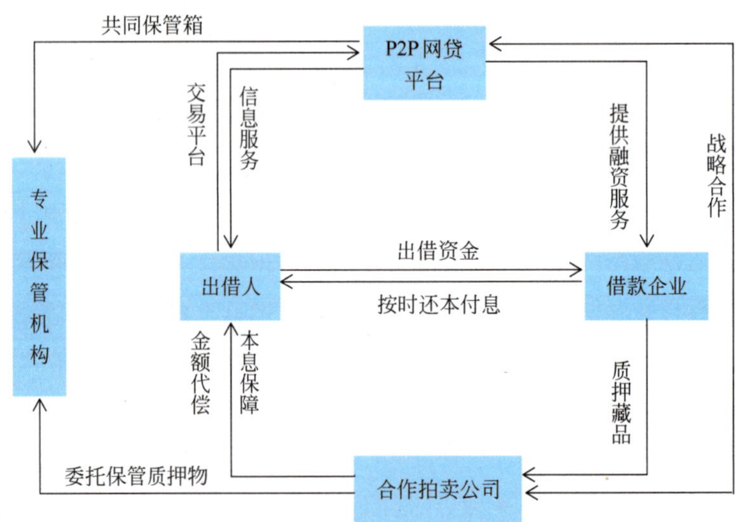

图 3-26　拍卖公司直接担保流程示意图

资料来源：盈灿咨询

险。其中流动性风险、鉴定风险、价格波动风险、道德风险是艺术品质押贷款的主要风险。

第一，流动性风险。由于艺术品本身的变现渠道狭窄，导致艺术品质押一旦出现违约后，因为不像股票、期货等金融品种拥有较高的流动性，很有可能不能立刻找到买家进行变现，使投资者在投资期限到期后不能立刻获得应有的本息。

第二，鉴定风险。在中国，艺术品质押融资业务尚在起步阶段，出借人或者 P2P 网贷平台都对艺术品行业缺乏足够的了解，因为相关艺术品鉴定的人才极度缺乏，使这个专业技能要求极强的行业存在自己独有的鉴定风险。由于高仿艺术品经常滥竽充数，以次充好，而且鉴定不易，导致一旦出现鉴定错误，将对出借人造成非常严重的投资损失。

第三，价格波动风险。艺术品作为一个收藏品种，更是一个投资品种，价格可能出现比较大幅的波动，导致评估的价格与事实的价格相去甚远。同时因为流动性风险的存在，变现不易导致买方可能会故意压低价格，使得价格进一步降低。一旦艺术品的真实价格不能填补投资本金，无疑将损失惨重。

第四，道德风险。除了艺术品本身的价格波动，这项业务也存在道德风险。某些 P2P 网贷平台可能会和艺术品鉴定机构联合虚报艺术品价格，从而获取出借人更多资金。更极端的可能是，即便 P2P 网贷平台的艺术品是通过正规渠道获得、有鉴定证书、有担保，但它是赝品的可能性依然存在。

3.10　其　　他

3.10.1　动产质押贷款

动产质押贷款是指借款人或者第三人将其动产移交出借人占有，以该财产作为债权的担保。当借款人不履行债务时，出借人有权以该财产折价或者以拍卖、变卖的价款优先受偿。可以用于抵质押的动产有：通用机器设备及生产工具、交通运输工具、办公用品、库存商品及库存材料，以及依法可以抵质押的其他财产。

动产质押需要对质押物进行转移，P2P 网贷平台面临两个选择，由平台自建仓库对质押物进行监管，或是交由第三方仓库代管。这两种方法各有利弊，自建仓库——可以降低第三方仓库与借款企业相勾结的风险，但是自建仓库的成本较高，而且对不同的质押物可能要求不同（湿度、温度等环境），成本相对较高；交由第三方仓库代管，可以降低成本，但是道德风险增加，可能出现对抵押物的监管不到位的情况，因此选择合适的第三方仓储合作企业需要谨慎。

P2P 网贷平台对借款人提供的动产抵质押物审查一般可以分为两方面，一方面是对质押物进行审查调研，首先对质押物的品类归类，对质押物的权属进行确认，考察质押物的品质，估算其现值和变现价值，如果是存货或者原材料还需要分析质押物的价格趋势，另外质押物是否重复抵押也是需要重点考察的因素。根据质押物的价值和特性，P2P 网贷平台的质押率通常设定在 60%~70%，对于市场价格趋势不好预估的质押物质押率还需要更低一点。另一方面是对借款企业或者个人进行审查调研，如果是企业，需要对企业的信用记录、财务报表、原材料信息等进行调研，考察融资企业的生产经营情况是否稳定，还款来源是否真实确切等。如果是借款个人，需要重点考察个人的信用情况以及还款来源是否稳定等因素。

3.10.2 银行过桥

银行过桥是一种短期资金的融通，期限多为六个月以内，是一种与长期资金相对接的资金融通。提供过桥资金的目的是通过过桥资金的融通，使借款企业达到与长期资金对接的条件。之后，可以长期资金替代过桥资金。由于大部分 P2P 网贷平台原本从事民间借贷业务，而银行过桥业务近些年需求量较大，因此比较普遍。

在 P2P 网贷银行过桥业务中，主要为过桥赎楼贷款业务。因为在房产交易中，多数房产处于按揭状态，在过户之前需要把房产证从银行赎出才能完成过户，因而在房产交易活跃时产生了大量的赎楼资金的需求。

从风险控制的角度来看，银行过桥业务的主要风险在于银行是否续贷。由于过桥资金的承前启后对于企业运营来说十分重要，所以一旦落空，对于企业就会形成致命的打击。例如，当借款人的借款期限临近，需要凭借已得到银行后续贷款批复、寻求过桥资金渡过难关时，一旦银行了解到企业经营状况不佳，就很有可能当借款人凭借网贷平台提供的过桥资金归还银行前期贷款后，银行不愿意在短期内提供已经批复的后续贷款，从而使得借款人受到极大冲击，直接造成违约。所以如果放款行没有一定的放款保障，那么过桥业务就存在着较大的风险了。

第4章

网络借贷资金端

4.1 出借人画像

4.1.1 出借人情况调查背景

对于网贷出借人的调查研究有助于提升行业整体健康程度，帮助出借人树立正确的投资理念，引导出借人群体走向成熟。盈灿咨询与网贷之家联合上海交通大学互联网金融法治创新研究中心、财经国家周刊及财经国家新闻网开展了2015年网贷出借人问卷调查活动，线上线下合计收到问卷2 898份，其中有效问卷2 752份。

4.1.2 出借人基本属性分布

男女比例差距进一步缩短。调查问卷结果显示，2015年网贷出借人中，男性占比为70.57%，女性占比为29.43%，如图4-1所示。值得注意的是，与2014年问卷结果相比，女性网贷出借人比例上涨了4.72个百分点，占比逐年提升。

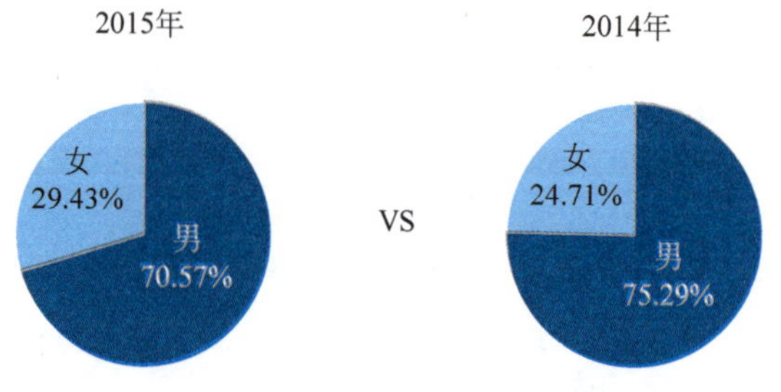

图4-1 出借人性别分布

资料来源：盈灿咨询、网贷之家

"80后"为网贷投资主力军。网贷出借人年龄段分布中，26~35岁的"80后"占比高达42.04%，成为网贷投资主力军；其次是36~45岁的

“70 后”人群，占比为 23. 95%；“90 后”网贷出借人占比 15. 62%，位列第三，详见图 4-2。“80 后”相比于“90 后”，整体财务更自由、资金更为充裕；与“70 后”、“60 后”等年龄段相比，对于互联网的运用更为熟练，拥有更好的互联网理财思维。此外，与 2014 年网贷出借人年龄段分布相比较，发现“60 后”网贷出借人参与度明显提升，网贷投资参与群体更为多元化。

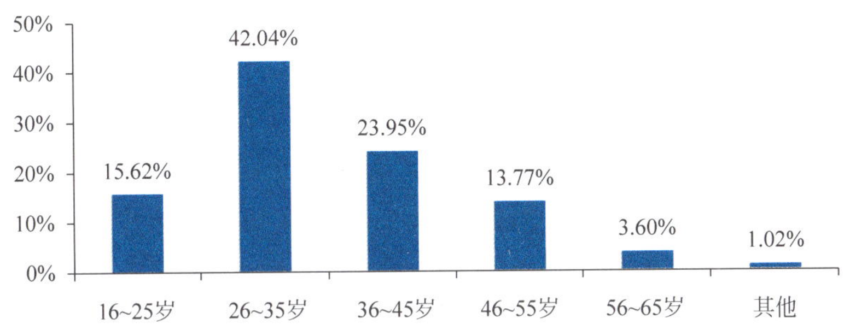

图 4-2　出借人年龄段分布

资料来源：盈灿咨询、网贷之家

互联网金融从业人员网贷投资热情高。互联网金融从业人员的网贷投资热情度高，占比为 21. 18%；公务员占比为 8. 47%，与 2014 年调查的 8. 75% 结果相差不大；传统金融从业人员参与度相对较低，仅占 4. 61%；其他诸多行业人员占比 37. 98%，如图 4-3 所示。与其他职业相比，互联网金融行业对于网贷投资认知度最高，因此业内出借人较为常见。值得注意的是，退休人员在网贷出借人中的占比由 2014 年的 2. 24% 上升至 2015 年的 4. 65%。

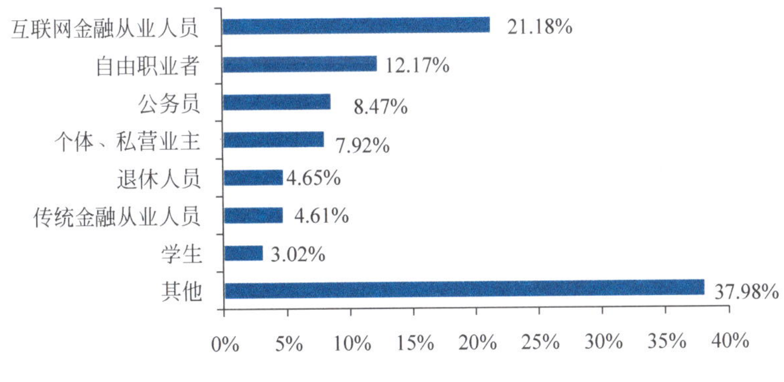

图 4-3　出借人职业分布

资料来源：盈灿咨询、网贷之家

工薪、“草根”人群投资利器。如图 4-4 所示，网贷出借人月收入分布中，84.92% 的出借人月收入低于 10 000 元，其中 5 000 元以下月收入人数占比近半数，合计为 49.89%。P2P 网贷的主要特色之一就是低门槛，小额可参与，是工薪及“草根”人群的投资利器。与银行理财一般 5 万元起的门槛相比，网贷投资更为亲民，一般都以 100 元、1 000 元为投资起点。

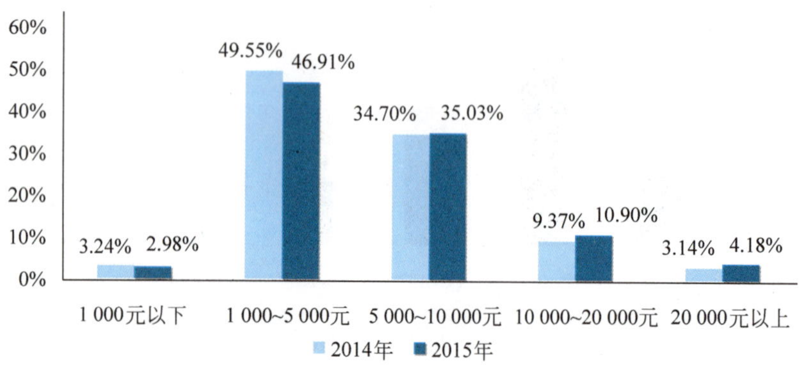

图 4-4　出借人收入分布

资料来源：盈灿咨询、网贷之家

出借人主要分布在沿海地区。出借人主要分布在沿海地区，其中广东、上海、山东、江苏、北京、浙江这六个省市地区的人数最多，出借人地区分布情况与 P2P 网贷地区发展繁盛度基本相一致。

4.1.3　出借人投资偏好情况

投资平台的年化收益率下降。调查显示，48.18% 的出借人选择了 8%~12% 收益率区间的平台；30.38% 的出借人选择 12%~15% 收益率平台；而仅有 0.91% 的出借人选择 24% 及以上高息平台，见图 4-5。与 2014 年比较，出借人所投资平台的年化收益率下降明显。问题平台曝光的增多，使得许多风险偏好度低的投资者将资金转移至拥有更好安全性但较低收益率的平台。

1~3 月短期投资为主，活期类及一年以上长期投资偏好提升。图 4-6 显示，从投资期限偏好来看，37.13% 的出借人偏好 1~3 个月短期投资；3~6 个月及 6~12 个月的投资分别占比 19.59% 及 19.48%。值得关注的是，2015 年出借人开始热衷活期可随时支取的网贷产品，占比达 8.65%；12 个月以上投资占比由 2014 年的 3.84% 上升至 5.2%，偏好度有所提升。

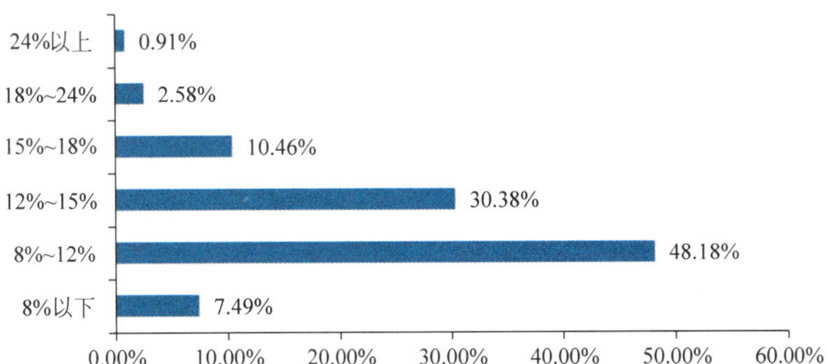

图 4-5　所投资平台的年化收益率水平

资料来源：盈灿咨询、网贷之家

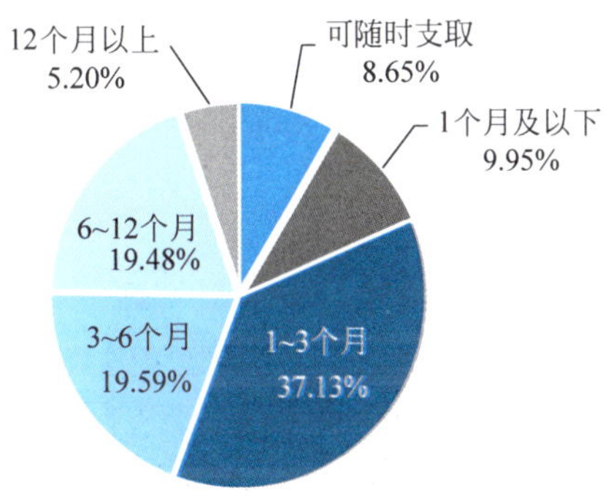

图 4-6　单个投资项目的期限

资料来源：盈灿咨询、网贷之家

出借人精力有限，投资分散度不足。如图 4-7 所示，有 60.35% 的出借人选择将资金分散至 2~5 家网贷平台，大多数网贷出借人已有分散投资意识，但分散度仍然较低，有 14.03% 的出借人选择“将鸡蛋放在一个篮子里”，这一数值相比 2014 年有所上升。对于一般的出借人而言，并没有那么多时间和精力，也缺乏足够的专业知识去判断、研究每个 P2P 网贷平台的风控水平、经营模式以及去权衡风险与投资收益。

出借人普遍接受不损失本金情况下的逾期。有 60.83% 的出借人表示可以接受网贷投资逾期的情况，只要本金不受损失即可；有 15.59% 的出借人表示能够接受本金亏损不超过 10%；6.18% 的出借人能接受本金亏损不超过 30%。同时，问卷结果显示有 15.66% 的出借人无法承受网贷投资任何逾期及损失情况；与之相反，也有 1.74% 的出借人表示再严重的亏损都可以接受，详见图 4-8。

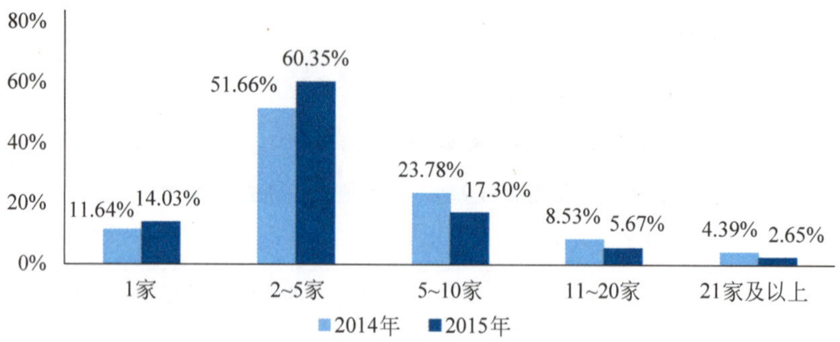

图 4-7　同时投资的平台数

资料来源：盈灿咨询、网贷之家

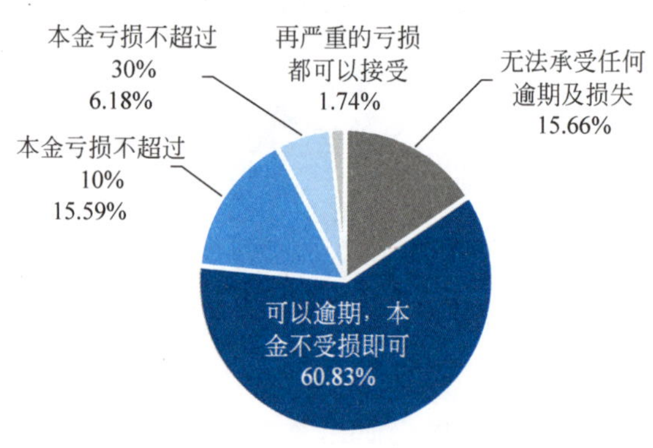

图 4-8　风险接受度情况

资料来源：盈灿咨询、网贷之家

抵押类业务仍最受欢迎。相比于欧美国家，目前我国征信体系构建还不完善，信用文化的缺失成为网贷发展的重要问题，P2P 网贷行业公信力提增缓慢。出借人对于信用债权投资信心不足，多偏好投资于有抵押债权的项目标的。调查结果显示，有 20.57% 的出借人偏好房产抵押业务；17.22% 的出借人倾向车辆抵押业务；综合型网贷平台也受到了出借人的欢迎，占比达 15.66%；仅 9.85% 的出借人偏好个人信用贷款业务，详见图 4-9。

PC 端与移动端引流平分天下。调查显示，出借人通过移动端投资网贷的占比为49.49%，其中主要渠道是 APP 端的投资。而通过 PC 端投资的出借

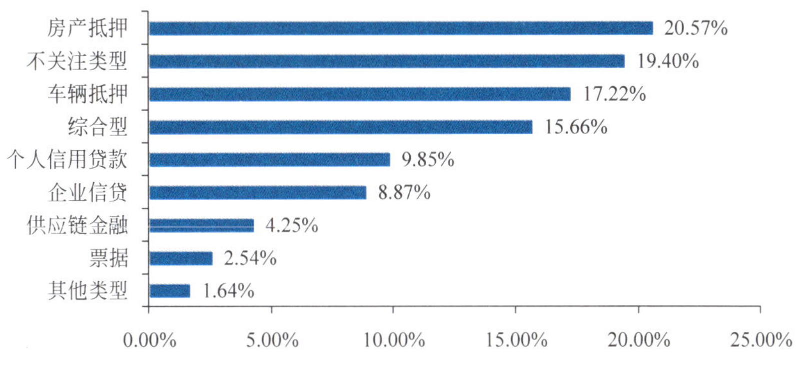

图 4-9　平台业务类型偏好

资料来源：盈灿咨询、网贷之家

人占比为 46. 33%，移动端出借人数超过 PC 端，但两者目前差距不大，引流上基本平分天下，详见图 4-10。从 P2P 网贷资金端来看，PC 端的客户资源抢夺已经过于白热化。未来，移动互联网将成为获取资金的主要入口，平台间将开启移动端口的流量竞赛。

此外，有 4. 18% 的出借人表示是通过线下渠道投资网贷。根据《网络借贷信息中介机构业务活动管理暂行办法（征求意见稿）》规定：“除信用信息采集、核实、贷后跟踪、抵质押管理等风险管理及网络借贷有关监管规定明确的部分必要经营环节外，网络借贷信息中介机构不得在互联网、固定电话、移动电话及其他电子渠道以外的物理场所开展业务。”因此，未来线下网贷理财渠道或将出局。

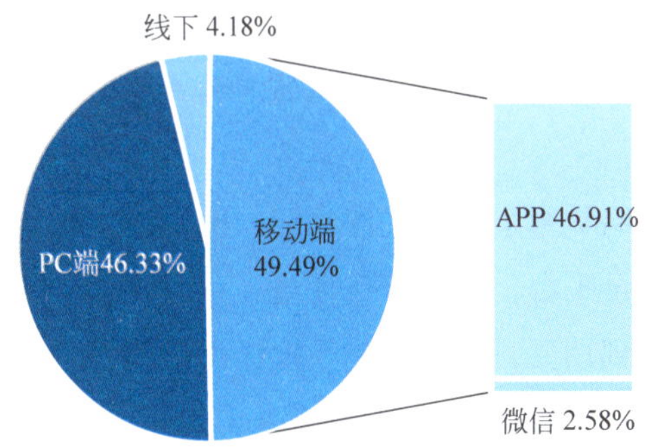

图 4-10　网贷投资渠道

资料来源：盈灿咨询、网贷之家

4.2 网络借贷基金

网贷基金是近两年才兴起的 P2P 网贷投资方式，网贷基金具有“基金”的一般性特征：分散投资、专业化管理团队、流动性强。网贷基金平台通常资金实力较强，具有相对专业的风控人员，能更大范围地投资不同的 P2P 网贷平台，不同的 P2P 债权，实现收益的同时有效地降低了风险。

4.2.1 网贷基金运营分析

1. 运作流程

网贷基金的运作流程如图 4-11 所示。

图 4-11 网贷基金运作流程图

资料来源：盈灿咨询

(1) 网贷基金平台购买多家 P2P 网贷平台产品，以标为单位进行重新打包，生成债权组合；

(2) 出借人与网贷基金平台签订合同，确定建立收益权转让关系，出借人资金转入网贷基金平台，开始计算收益；

(3) 网贷基金到期后，出借人获得投资收益及本金，出借人可以继续选择投资，也可以选择撤资。

网贷基金参与的主体主要有三方：投资人、网贷基金平台和 P2P 网贷平台。三者的关系中，网贷基金平台从 P2P 网贷平台获取债权，投资人从网贷基金平台获取债权组合收益权，投资人与 P2P 网贷平台无直接对接。网贷基金平台既是 P2P 网贷平台的机构投资者，也是 P2P 网贷平台业务合作者。有些 P2P 网贷平台会提供网贷基金专享债权，或者是提供一定比例的风险保证金。

2. 盈利模式

与传统基金不同，网贷基金普遍没有收取投资人基金管理费，因此，网贷基金平台的主要收益来源是利差收入。在费用上，网贷基金平台在购买债权时需要支付给 P2P 网贷平台利息管理费（每个 P2P 网贷平台利息管理费用的收费规则不同），此外还需要支付给第三方支付公司充值和提现费用。

对于投资人而言，获取收益主要有两个途径：一种是通过到期赎回网贷基金获得收益；另外一种是投资人通过网贷基金的转让，卖出价格高于买入价格差额形成的收益。在费用上，投资人投资网贷基金通常不需要支付额外的费用，只需要支付充值和提现费用。

3. 风控模式

网贷基金债权组合内的债权大部分来自于 P2P 网贷平台，P2P 网贷平台的安全程度直接决定了网贷基金的安全程度。因此，网贷基金的风控的重点是 P2P 网贷平台的筛选。每个网贷基金平台的筛选标准可能略有不同，但基本采用定性与定量指标相结合的方式。各网贷平台筛选指标主要包括平台运营数据（成交量、收益率等）、平台的基本信息（高管、注册资金、股东背景等）、平台模式（垫付、产品）、平台考察信息等。

网贷基金平台会对 P2P 网贷平台进行线下实地考察，考察的内容包括公司运营情况、公司的财务情况等。另外还会对平台的运营数据实时的监控，及时发现平台存在的潜在的风险。

为了保障投资人的权益，网贷基金平台均设立了风险准备金，防范网贷基金内债权发生逾期或坏账，部分网贷基金平台会从原始债权中抽取部分利息作为风险准备金，还有些平台自筹一定的资金作为风险准备金。

4.2.2　网贷基金市场分析

目前网贷基金参与者并不多，市场上主要有投之家、投友圈、米袋计划、星火钱包、金融一号店、火球网、旺财猫、八条鱼、银多资本、PP 基金、真融宝、一两理财等。网贷基金模式被风投机构普遍看好，在这些网贷基金平台中，已经有多家平台获得融资，融资金额均在千万级以上。

网贷基金产品大体上可以分为活期产品和定期产品两种。活期产品与余额宝类似，T+1 开始计息，可以随时赎回，但是收益率要远高于“宝宝类”产品，年化收益率至少在 7% 以上。定期产品规定了投资期限和投资收益率的产品，与银行的固定期限理财产品相同，到期还本付息，投资期限越长，年化收益率也越高。

随着网贷基金产品的增加，目前网贷基金的债权范围已经不再局限于 P2P 网贷平台债权，债权组合的范围已经扩展到银行理财产品、货币基金、消费金融公司债权、保理公司债权等。网贷基金整体情况如表 4-1 所示：

表 4-1　网贷基金整体情况

平台	上线时间	收益率	成　交　量	风险准备金	融资情况
投之家	2014. 09	7%~15%	1 151 747 834. 00	11 314 879. 00	PRE-A 轮融资
投友圈	2014. 10	8%~15%	—	2 547 731. 00	A 轮融资
米袋计划	2013. 11	9%~14%	2 857 651 971. 00	16 671 853. 42	A 轮融资
星火钱包	2014. 12	7%~12%	448 546 822. 70	3 000 000. 00	未融资
金融一号店	2013. 01	7. 5%~10%	170 977 359. 00	—	多轮融资（含股权众筹）
火球网	2014. 01	7%~12%	706 375 734. 00	—	A 轮融资
旺财猫	2015. 03	9%~17%	126 478 714. 00	—	未融资
八条鱼	2014. 10	11%~16%	—	1 000 000. 00	未融资
银多资本	2014. 12	10%~13%	1 458 265 605. 00	10 010 000. 00	A 轮融资
PP 基金	2014. 10	10%~13%	2 785 849 355. 00	8 738 074. 00	未融资
真融宝	2014. 08	8%~11%	9 098 799 795. 00	25 386 801. 54	B 轮融资
一两理财	2015. 05	9%~14%	18 896 762. 00	1 000 000. 00	未融资

注：成交量、风险准备金数据获取时间 2015 年 12 月 31 日

资料来源：盈灿咨询、各门户网站

网贷基金的出现有一定的必然性，与单个出借人的“小打小闹”不同，机构投资人更看重 P2P 网贷平台的真实实力。从 P2P 网贷平台角度来说，成为网贷基金的投资平台，能更好地提升融资速度，做大体量。此外，投资人更希望在节约投资成本和时间的前提下，通过网贷基金获得网贷市场的平均

收益。所以不论是平台还是投资人，网贷基金的出现使得双方都从中得到便利，也从中获利。

目前，网贷基金规模较小，基金产品种类有限，整个网贷基金的成交量不到250亿元，很多投资人还处于尝试的状态。未来网贷基金能走多远，一方面要看是否符合P2P网贷行业监管的合规性要求；另一方面还取决于网贷基金平台的资金运作能力、风控能力以及平台信用。网贷基金平台想要长久的发展，则需要有较强的资金运作能力和风控能力。

第5章

网络借贷外围服务

5.1 外围生态圈

P2P 网贷的外围服务主要指为 P2P 网贷参与者（出借人、平台、借款人）提供的各类服务。在 P2P 网贷行业存在着各式各样的外围服务提供机构，这些机构包括门户网站、建站服务、垂直搜索引擎、征信机构、资金存管机构、融资机构、不良资产处置机构等，如图 5-1 所示。

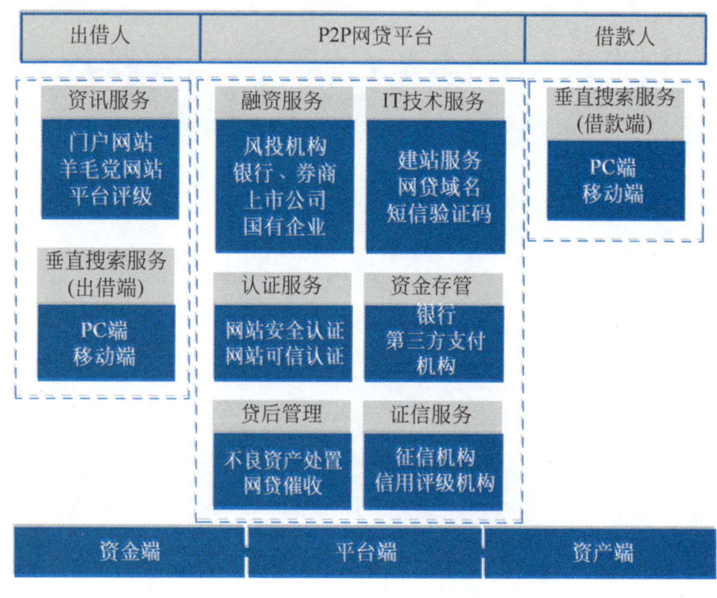

图 5-1　外围服务生态圈

资料来源：盈灿咨询

外围服务根据服务的对象不同可以归为三类：为 P2P 网贷平台提供服务的机构，包括建站服务、征信机构、资金存管机构、融资机构、不良资产处置机构等；为出借人提供服务的机构，包括门户网站、资金端垂直搜索引擎等；为借款人提供服务机构，包括资产端垂直搜索引擎等。

资金端服务，即为出借人提供的服务。从最开始的门户网站，为出借人提供 P2P 网贷行业资讯以及第三方数据监控，并作为第三方机构对平台进行客观的评价，为出借人投资提供依据。随着 P2P 网贷平台数量的增加，出借人在平台的选择上就存在一定的难度，理财端垂直搜索引擎的出现，使得出借人可以根据自身的偏好，快速找到相应的 P2P 网贷平台。

平台端服务，一个平台的运营管理，涉及的范围很广，外围服务从基础的平台网站的搭建，到平台借款项目审核、平台贷后管理等过程都有外围服务商提供服务。除此以外，还有一些服务机构，为平台提供业务咨询、培训服务、增信服务、认证服务，帮助平台提高公信力和运营能力。

资产端服务，即为借款人提供的服务。为借款人提供的服务机构主要有垂直搜索引擎，在垂直搜索引擎平台上有不同平台，不同类型的贷款产品，借款人通过对比分析，可以快速找到符合自身的贷款产品。

5.2　门户网站

P2P 网贷门户网站是指通过运营门户网站，提供 P2P 网贷行业资讯，汇聚、搜集比较网贷平台，并打造行业交流社区。目前 P2P 网贷行业的门户网站数量众多，典型的代表有网贷之家。

5.2.1　门户网站运营

作为 P2P 网贷行业重要的外围服务商，P2P 门户网站主要为出借人提供全面、深入、专业的行业资讯，并为出借人搭建相互交流的平台，因此网站资讯信息是所有门户必有的栏目模块。在门户网站上，出借人除了理解行业资讯，还可以查找 P2P 网贷平台的基本档案，包括上线时间、法人代表、注册资本、担保模式等。比较重要的栏目还有数据模块，分为行业数据和平台数据，数据可帮助出借人了解行业的发展趋势，增加出借人信心。

由于 P2P 网贷行业长时间监管缺失，导致出借人与平台之间信息不对称。因此，一些门户网站除了提供资讯、数据服务以外，还会对全国范围内的 P2P 网贷平台进行考察，为出借人提供相关的投资参考信息。为了帮助出借人更好地了解平台，除了线下考察以外，有的门户网站还会对 P2P 网贷平台进行评级。

P2P 网贷门户网站的盈利模式主要是广告收入，通过大量行业资讯、平台数据、大小热点新闻吸引流量，获得固定的客户群，形成门户网站的点击率和知名度，然后吸引 P2P 网贷平台以及其他相关机构进驻投放广告。

5. 2. 2 门户网站市场分析

根据统计，目前 P2P 网贷门户网站的数量已经达到 100 多家，随着 P2P 网贷行业的日趋规范，未来会有越来越多的出借人关注 P2P 网贷产品，再加上行业门户网站的门槛较低，P2P 网贷门户网站不断地涌现，门户网站想要保持较高的点击率还是需要形成网站特有的竞争优势。

从表 5-1 可以看出，P2P 网贷门户网站在新闻资讯、导航、社区论坛三个栏目基本上都有涉及。在数据、评级等栏目上网贷之家占据优势，网贷之家于 2011 年 10 月上线，上线时间上占据了先发优势；在服务内容上，数据积累时间较长，正确性较高，同时收录的平台数量也较全，公布的数据不论是平台数据还是行业数据均最为全面。

表 5-1 部门门户网站概况

门户网站	上线时间	网 站 栏 目	融资情况
网贷之家	2011 年	新闻、视频、导航、档案、数据、考察、评级、学习、舆情、问答、百科、论坛等	B 轮融资
网贷天眼	2012 年	资讯、导航、理财、网贷平台、数据、评级、问答社区	A 轮融资
融途网	2013 年	资讯、导航、档案、网贷有约、考察、曝光、理财、论坛	新三板

资料来源：盈灿咨询

P2P 网贷门户网站是 P2P 网贷行业的重要补充，促进 P2P 网贷行业信息化程度的提高，降低在 P2P 借贷过程中信息不对称的情况，有利于出借人选择更为安全合适的 P2P 网贷平台。随着互联网金融热潮的不断持续，P2P 网贷门户网站也将迎来快速发展的良好机遇。随着 4G 网络的推广和创新，移动终端用户增速不断提升，移动互联网的发展大大超过了传统互联网，未来门户网站将向移动端转移。

5.3　建站服务

P2P 网贷建站服务是指开发人员经过与客户的充分沟通，了解客户的需求并与客户签订建站服务合同，然后经过开发人员的系统分析和设计等工作，做出符合客户需求的 P2P 网贷系统，最后经过测试验收工作交予客户完成项目的过程。P2P 网贷服务建设具体包括：网贷系统开发业务，网贷系统二次开发业务和网贷系统技术支持服务。

5.3.1　建站服务概况

据不完全统计，截至 2015 年 12 月底，P2P 网贷建站服务商共有 37 家，其中 6 家 P2P 网贷建站服务商成功获得融资，详见表 5-2。

表 5-2　部分 P2P 网贷建设服务商信息

服务商	成立时间	融资情况
迪蒙网贷系统	2005 年 7 月	获上市公司 5 亿元战略投资
绿麻雀系统	2007 年 9 月	—
网信无忧系统	2009 年 8 月	—
帝友网贷系统	2010 年 2 月	—
融都网贷系统	2012 年 6 月	获恒生电子战略投资 6 625 万元
云信网贷系统	2013 年 4 月	获得君联资本的百万美元 A 轮融资
盈灿网贷系统	2013 年 11 月	集团获赛富亚洲投资基金和创东方亿元投资
金橙网贷系统	2013 年 11 月	获得纪元控股集团 1 000 万元战略投资
融天下系统	2014 年 3 月	—
雄猫软件系统	2014 年 8 月	获得汉鼎股份全资子公司 1 505 万元的 A 轮融资

资料来源：盈灿咨询

5.3.2 P2P 网贷系统生态链

大部分服务商提供主要的 P2P 网贷交易系统，但是也有部分建站服务商（如盈灿科技）提供完整的 P2P 网贷系统生态链。完整的网贷系统生态链包括数据采集系统、风险评估系统、信审系统、P2P 网贷交易系统、数据分析系统、财务系统和贷后管理系统七大子系统，各子系统之间既相互联系又各自独立，主要是以 P2P 网贷交易系统为核心，其余系统都是围绕着 P2P 网贷交易系统的上下游组成的一个生态链。如图 5-2 所示。

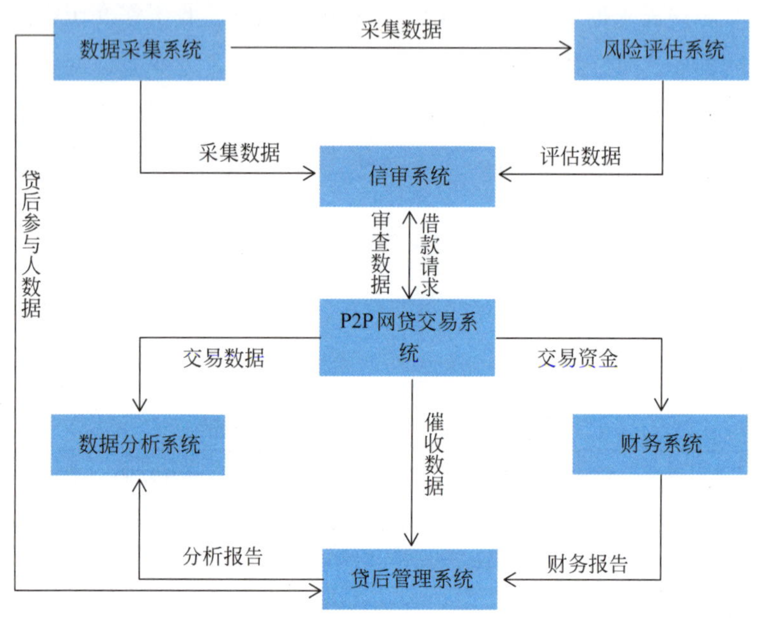

图 5-2 P2P 网贷系统生态链流程示意图

资料来源：盈灿咨询

P2P 网贷建站服务商为更多客户提供技术支持，设计出一套完整的 P2P 网贷系统，促进了 P2P 网贷建站服务的快速发展。不少建站公司获得千万元以上的融资，表明越来越多的投资者看好互联网金融服务商未来的发展前景。另外，很多 P2P 网贷服务商开始向电商、众筹等领域提供技术支持和服务，为打造互联网金融信息化，建设一站式解决方案服务商而努力。

5.4　垂直搜索引擎

垂直搜索引擎主要是指针对特定互联网金融领域，提供专业化的搜索。用户可以快速搜索到相关的金融产品信息。根据服务的对象不同，可以将垂直搜索引擎分为资金端垂直搜索引擎和资产端垂直搜索引擎。

5.4.1　资金端垂直搜索引擎

资金端垂直搜索引擎主要是为出借人提供理财产品搜索，以及理财产品对比的一个平台，除了理财产品以外，平台还会为出借人提供理财资讯，供出借人参考。

近年来理财产品搜索引擎逐渐增多，不少综合理财搜索引擎纷纷新增 P2P 网贷理财频道，也出现了专门提供 P2P 网贷产品的垂直搜索平台，详见表 5-3。根据垂直搜索引擎提供的产品，将资金端垂直搜索引擎分为两大类：一类是综合类垂直搜索引擎，其业务范围涵盖市面上所有流行的理财产品，如百度财富、财经道、融 360、银率网、众牛、贷款易等；一类是专业类的垂直搜索引擎，其理财产品主要是 P2P 网贷理财产品，如投之家、网投所、好投网等。

表 5-3　主要搜索引擎分析

平台名称	类别	理财产品类别	保障措施	安全评级
投之家	垂直类	P2P 网贷产品	T 盾计划	有
网投所	垂直类	P2P 网贷产品	最高上限内全额赔付机制	有
好投网	垂直类	P2P 网贷产品	—	有
融 360	综合类	P2P 网贷产品、基金产品、银行理财产品	—	有

续表

平台名称	类别	理财产品类别	保障措施	安全评级
银率网	综合类	P2P 网贷产品、银行理财产品、储蓄国债、互联网理财产品、信托产品、基金产品、黄金、外汇等	—	无
百度财富	综合类	银行理财、信托产品、P2P 网贷理财产品	—	无
财经道	综合类	P2P 网贷、基金、银行理财、信托	—	有
众牛	综合类	网贷产品、众筹产品、信托产品、资管产品、基金产品、比特币	—	无
贷款易	综合类	P2P 网贷产品、银行理财产品	—	无

资料来源：盈灿咨询

目前资金端垂直搜索引擎的盈利模式较为单一，主要是从用户搜索锁定 P2P 网贷平台项目，并产生交易金额中抽取一定比例的佣金。

与综合类垂直搜索引擎相比，专业类垂直搜索引擎的专业性更强，为出借人提供双重的保障。首先在平台的甄别上，具有专门的人员对合作 P2P 网贷平台进行安全评级，并进行实地考察；其次，当发生逾期时，部分专业类的垂直搜索引擎为出借人提供资金保障服务。

以投之家为例，投之家成立于 2014 年 9 月，是一家专业的 P2P 网贷垂直搜索平台。只有经过严格筛选评估的 P2P 网贷平台，才会收录到投之家合作平台中。出借人除了享受平台（投之家合作平台）相应的本息垫付制度，还额外专享投之家 T 盾计划的保障服务。

目前 P2P 网贷平台数量众多并且良莠不齐，平台公信力建设缓慢，并且出借人自己能够投入 P2P 网贷投资及研究的精力和时间有限，因此通过垂直搜索引擎投资 P2P 网贷平台这一方式逐渐被出借人所认可。

5.4.2 资产端垂直搜索引擎

随着个人信贷的发展，借款人可选择的渠道越来越多，但是由于我国征信体系的不完善，导致线上个人信贷的成功率并不高。为了方便借款人借款，提高个人信贷的成功率，资产端垂直搜索引擎以“协助者”的身份切入到个人信贷的流程中，服务于有借款需求的人，帮助其找到合适的贷款机构。

贷款垂直搜索引擎包括 PC 端、移动端搜索引擎。PC 端贷款搜索引擎众多，典型的平台包括财经道、91 金融、安贷客、资信客、金融一号店。移动端搜索引擎数量较少，典型平台有借点钱，此外还有诸如融 360、好贷网等 PC 端和移动端搜索引擎兼具的平台，如表 5-4 所示。以借点钱为例，其服务对象有个人消费者、网店商户（个人）；业务范围包含信用贷款、购车贷款、配资、信用卡等；合作金融机构包括了拍拍贷、积木盒子、平安普惠、宜人贷、手机贷等众多的金融机构。

表 5-4　资产端垂直搜索引擎分类

平　台	成立时间	融资情况	引擎类别
借点钱	2015 年	—	移动端搜索引擎
融 360	2011 年	C 轮融资	PC 端、移动端搜索引擎
好贷网	2013 年	B 轮融资	PC 端、移动端搜索引擎
91 金融	2013 年	B 轮融资	PC 端搜索引擎
安贷客	2012 年	—	PC 端搜索引擎
资信客	2011 年	—	PC 端搜索引擎
金融一号店	2013 年	—	PC 端搜索引擎
财经道	2009 年	—	PC 端搜索引擎

资料来源：盈灿咨询

贷款垂直搜索引擎主要是与银行、P2P 网贷平台等金融机构合作，一般来说垂直搜索引擎不参与借贷双方的交易。资产端垂直搜索引擎的盈利主要是在借款人申请贷款过程中，垂直搜索引擎帮助借款人完成贷款，从中收取贷款佣金。

在功能设置上，PC 端与移动端搜索引擎设置基本相同，例如借点钱 APP 界面和 91 金融 PC 界面，都会设计信贷产品搜索框。通过信贷产品搜索框，借款人可以检索到不同金融机构的贷款产品，直观地对各类贷款产品进行横向比较，选出合适自身贷款需求的产品。在这个过程中，贷款搜索引擎也会根据不同的贷款需求进行数据分析匹配，为借款人提供最佳的搜索匹配。

在便捷性上，移动终端已经成为访问互联网的主要设备，用户移动端设备使用时间的碎片化也逐渐明显。借款人不需要利用自己大把的时间用于贷款，仅需要利用碎片化的时间就可以通过移动端搜索引擎完成贷款。未来纯线上个人信贷面对的应用场景愈加多样化，大数据技术将帮助线上放贷平台精准切入借款人的具体应用场景，快速提供融资、增信及贷后管理服务。

5.5 平台征信

5.5.1 征信业发展概况

征信是依法收集、整理、保存、加工自然人、法人及其他组织的信用信息，并对外提供信用报告、信用评估、信用信息咨询等服务，帮助客户判断、控制信用风险，进行信用管理的活动。征信体系的构建和发展不仅有利于改善信贷质量，扩大信用交易，更有助于建立良性的市场经济秩序，改善市场信用环境，提高社会整体信用意识。

按业务模式划分，征信可以分为个人征信和企业征信；按服务对象划分，可分为信贷征信、商业征信、雇佣征信及其他征信。个人征信主要是收集个人信用信息、加工并销售个人信用产品。企业征信是指收集企业信用信息、生产企业信用产品。截至 2015 年 9 月底，根据央行征信中心公布数据①，个人征信系统收录的 8.7 亿人中有信贷记录的为 3.7 亿人，相比 2014 年有信贷记录人数增长了 5.7%。而企业征信方面，在征信系统收录的 2 101 万户企业和其他组织中，其中有中证码的 1 041 万户，有信贷记录的为 554.6 万户。2015 年 1~9 月个人征信系统机构用户累计查询量达到 44 927 万次；企业征信系统机构用户日均查询量达 6 708 万次；个人和企业征信系统机构单日最高查询量分别为 293 万次和 50.9 万次。

国内征信业发展时间轴如图 5-3 所示，从 2015 年初由央行发布的《关于做好个人征信业务准备工作的通知》到 2015 年年末《征信机构监管指引》，关于征信市场利好的政策不断出台。2015 年成为民营个人征信元年，政府也

---

① 新华社．人民银行征信系统已收录 8.7 亿自然人．2015-10-27，http://www.gov.cn/xinwen/2015-10/27/content_2954607.htm.

愈加重视信息资源的开发共享。

图 5-3　国内征信业发展时间轴

资料来源：盈灿咨询

征信行业基本的产业链是通过上游的数据供应商到中游的征信机构传递到下游的征信信息使用者。数据供应商主要包括银行、电商、电信、教育、医疗、公安、社保等部门。征信机构按照模型加工处理数据供应商的原始数据，并给出信用报告。根据业务和服务对象的不同，征信报告产品包括了个人信用报告、企业信用报告、信用调查报告、债券主体评级报告、债券债项评级报告、借款企业评级报告、担保机构评级报告等。随着 P2P 网贷行业规模的逐渐扩大，P2P 网贷平台成为征信信息的主要需求方之一。

5.5.2　P2P 网贷平台征信模式

征信产业是信贷业务的发展基石，于 P2P 网贷行业来说也是至关重要的。完善的征信体系有助于改善信用环境，使人们重视自己的信用记录；有利于 P2P 网贷平台甄别信贷风险，分级定价，降低优质借款人的交易成本；加速授信过程，提高交易效率。P2P 网贷平台征信可采取的模式主要有以下三种。

1. 传统官方征信模式

通过接入具有央行背景的上海资信或者借助第三方公司间接实现查询央行征信系统。由于目前P2P网贷平台无法直接接入央行征信系统，所以较多的平台选择通过上海资信公司的网络金融征信系统（NFCS）来查询借款人信用信息记录。此外，央行开放了部分融资性担保公司和小贷公司的征信系统接口，P2P网贷平台也可以通过与这些公司合作，间接实现央行征信系统的查询。

传统征信模式的优点在于：有效帮助平台了解系统内有信用记录群体的借贷基本信息、贷款申请记录、负债水平、还款情况等，降低了放贷风险和防范“老赖”和“过度负债”群体；数据质量较好，可靠度高。其缺点在于：首先，接入系统需要提供平台方数据，而平台方会有数据保护的考虑；其次，数据完整性不足，一般在官方征信机构拥有信用记录的大多是与银行有业务往来的信贷客户，而更多人的信贷记录为零；再次，较为严格的审核流程、数据格式及质量要求将众多小平台拒于门外。

2. 大数据征信模式

大数据征信采集互联网交易或使用互联网各类服务过程中留下的信息数据，并结合线下渠道采集的数据集成。与传统征信不同，该模式优点在于①数据来源广泛，弥补了传统征信覆盖面不足的缺陷，大数据征信能覆盖到很多在央行无信用信息的群体。②数据类型多样化，不局限于信贷数据。例如，线上交易、社交行为等数据都可成为征信的数据来源，更能全面地反映个人信用情况。③数据时效性更强，动态反映信用主体的信用状态变更。④大数据征信降低了征信的效率和成本。中国征信业预计将逐渐转向市场化征信主导，公共征信与多种征信方式并行发展的体系。民营征信迎来发展元年，大数据征信也将更多地受益于征信市场的放开。

大数据征信的难点在于：大量的信息处理对于数据的存储、挖掘和分析计算能力有着非常高的要求。信息过多引起的数据杂乱，带来整合多方数据的困难性，并且数据相关性分析需要较长时间和实践来检验，会造成短期内信用评价数据精准性较低。此外，大数据征信也面临着法律风险，在个人隐私保护上较难把控。《征信业管理条例》[1] 规定，采集个人信息应当经信息主体本人同意，未经本人同意不得采集。并禁止征信机构采集个人的宗教信仰、基因、指纹、血型、疾病和病史信息以及法律、行政法规规定禁止采集的其他个人信息。征信机构在未告知可能的不利后果及取得书面同意的情况下，不得采集个人的收入、存款、有价证券、商业保险、不动产的信息和纳税数额信息。

大数据征信模式可以通过与取得牌照的征信机构合作或者自建征信机构来实现。P2P 网贷平台可以与取得牌照的大数据征信机构合作。其优点在于灵活性强，数据丰富。而缺点在于合作机构未必能提供专业性对口数据、对于数据的权威性和准确性容易存疑。此外，既然个人征信市场对民营放开，达到申请资质的 P2P 网贷平台未来也可以申请征信牌照。这种方式的优点主要有：平台客户资料不外泄、针对性强。但缺点包括：自建征信机构初始投入较高；数据来源渠道较窄，能否采集到核心信用数据成为关键；以及对平台自身风控能力要求很高。因此，自建征信机构只适用于实力强劲且具有较长行业经验的大平台。

3. 分布式征信模式

P2P 网贷行业的征信难点在于：一方面出于隐私或利益等考虑，P2P 网贷平台之间不愿意分享自己的数据信息，越是大的平台越是如此；另一方面，汇集了大量信息的中央数据库，存在安全性风险。分布式征信是通过统一数据标准和接口，按需查询、按实际效果付费。分布式征信系统更侧重于查询，且不保留查询数据，P2P 网贷平台可以自行管理，解决了 P2P 网贷行业征信难题以及信息共享的问题。模式的优点在于平台客户资料不外泄，信息查询成本较低。难点在于数据标准口径统一，以及系统体量扩充等方面。

通过对 400 多家 P2P 网贷平台合作的征信机构进行整理，P2P 网贷平台选择合作的征信机构主要集中在上海资信、鹏元征信、蜜蜂数据、91 征信、安融征信、同盾科技、芝麻信用、前海征信、算话征信。

P2P 网贷平台征信市场竞争格局比较明显，占据优势地位的是具有政府

---

① 中国人民银行征信中心 . 2014-01-14，http://www.pbccrc.org.cn/zxzx/zhengcfg/201401/6e55556e29774c9cb28c019833ea9bbf.shtml.

背景的信用信息服务机构，其中以上海资信合作的 P2P 网贷平台数量最多，在 400 多家样本平台中有 80 家选择与上海资信合作；其次是鹏元征信；蜜蜂数据、91 征信、安融征信、同盾科技、芝麻信用。这几家征信机构合作的 P2P 网贷平台数量也较多。P2P 网贷平台合作的征信机构并不局限在一家，其中不少平台合作的征信机构更是达到了四家。

5. 5. 3 征信未来展望

虽然央行征信系统接入机构数及查询量不断增长，但当前征信体系对于个人及企业的覆盖率仍然偏低。从上述数据可以发现，有贷款记录的个人和企业占收录数量的比例分别仅为 42. 5% 及 27. 6%，表明在未来，征信市场可挖掘空间广阔，市场规模将持续扩大。

此外，我国的征信体系尚不健全，征信市场发展的法律仍不完善，征信发展面临诸多的困难和挑战，例如现有的征信法律体系中对于征信过程中个人隐私的侵犯和泄露等保护不够明确。随着大数据征信等互联网征信的出现，对于征信法律体系完善提出了更高的要求。未来，一方面征信业的快速发展将倒逼相关法律的完善；另一方面，通过法律体系的健全，将促进征信发展更为规范化和健康化。

就具体模式来看，个人征信市场化情况下，与传统出具个人征信报告的简单产品模式相比，将出现许多新型应用场景和服务产品。未来，个人征信应用场景及产品将更为多样化。生活场景、商业场景的扩展不断提升个人征信市场发展空间。个人征信不仅仅应用于原有的金融场景，将会更为广泛地应用在分期购物、就业、租赁、婚恋、旅行服务、医疗等场景。而以往我国的企业征信偏向于大企业征信，而对于中小微企业征信覆盖度非常低，因而也是导致中小微企业长期面临融资难问题的成因之一。随着互联网技术的成熟，中小微企业数据得以快速获取并积累，通过这些经营数据、供应链数据、物流数据等可以反映出企业征信情况。未来，中小微企业融资、供应链融资将成为企业征信的关注焦点。

我国目前仍处于以公共征信为主导，市场化征信推进的过程中。未来，随着征信市场的开放以及规模经济的逐渐形成，除公共征信机构之外，市场化征信机构数量会提升显著，P2P 网贷平台征信模式将更加多样化，参与机构明显增多，征信机构间竞争加剧。

5.6　资金存管

P2P 网贷平台资金存管是指 P2P 网贷平台将交易资金、平台相关备付金、风险金等存放于第三方账户上。

5.6.1　资金存管概况

自从 2013 年 10 月 P2P 网贷行业出现倒闭潮以来，问题平台层出不穷，出借人对资金存管的需求越来越明确。2015 年 7 月 18 日和 12 月 28 日，监管层分别出台的《关于促进互联网金融健康发展的指导意见》及《网络借贷信息中介机构业务活动管理暂行办法（征求意见稿）》，均要求“选择符合条件的银行业金融机构”作为出借人与借款人的资金存管机构。同时在《非银行支付机构网络支付业务管理办法》中第八条规定，支付机构不得为金融机构，以及从事信贷、融资、理财、担保、货币兑换等金融业务的其他机构开立支付账户。

一方面，在监管要求及出借人对资金安全的需求下，不少平台已开始积极行动，纷纷与银行沟通资金存管合作事宜；另一方面，在监管政策支持下，银行也想抓住此波红利，开展此业务的积极性迅速增长。据不完全统计，截至 2015 年 12 月底，已有民生银行、徽商银行、招商银行、浙商银行、建设银行、广发银行等 25 家银行涉足了 P2P 网贷平台资金存管业务，76 家平台与之签订了资金存管协议，约占 P2P 网贷行业正常运营平台数量的 3%。其中，共有 10 家平台已对接银行资金存管系统，真正实现了银行资金存管，尚有 66 家平台处于“签约—系统对接”阶段。

在合作模式上，目前 P2P 网贷平台与银行的合作主要采取三种模式：银行直连、银行直接存管（见表 5-5）和“银行 + 支付公司”的联合存管模式（见表 5-6）。在监管办法的要求下，越来越多的平台选择直接与银行实行资金存管，占已签订协议的平台数量的 90%。

表 5-5　部分由银行直接存管平台

合作银行	总分支行	平台名
民生银行	总行	积木盒子 邦帮堂 爱钱进
华兴银行	总行	袋袋金 易享贷
民生银行深圳分行	分行	东方金钰
招商银行上海分行	分行	麻袋理财
河北银行张家口	分行	牛牛理财
邮政储蓄广西壮族自治区南宁市分行	分行	钱盆网
兴业银行郑州分行	分行	郑投网
贵州银行小河支行	支行	福鑫 e 融 乾贷网

资料来源：盈灿咨询

表 5-6　部分由“银行 + 支付机构”联合存管平台

合作银行	平台名	合作第三方支付
建设银行	信而富	富友支付
中信银行	瑞钱宝	联动优势
恒丰银行	乐金所	汇付天下
恒丰银行	融和贷	汇付天下
徽商银行	好车贷	中金支付

资料来源：盈灿咨询

5.6.2　银行资金存管模式

1. 银行直连

“银行直连”是指 P2P 网贷平台直接与银行开通支付结算通道。在交易过程中，不用提前充值，交易资金直接在线结算；而出借人投标回款后，资金直接返回到出借人原始支付的银行卡中，无须人工提现。

在该模式中，平台在银行建有“中心账户”，该账户平台不能直接操作，资金交易情况受银行监管，而中心账户包括三种类型，分别为资金结算账户、放款账户和还款账户。如图 5-4 所示。

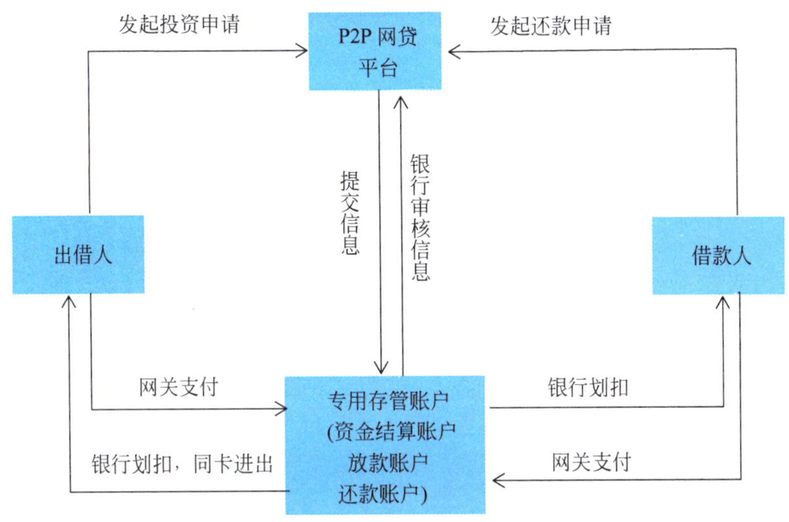

图 5-4　银行直连业务流程示意图

资料来源：盈灿咨询

首先出借人发起投资请求，平台将信息反馈给银行，银行对出借人及项目信息进行核对；核对无误后，通过网关支付，将出借人银行卡资金划扣到资金结算账户中。满标后，银行对借款人信息再次审核，并建立有白名单制度，审核无误，资金进入放款账户，并由银行直接划转至借款人指定的银行卡账户中。待借款人还款时，银行将比对出借人信息，核对无误，银行将本金及利息直接转入对应出借人投资时的银行卡中，如开鑫贷。

2. 银行直接存管

银行直接存管是最常见的一种资金存管形式，即是银行直接和 P2P 网贷平台合作，推出资金存管方案，由银行管理资金，P2P 网贷平台管理交易，做到资金与交易的分离，使得平台无法直接接触资金，避免客户资金被直接挪用。如图 5-5 所示。

在“银行直接存管”模式下，具有两套账户体系，一类是平台在银行开设的存管账户（大账户），一类是出借人在存管银行的个人账户（子账户）。

如平台有风险准备金或担保公司等，一般还会开设风险准备金账户和担保账户等，实现平台资金与出借人资金的隔离。在该方式下，由于用户的资金从一开始就不在平台体系内运转，有效避免了平台随意挪用资金。该模式也是当前大多数与银行签订资金存管协议的平台所采取的方式，如积木盒子。

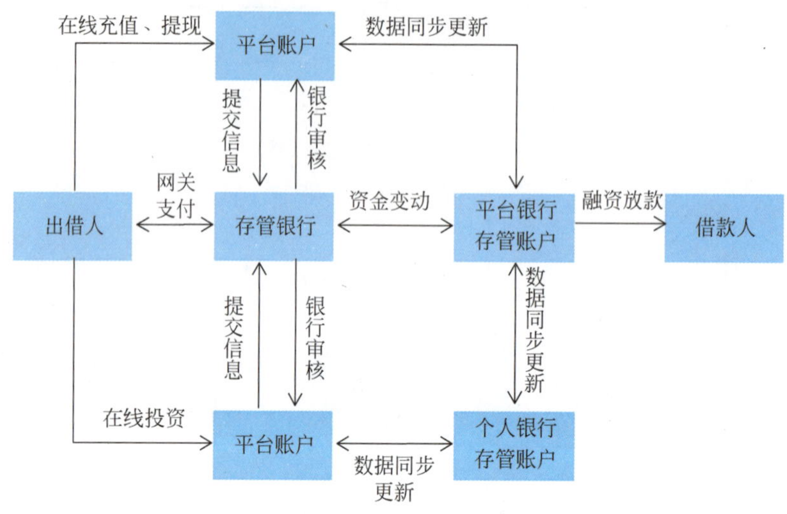

图5-5 银行直接存管业务流程示意图

资料来源：盈灿咨询

在该模式下，银行账户体系复杂，开发系统投入成本较大，同时银行为防范风险，往往对平台的要求比较高，比如在团队方面，有些银行要求平台高管团队有多年以上的金融行业背景，并且会审核 P2P 网贷平台股东背景、注册资本、业务量等，比如股东方必须包括大型国企或上市公司，还会将近期是否存在负面舆论信息等纳入审核范围，因为平台如果出现问题，银行自身的信誉也会受到影响。

3. “银行 + 支付公司”联合存管

“银行 + 第三方支付公司”联合存管模式，即银行和第三方支付公司合作，推出联合存托管方案，第三方支付主要作用为资金通道以及银行和 P2P 网贷平台之间的嫁接工作。其成因主要是银行从头开发资金存管系统成本高、周期长、体验较差等原因，而第三方支付公司介入 P2P 网贷行业时间较早，在用户体验、系统开发等方面已经积累出部分经验，同时第三方支付公司握有大量的 P2P 网贷平台资源。

如图 5-6 所示，在联合存管模式下，一般要求第三方支付机构或 P2P 网贷平台在存管银行开设存管账户，并根据平台发出的相关指令完成充值、投资、提现等功能，而由银行监管资金流向。第三方支付机构则担任技术辅助方，提供支付结算、技术咨询、服务定制、运营维护等服务，协助银行更高效地完成所有借贷资金在出借人与借款人的存管账户之间的划转。

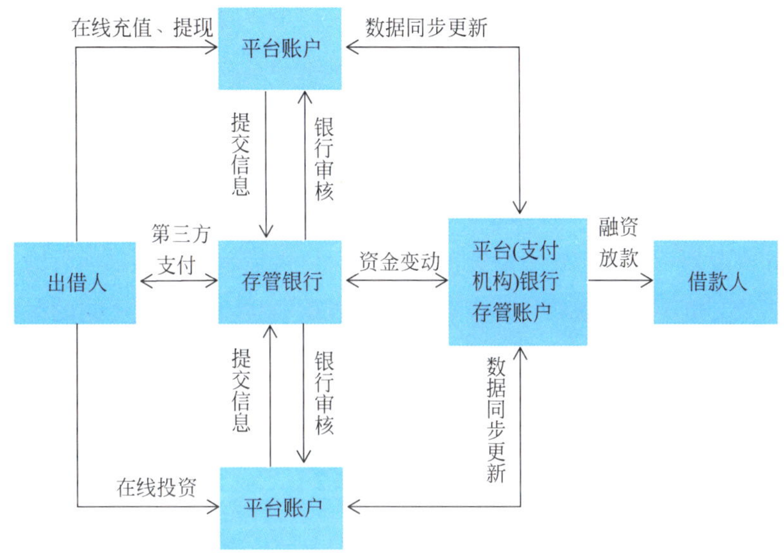

图 5-6　“银行 + 支付机构”联合存管业务流程示意图

资料来源：盈灿咨询

在这种模式下，第三方支付机构由于长时间的市场摸索，在为 P2P 网贷平台资金存管这一领域具有自己的优势。比如存管系统比较完善，对不同平台的针对性需求的完成能力也较强，第三方支付在支付的便捷性和响应速度上都超过银行，并且在产品的更新和运营的响应上都非常快速，这些都是银行很难办到的。银行对什么样的 P2P 网贷平台可以接入银行，在早期缺乏判断，这时候，银行会与第三方支付机构合作，逐步深入了解学习。目前包括富友支付、汇付天下、中金支付等多家支付公司均已与多家银行开展合作，推动联合存管模式的发展。

从政策发布至今，正式与银行签订完成存管协议的 P2P 网贷平台寥寥无几。在未来，对银行而言，熟悉 P2P 网贷系统和业务是首要的，毕竟如果门槛设置过高让合作难以推行；对第三方支付机构来说，仍需要尽快找出自己的新出路，避免自身完全受制于银行。从银行存管的模式来看，似乎可以各取所需，实现共赢，但其实无论是银行独立存管，还是所谓的新形态联合存管模式，最终都必须是将资金存管放在银行。

当前，在监管办法要求、平台增信需求及平台追求可持续发展的宏观背景下，资金存管成为平台的“标配”。但目前仍有不少平台借“资金存管”打擦边球，典型现象如：在银行开对公账户，与银行处于洽谈阶段，风险准备金在银行进行存管，甚至有些平台仅对接个第三方支付机构等，均大肆宣传平台资金由银行存管，给出借人带来诸多误导。

此外，需注意的是，银行进行资金存管并非万能，其主要职责仅仅是按照出借人或借款人的申请或指令，在平台的信息指示下，办理充值、转账、提现等资金划转业务，并不负责审核平台所提供借款人和借款项目的真实性和合法性，也不对借款项目是否存在违约风险负责。所以，不同的平台其资金存管的模式、存管主体等均有所不同，出借人在选择平台时，还需认清“资金存管”的本质，仔细筛选优质平台。

5.7 平台融资

5.7.1 融资对于平台的重要性

目前整个 P2P 网贷行业依然处于“烧钱扩张”阶段，大多数 P2P 网贷平台自身业务产生的现金流仍不足以维持平台的高速发展。

在 2015 年，部分 P2P 网贷平台因为上市公司入股的原因，披露了其财务状况。多数平台自身利润状况并不好，亏损或微利居多，有些平台的净资产为负值，所以大多数平台需要通过外部融资来解决发展资金问题。

对于 P2P 网贷平台来说，从起步到扩张，都离不开融资问题。互联网金融属于轻资产行业，所以平台的融资方式以股权融资为主。通过外部融资，除了解决发展资金问题，对平台的发展也有诸多好处，具体来说有以下几点。

（1）可提升平台知名度和信用。通过向上市公司、国资公司、风投发行股份等方式融资，可以提升平台的品牌和可信度。在目前平台主要还是信用中介的背景下，这一作用尤为明显。

（2）为业务来源提供帮助。有实业背景的股东入股平台可以在资产端业务上为平台提供助力。比如 A 股上市公司瑞茂通与中瑞财富。2015 年 9 月 15 日，瑞茂通以 7 705.38 万元现金入股中瑞财富，参股比例为 20%。瑞茂通是一家煤炭供应链公司，且拥有保理及融资租赁牌照。瑞茂通将依据供应链的业务等优势，为中瑞财富提供大量的资产端项目来源。

（3）可提升透明度和规范性。在野蛮生长时代，许多 P2P 网贷平台出身“草根”，规范程度弱，竞争模式不清晰，资源有限。引入新的股东方，比如风投，可以提升平台的透明度，运营管理的规范性等。

P2P 网贷平台的融资以股权融资为主，从公开可获得的数据看，融资来源主要包括风投、上市公司和国资、个人以及直接 IPO 等，如图 5-7 所示。

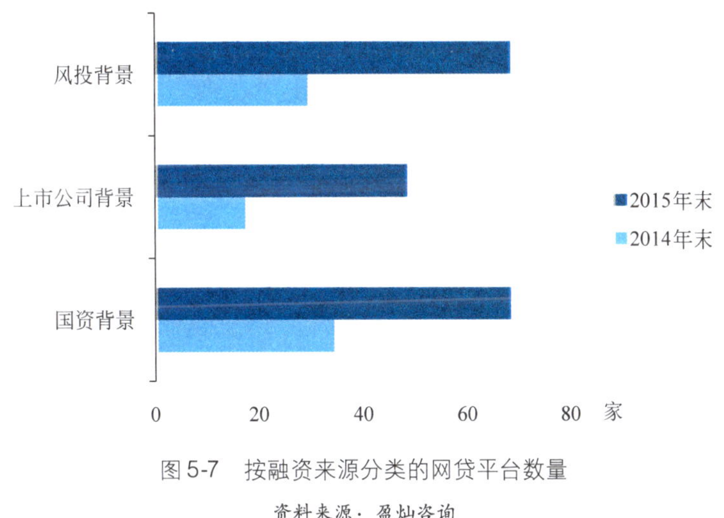

图 5-7 按融资来源分类的网贷平台数量

资料来源：盈灿咨询

5.7.2 风投投资网贷平台情况

2015 年，风投资金继续加速进入 P2P 网贷行业。相比于 2014 年全年 35 次的风投注资，2015 年上半年就达到 34 次，持平 2014 年全年，而下半年虽然仅有 20 次，却有诸多突破。比如 2015 年 8 月的点融网的 C 轮 2.07 亿美元是迄今网贷行业内最大单笔融资，2015 年 9 月的开鑫贷 2 亿元是迄今行业内最大规模天使轮融资，2015 年有多达四个平台正式宣布完成了 C 轮融资等。在一轮轮融资过后，风投系平台的数量急剧扩张到 68 家。

截至 2015 年末，约有 170 亿元人民币的风投资金进入 P2P 网贷行业（美元兑人民币汇率按 6.53 计算），具体来说，2013 年及以前为 4.6 亿元，2014 年有 33.85 亿元，2015 年有 131.5 亿元。

从风投投资网贷平台的轮次来看，绝大多数处于 A 轮阶段，占比达到了 69.7%，Pre-A 及天使轮占比为 7.07%，B 轮的风投占比为 19.19%，C 轮占比为 4.04%，如图 5-8 所示。

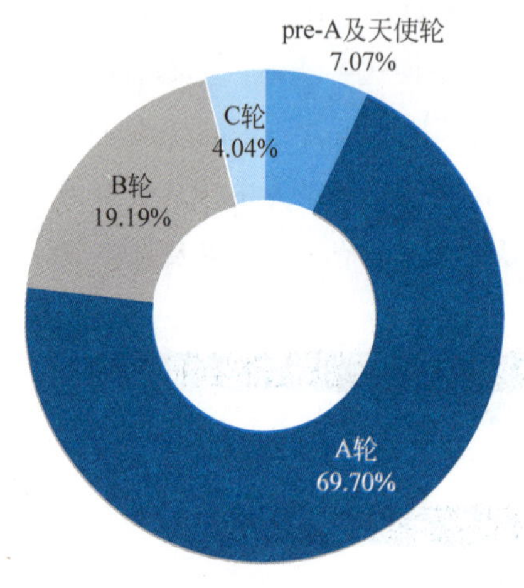

图 5-8 风投投资网贷平台的轮次比较

资料来源：盈灿咨询

在风投资金中，投资过两家及以上 P2P 网贷平台的有 14 家，包括君联资本投资了铜板街、拍拍贷和懒财网等，此外同为联想系的联想控股投资了翼龙贷，联想之星投资了银豆网。软银中国在 P2P 网贷行业也是投了重兵，从 2013 年到 2015 年，先后投资了有利网、易贷网和付融宝，均为 A 轮融资。此外，红杉资本、晨兴资本、盛大资本、顺为资本、高榕资本以及 IDG 资本等风投界的大佬也都重点布局了网贷行业。

风投资金投资 P2P 网贷行业，具有专业性强、投资金额较大、抱团、风险偏好较高等特点。风投看中的平台一般集中在北上广、浙江等经济发达地区，所投平台往往具有某方面的优势，比如团队背景、创新能力、风控能力、成长空间等。风投资本以逐利为目的，一般会选择持有几年后通过上市、并购转让等方式退出。

5.7.3　上市公司投资网贷平台情况

上市公司进入 P2P 网贷行业，自建平台和后期投资入股均有。在 2015 年末，有 48 家上市公司投资入股或自建网贷平台，而在 2014 年末只有 17 家。据不完全统计，2015 年上市公司向 P2P 网贷行业的投资额为 17.9 亿元，2014 年的投资额为 17.8 亿元。相对来说，2015 年上市公司入股 P2P 网贷平台金额更加分散。由于资本市场的波动等原因，一些大的入股案例并未成功，比如浩宁达拟 6.6 亿元入股团贷网 66% 股权、熊猫金控拟入股你我贷 51% 股权等，最终都取消交易。

2015 年上市公司入股 P2P 网贷平台金额比较大的案例有中天城投子公司 3.3 亿元入股招商贷 55% 股份，港股公司大中华实业 2.7 亿港元入股当天财富 45% 股权以及大金重工 1.7 亿元入股投哪网 11.76% 股份等。

2015 年，在入股 P2P 网贷平台的上市公司中，深交所的上市公司最为积极，占比为 56.76%，上交所的公司占比 29.73%，港交所公司占比 13.51%，如图 5-9 所示。在深交所公司中，其中以中小板最多，占比为 52%，29% 为创业板公司，其他为主板。

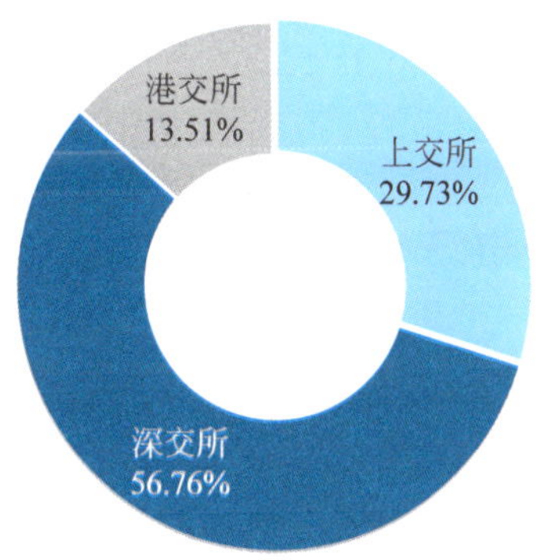

图 5-9　2015 年入股 P2P 网贷平台的上市公司上市地点占比

资料来源：盈灿咨询

从上市公司对 P2P 网贷平台的介入程度看，68% 为参股，32% 为控股。

上市公司类资金入股网贷平台的特点，一般采用参股或控股的方式进入网贷平台，希望以此打造以上市公司为核心的上下游供应链金融闭环，或者从市值管理的角度出发，以合并报表为目的，帮助上市公司实现市值管理的目标。

此外，2015 年 12 月，宜人贷登陆纽交所，融资 7 500 万美元，开了中国网贷平台 IPO 融资的先河。虽然这一案例融资额并不算高，但也为网贷平台融资和后续发展提供了一个可以借鉴的方式。

5.7.4 国资入股网贷平台情况

国资入股 P2P 网贷平台一般以发起设立的方式为主，2015 年末，股东背景中有国资的平台有 68 家，在 2014 年末时为 34 家。国资一般通过旗下的国有公司多层持股进入 P2P 网贷行业，最终持有平台股权。

在北京、重庆、湖北、江苏、广东的国有公司在 P2P 网贷行业比较活跃，上述地区各有 5 家以上的国资系平台。国有公司介入 P2P 网贷行业更多是战略布局，希望通过 P2P 网贷公司来强化产业链金融，平台运作上更强调规范性。

5.8 不良资产处置

5.8.1 不良资产处置市场

一般所说的不良资产，主要是指银行的不良贷款，指银行顾客不能按期、按量归还本息的贷款。通常借款人若拖延还本付息超过三个月，贷款即会被视为不良贷款。银行在确定不良贷款已无法收回时，应从利润中予以注销。逾期贷款无法收回但尚未确定时，则应在账面上计提坏账损失准备。

在 P2P 网贷、小贷公司、典当、担保公司、保理公司、融资租赁等领域，以及民间企业、个人借贷中也存在不良资产，如不良债权、不良应收账款等。

随着经济结构的调整，中国的不良资产规模和不良率正在不断上升，未来不良资产处置市场空间提升。按盈灿咨询的最保守计算，目前中国不良资产存量规模应在 2.32 万亿元以上。未来，考虑到商业银行整体不良率在不断上升，如果达到 2% 的水平，中国的不良资产规模将达到 2.6 万亿元，不良率在 3% 的水平，中国的不良资产规模将达到 3.9 万亿元。

在中国整体不良资产规模上升的背景下，民间借贷市场的不良资产规模也在不断上升，这类不良资产主要来自小企业和个人。P2P 网贷平台未来几年也将回归信息中介和常态化发展，此前快速发展中累积的不良资产也将慢慢暴露和释放。

5.8.2　互联网 + 不良资产处置模式

不良资产处置是指通过综合运用法律允许范围内的一切手段和方法，对资产进行的价值变现和价值提升的活动。

资产处置的范围按资产形态可划分为：股权类资产、债权类资产和实物类资产。

资产处置方式按资产变现分为终极处置和阶段性处置。终极处置主要包括破产清算、拍卖、招标、协议转让、折扣变现等方式；阶段性处置主要包括债转股、债务重组、诉讼及诉讼保全、以资抵债、资产置换、企业重组、实物资产再投资完善、实物资产出租、实物资产投资等方式。

根据规定和惯例，国有银行批量转让不良资产，必须通过四大国有资产管理公司和地方资产管理公司；民营企业、个人（债权和不良资产）的不良资产大多通过司法手段等方式予以处置。

随着互联网金融的发展，让从事不良资产处置服务的行业人士看到机会，各类互联网 + 不良资产处置的第三方服务机构雨后春笋般涌现。详见表 5-7。

P2P 网贷的兴起，源自于大量小微企业、个人的借贷需求得不到传统金融机构的有效服务，而互联网的技术发展和去中心化思维能较好地解决这一需求。不良资产处置市场同样如此，大量的小额分散的不良贷款催收、处置需求得不到满足，特别是 P2P 网贷业务发展之后，这一矛盾更加凸显。

P2P 网贷平台以小额分散的个人和小微企业贷款为主，在发生逾期产生不良债权时，不良资产的催收、转让等处置需求日益增加。成规模的 P2P 网贷平台，其业务往往覆盖多数省市，因此，自建催收、处置团队成本较高。一旦网贷进入逾期高峰，债务催收服务的外包将是很多平台的选择。但是，

表 5-7　部分不良资产处置第三方公司

平台	所在地	注册时间	定位和发展方向
包之网	北京	2014-12	不良资产处置撮合平台和不良资产数据库，多样化的不良资产快速处置能力
资产 360	北京	2014-12	不良资产委外筛选平台，不良资产催收；并希望从信息聚集平台转化为不良资产交易平台，同时为不良资产定价
91 债牛	北京	2015-5	第三方 B2B、C2B 债务资产处置服务平台
青苔债管家	北京	2015-4	不良资产催收和交易，不良资产垂直搜寻引擎
淘宝拍卖	浙江	—	提供不良资产处置的拍卖平台
人人催	北京	2015-6	失信信息查询平台
搜赖网	广东	2014-12	提供资产信息、债务信息及多维度企业工商信息查询服务
聚财猫	上海	2014-7	P2P 网贷平台，其中部分标的资产端与资产管理公司（AMC）合作

资料来源：盈灿咨询

具备全国范围内运营能力的大型催收公司一般“看不起”互联网金融平台的小业务。如果在各个地区都与属地催收公司进行合作，又会导致很高的管理难度和成本。因此，如果由提供催收处置服务的互联网平台来发布不良资产，匹配当地催收公司、律师事务所、资产管理公司，成了第三方平台尝试的思路。

5.8.3　互联网＋不良资产处置市场前景

中国的信贷市场在近几年之内快速扩张，宏观经济进入转型低速发展，引发不良资产爆发，而且经济转型可能会经历多年，所以不良资产处置市场发展空间会非常大。

虽然不良资产处置市场一直存在，却并不透明，传统处置方式存在信息和资源错配状况。

“不良资产＋互联网”或者说“互联网＋不良资产”模式，出现的时间还比较短。主要公司的探索多数在 2014 年末才开始，在 2015 年下半年才迎来风投的密集介入，目前整体交易额和参与人数还有限，各种模式都有许多问题要解决。

相比一般的网贷资产，不良资产构成更加复杂，包括个人债权、企业商账、固定资产、资产包等不同形式，并且每种不良资产自身又受到极其复杂的因素制约，一些企业贷款或者债权背后关系复杂，有些贷款还存在隐形的债务关系，很难厘清，这直接影响了不良资产的流动速率和交易方式，影响了产品的标准化。

不良资产通过互联网手段进行处理，最需要解决的两个问题是不良资产的标准化和信息不对称，而企业和平台都应从这两方面入手。不过，目前从操作看，容易标准化的大多是抵押物清晰的房产、汽车类不良资产，而对于那些非标准化的、大额的不良资产，仅仅通过互联网上的展示，通过交易和拍卖的方式，完成不良资产的处置还有一定难度。

不过即使如此，通过淘宝拍卖等平台的探索，互联网也在不断撬动不良资产这一巨大的市场。互联网天然的“聚客”优势，透明优势，加之信用体系的不断完善，处置方数量和处置能力的提升达到规模化，“互联网 + 不良资产”第三方服务将形成一个非常大的市场机会。

第6章

网络借贷监管

6.1 监管动向

进入2015年以来，监管层对于互联网金融仍然保持较为宽松包容的态度，对互联网金融实施普惠金融的作用给予了充分的肯定，但同时也更多地强调了互联网金融的发展应该在规范、有序的前提下进行。互联网金融的监管大纲已经落地，网络借贷监管细则也已经开始征求意见，政策面的积极引导已经对行业产生了积极影响。

6.1.1 政府层面对P2P网贷的重要指导意见

随着互联网金融的迅速发展，国家在政策层面对互联网金融给予了充分肯定，支持包括P2P网贷在内的互联网金融能更好地服务于实体经济的发展，满足中小微企业的融资需求。2015年政府对P2P网贷行业的重要指导意见如表6-1所示。

表6-1 2015年政府对P2P网贷的重要指导意见

时间	会议	发言人	具体内容
3月	政府工作报告①	李克强总理	促进电子商务、工业互联网和互联网金融健康发展；支持发展移动互联网、集成电路、高端装备制造、新能源汽车等战略性新兴产业，互联网金融异军突起，电子商务、物流快递等新业态快速成长。
9月	国务院常务会议②	李克强总理	发展实物、股权众筹和网络借贷，有效拓宽金融体系服务创业创新的新渠道新功能。

① 徐兢．政府工作报告两提互联网金融业内称发展的春天来了．2015-3-6，http://news.china.com.cn/2015lianghui/2015-03/06/content_34971304.htm.

② 人民网-时政频道．李克强主持召开国务院常务会议．2015-9-16，http://politics.people.com.cn/n/2015/0916/c1024-27594938.html.

续表

时间	会议	发言人	具体内容
10 月	金融企业座谈会①	李克强总理	加大对实体经济支持；鼓励互联网金融依托实体经济规范有序发展；坚守不发生区域性系统性金融风险底线。
11 月	第二届中国互联网金融发展高峰论坛②	央行调查统计司司长盛松成	将互联网金融统计制度纳入央行将执行的银行业金融机构统计制度中，重点还是风险较大的领域和业务，如网络借贷、股权众筹融资及客户资金第三方存管等。

资料来源：盈灿咨询、网贷之家

6.1.2　P2P 网络借贷的监管政策

2015 年是互联网金融行业的监管元年，《关于促进互联网金融健康发展的指导意见》、《网络借贷信息中介机构业务活动管理暂行办法（征求意见稿）》，《最高人民法院关于审理民间借贷案件适用法律若干问题的规定》等一系列政策制度相继出台，使得整个 P2P 网贷行业走向阳光化，其主要表现在三方面。

第一，P2P 网贷行业的监管机构进一步明确。《网络借贷信息中介机构业务活动管理暂行办法（征求意见稿）》中规定了 P2P 网贷平台具体的监管机构包括国务院银行业监督管理机构、工业和信息化部、公安部、国家互联网信息管理办公室、地方金融监管部门。

第二，P2P 网贷平台有法可依。《网络借贷信息中介机构业务活动管理暂行办法（征求意见稿）》确立了网络借贷行业的基本管理体制，明确了 P2P 网贷行业的业务规则，采用负面清单形式划定了 P2P 网贷平台的业务边界，明确平台不得吸收公众存款、不得自融、不得建立资金池等十二项禁止性行为。监管政策强化了对平台信息披露的监管，规定了 P2P 网贷平台信息披露

① 中国政府网．李克强在金融企业座谈会上强调：继续推进金融改革有效服务实体经济．2015-10-18，http://www.gov.cn/guowuyuan/2015-10/18/content_2948908.htm.

② 京华时报．互联网金融纳入央行统计体系．2015-12-3，http://finance.ifeng.com/a/20151203/14106043_0.shtml.

的责任人和信息披露内容。

第三，原有相关金融法律规范的修订，开始涉及互联网金融的相关内容，尤其是涉及风险较大的 P2P 网贷行业。《最高人民法院关于审理民间借贷案件适用法律若干问题的规定》明确了 P2P 网贷平台在借贷关系中的法律责任。2015 年 12 月中国人民银行调查统计司司长首次表示：P2P 网贷等 7 个业态已被央行重点纳入统计监测体系。

P2P 网贷行业相关监管政策情况参见表 6-2。

表 6-2 P2P 网贷行业监管政策

时间	法律规范	发布机构	具体内容
7 月	《关于促进互联网金融健康发展的指导意见》①	中国人民银行等十部委	个体网络借贷是指个体和个体之间通过互联网平台实现的直接借贷。在个体网络借贷平台上发生的直接借贷行为属于民间借贷范畴，受合同法、民法通则等法律法规以及最高人民法院相关司法解释规范。个体网络借贷要坚持平台功能，为投资方和融资方提供信息交互、撮合、资信评估等中介服务。个体网络借贷机构要明确信息中介性质，主要为借贷双方的直接借贷提供信息服务，不得提供增信服务，不得非法集资。
7 月	《国务院关于积极推进“互联网 +”行动的指导意见》②	国务院	规范发展网络借贷和互联网消费信贷业务，探索互联网金融服务创新。
7 月	《非银行支付机构网络支付业务管理办法》③	国务院	支付机构不得为金融机构，以及从事信贷、融资、理财、担保、货币兑换等金融业务的其他机构开立支付账户。

① 中国人民银行、工业和信息化部、公安部、财政部、国家工商总局、国务院法制办、中国银行业监督管理委员会、中国证券监督管理委员会、中国保险监督管理委员会、国家互联网信息办公室.《关于促进互联网金融健康发展的指导意见》，银发〔2015〕221 号.

② 国务院.《国务院关于积极推进“互联网 +”行动的指导意见》，国发〔2015〕40 号.

③ 中国人民银行.《非银行支付机构网络支付业务管理办法》，2015-7-31，http://www.pbc.gov.cn/rmyh/105208/2905111/index.html.

续表

时间	法律规范	发布机构	具体内容
8月	《最高人民法院关于审理民间借贷案件适用法律若干问题的规定》①	最高人民法院	借贷双方通过P2P网贷平台形成借贷关系，网络贷款平台的提供者仅提供媒介服务，则不承担担保责任，如果P2P网贷平台的提供者通过网页、广告或者其他媒介明示或者有其他证据证明其为借贷提供担保，根据出借人的请求，人民法院可以判决P2P网贷平台的提供者承担担保责任。
9月	《关于加快构建大众创业万众创新支撑平台的指导意见》②	国务院	鼓励互联网企业依法合规设立网络借贷平台，为投融资双方提供借贷信息交互、撮合、资信评估等服务。积极运用互联网技术优势构建风险控制体系，缓解信息不对称，防范风险。
12月	《网络借贷信息中介机构业务活动管理暂行办法（征求意见稿）》	银监会等部门	网络借贷信息中介机构按照依法、诚信、自愿、公平的原则为借款人和出借人提供信息服务，维护出借人与借款人合法权益，不得提供增信服务，不得设立资金池，不得非法集资，不得损害国家利益和社会公共利益。

资料来源：盈灿咨询、网贷之家

6.1.3 P2P网贷行业地方性政策

延续2014年互联网金融发展的热潮，各地互联网金融政策纷纷出台，支持包括P2P网贷在内的互联网金融行业的发展。与2014年各地区扶持政策不同，2015年各地区在支持互联网金融发展的同时，对P2P网贷平台运营规范也提出了要求，详见表6-3。

表6-3 各地P2P网贷行业政策

时间	名称	发布机构
1月	《浙江省促进互联网金融持续健康发展暂行办法》③	浙江省金融办
1月	《关于推进互联网金融产业发展的实施意见》④	广州市人民政府办公厅

① 最高人民法院.《关于审理民间借贷案件适用法律若干问题的规定》，法释〔2015〕18号.

② 国务院.《关于加快构建大众创业万众创新支撑平台的指导意见》，国发〔2015〕53号.

③ 浙江省金融办、人行杭州中心支行、银监会浙江监管局、证监会浙江监管局、保监会浙江监管局.《浙江省促进互联网金融持续健康发展暂行办法》，浙金融办〔2015〕8号.

④ 广州市人民政府办公厅.《广州市人民政府办公厅关于推进互联网金融产业发展的实施意见》，穗府办〔2015〕3号穗金融办〔2015〕8号.

续表

时间	名　　称	发布机构
3 月	《关于促进互联网经济发展的指导意见》①	吉林省人民政府
7 月	《武汉市推进互联网金融产业健康发展行动计划（2015—2017）》（征求意见稿）②	武汉市金融工作局
7 月	《山东省“互联网+”发展意见》③	山东省经济和信息化委员会
8 月	《武汉市关于促进互联网金融产业创新发展的实施意见》④	武汉市人民政府
9 月	《关于金融支持服务实体经济发展的意见》⑤	安徽省人民政府
9 月	《办公厅关于金融支持产业转型升级的实施意见》⑥	福建省人民政府
9 月	《关于促进山西金融振兴的意见》⑦	中共山西省委、山西省人民政府
9 月	《广东省“互联网+”行动计划（2015—2020 年）》⑧	广东省人民政府办公厅
10 月	《河南省“互联网+”行动实施方案》⑨	河南省人民政府
11 月	《海南省人民政府关于加快发展现代金融服务业的若干意见》⑩	海南省人民政府
11 月	《关于发展产业金融的若干意见》⑪	辽宁省人民政府
11 月	《“互联网+普惠金融”行动计划》⑫	黑龙江省人民政府

① 吉林省人民政府.《关于促进互联网经济发展的指导意见》，吉政发〔2015〕10 号.

② 武汉市金融工作局.《武汉市推进互联网金融产业健康发展行动计划（2015—2017）》（征求意见稿）. 2015 年 7 月 29 日，http://www.whjr.gov.cn/sinfo-31-11995-0.html.

③ 山东省经济和信息化委员会.《山东省“互联网+”发展意见》，鲁信办字〔2015〕2 号.

④ 武汉市人民政府.《武汉市关于促进互联网金融产业创新发展的实施意见》，武办发〔2015〕24 号.

⑤ 安徽省人民政府.《关于金融支持服务实体经济发展的意见》，皖政〔2015〕87 号.

⑥ 福建省人民政府.《办公厅关于金融支持产业转型升级的实施意见》，闽政办〔2015〕126 号.

⑦ 中共山西省委、山西省人民政府.《关于促进山西金融振兴的意见》，晋发〔2015〕9 号.

⑧ 广东省人民政府办公厅.《广东省“互联网+”行动计划（2015—2020 年）》，粤府办〔2015〕53 号.

⑨ 河南省人民政府.《河南省“互联网+”行动实施方案》，豫政〔2015〕65 号.

⑩ 海南省人民政府.《海南省人民政府关于加快发展现代金融服务业的若干意见》. 2015-11-11，http://www.hainan.gov.cn/hn/zjhn/jjfz/zdcy/xdjrfw/201511/t20151111_1706375.html.

⑪ 辽宁省人民政府.《关于发展产业金融的若干意见》，辽政发〔2015〕43 号.

⑫ 黑龙江省人民政府.《“互联网+普惠金融”行动计划》. 2015-11-26，http://www.hlj.gov.cn/ztzl/system/2015/11/26/010749917.shtml.

续表

时间	名　　称	发布机构
11 月	《建设广东“互联网 +”众创金融示范区工作方案》①	广东省人民政府金融工作办公室
11 月	《关于改善金融发展环境支持金融业健康发展的若干意见》②	宁夏回族自治区人民政府
11 月	《天津市金融改革创新三年行动计划（2016—2018 年）》③	天津市人民政府办公厅
12 月	《关于促进互联网金融发展的实施意见》④	宁波市政府
12 月	《甘肃省深入推进“互联网 +”行动实施方案》⑤	甘肃省人民政府
12 月	《关于规范投资理财类产品广告发布的通知》⑥	深圳市市场监督管理局

资料来源：盈灿咨询、网贷之家

6.1.4　P2P 网络借贷的监管趋势

P2P 网贷行业作为一种新型的金融业态，监管层的监管原则是“依法监管、适度监管、分类监管、协同监管、创新监管”，对 P2P 网贷行业实行负面清单制，既满足了 P2P 网贷行业创新的需求，又彻底改变基本无规则约束的 P2P 网贷行业现状，有利于实现 P2P 网贷行业的规范发展。

未来除了继续完善网贷行业监管细则外，在 P2P 网贷出借人权益的保护、社会征信体系的构建、客户隐私保护、网络交易安全、金融机构反洗钱、广告宣传等基础性法律规范领域，也需要制定和完善相关的法律法规，进一步规范 P2P 网贷行业的发展。

① 广东省人民政府金融工作办公室．关于印发《建设广东“互联网 +”众创金融示范区工作方案》的通知．2015-11-10，http://zwgk.gd.gov.cn/759214127/201512/t20151208_632260.html.

② 宁夏回族自治区人民政府．《关于改善金融发展环境支持金融业健康发展的若干意见》，宁政发〔2015〕92 号．

③ 天津市人民政府办公厅．《天津市金融改革创新三年行动计划（2016—2018 年）》，津政办发〔2015〕88 号．

④ 宁波市政府．《关于促进互联网金融发展的实施意见》，甬政发〔2015〕147 号．

⑤ 甘肃省人民政府．《甘肃省深入推进“互联网 +”行动实施方案》，甘政发〔2015〕97 号．

⑥ 深圳市市场监督管理局．《关于规范投资理财类产品广告发布的通知》．2015-11-26，http://www.szscjg.gov.cn/scjd/xxgk/tzgg_56389/gggl/201512/t20151225_3412955.htm?17a7ca90.

6.2 行业自律

对各级民政局备案登记的 P2P 网贷相关协会数量进行统计，如表 6-4 所示，目前 P2P 网贷相关协会数量不足 20 家，而且一半的协会均是在 2015 年成立。监管政策提倡行业自律，但协会成立远远赶不上互联网金融的发展速度，行业自律效果缓慢，尤其是那些尚未成立协会的省市，省内 P2P 网贷行业的管理完全依靠监管政策。

表 6-4　P2P 网贷行业协会信息汇总

地区	成立时间	名　称	规 则 制 度	会员数
北京市	2013/9	中关村互联网金融行业协会	中关村互联网金融行业协会会费管理办法 中关村互联网金融协会章程	99 家
广东省	2014/4	广东省互联网金融协会	广东互联网金融协会自律公约广东互联网金融协会章程	69 家
广东省	2014/6	东莞市互联网金融协会	东莞市互联网金融协会章程	53 家
北京市	2014/6	中关村互联网金融研究院	—	—
上海市	2014/9	上海千人互联网金融研究中心	—	—
江苏省	2014/12	江苏省互联网金融协会	江苏省互联网金融协会会费管理办法 江苏省互联网金融协会会员自律公约 P2P 网贷平台企业收费规定指导意见（征求意见稿） 江苏省 P2P 投资人投资指南（2015 年）	57 家
北京市	2014/12	北京市网贷行业协会	北京市网贷行业协会章程	18 家

续表

地区	成立时间	名　称	规 则 制 度	会员数
广东省	2015/4	广州互联网金融协会	广州互联网金融协会章程 广州互联网金融自律公约 关于加强广东互联网金融企业自律工作联合倡议书 关于开展协会 P2P 网贷平台自查的通知	80 家会员单位，11 家个人会员
广东省	2015/6	深圳市互联网金融协会	—	—
上海市	2015/6	上海市长宁区互联网金融协会	—	—
广东省	2015/7	广州互联网金融发展促进会	—	—
上海市	2015/10	上海市互联网金融行业协会	上海市互联网金融行业协会章程 上海市互联网金融行业协会会员自律公约 上海个体网络借贷行业（P2P）平台信息披露指引	148 家
浙江省	2015/11	杭州市互联网金融协会	—	—
广东省	2015/11	深圳市互联网金融商会	—	—

资料来源：盈灿咨询、网贷之家

自律协会在平台经营上也制定了一些标准和规范，例如江苏省互联网金融协会制定了《P2P 网贷平台企业收费规定指导意见（征求意见稿）》、《江苏省 P2P 投资人投资指南（2015 年）》，上海市互联网金融行业协会制定了《上海个体网络借贷行业（P2P）平台信息披露指引》，对平台运营作出了相应的要求。但与《网络借贷信息中介机构业务活动管理暂行办法（征求意见稿）》规定的协会职责仍存在较大的差距。协会需要履行的职责包括“制定自律规则、经营细则和行业标准并组织实施，教育会员遵守法律法规和网络借贷有关监管规定；依法维护会员的合法权益，协调会员关系，组织相关培训，向会员提供行业信息、法律咨询等服务，调解纠纷；受理有关投诉和举报，开展自律检查，等等”。

我国自律组织需要从标准制度出发，规范 P2P 网贷平台的市场行为，维护会员的合法权益，并加强平台之间业务交流和信息的共享。随着监管细则的出台，未来各地 P2P 网贷行业协会和自律组织会相继成立，与政府监管机构相互配合，有利于推进行业的规范经营和稳步发展。

6.3 信息披露

《网络借贷信息中介机构业务活动管理暂行办法（征求意见稿）》（以下简称“意见稿”）中对信息披露提出了具体的要求，P2P 网贷平台需要从融资信息以及机构经营管理信息两方面进行披露，并且需要引入会计事务所对平台资金存管、信息披露情况、信息科技基础设施安全、经营合规性等重点环节实施审计。

本节将根据意见稿规定，对 2015 年发展指数评级表现较好的 100 家平台信息披露情况进行统计。统计结果显示，目前很多的 P2P 网贷平台信息披露与意见稿规定存在较大的差距，信息披露将是 P2P 网贷平台今后需要关注的重点。

6.3.1 融资信息披露及风险揭示

根据意见稿第三十条规定“网络借贷信息中介机构应当在其官方网站上向出借人充分披露以下信息：

（一）借款人基本信息，包括但不限于年收入、主要财产、主要债务、信用报告；

（二）融资项目基本信息，包括但不限于项目名称、类型、主要内容、地理位置、审批文件、还款来源、借款用途、借款金额、借款期限、还款方式及利率、信用评级或者信用评分、担保情况；

（三）风险评估及可能产生的风险结果；

（四）已撮合未到期融资项目有关信息，包括但不限于融资资金运用情况、借款人经营状况及财务状况、借款人还款能力变化情况等。”

1. 借款人基本信息

截至 2015 年底，公布借款人年收入的 P2P 网贷平台占比为 41%；披露借款人的信用报告的只占比 2%，一些平台只用文字描述有信用报告但未在网站上公布；披露借款人主要债务和主要财产的平台分别占比为 12% 和 39%。P2P 网贷平台主要关注借款人是否有房或者有车，是否有车贷或者房贷。如图 6-1 所示。

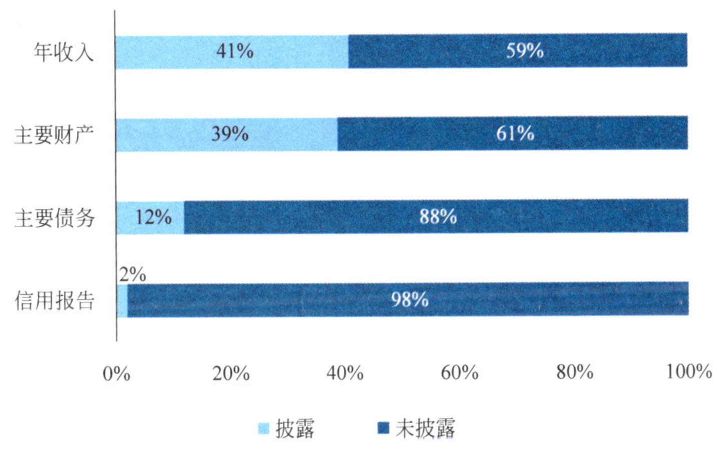

图 6-1　P2P 网贷平台借款人基本信息披露情况

资料来源：盈灿咨询、网贷之家

2. 融资项目基本信息

截至 2015 年底，基本所有的样本平台都公布了项目名称、类型、主要内容、借款金额、借款期限、还款方式及利率这七项融资项目的基本信息内容。

根据统计数据显示，公布融资项目地理位置的平台占比达到 92%；有 61% 的平台披露了全部或者部分审批资料的图片；明确描述还款来源的平台占比为 55%，占比较低；90% 的平台明确描述融资项目的借款用途；有 46% 的平台对融资项目进行信用评级或信用评分或披露借款人的过往借款信息；公布了融资项目的担保情况的平台占比达 56%，还有部分平台采用风险准备金的方式对融资项目提供保障。如图 6-2 所示。

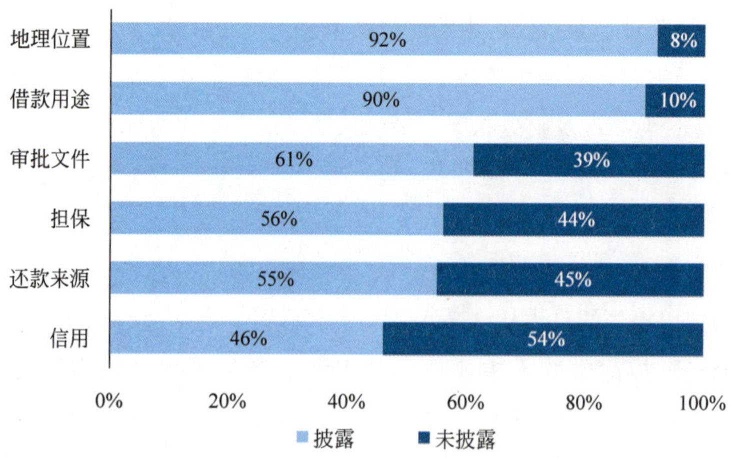

图 6-2　融资项目基本信息披露情况

资料来源：盈灿咨询、网贷之家

3. 风险评估及可能产生的风险结果

截至 2015 年，披露了融资项目的风险评估及可能产生的风险后果的平台占比为 46%，详见图 6-3，可见多数平台对风险披露的重视程度仍然不够。

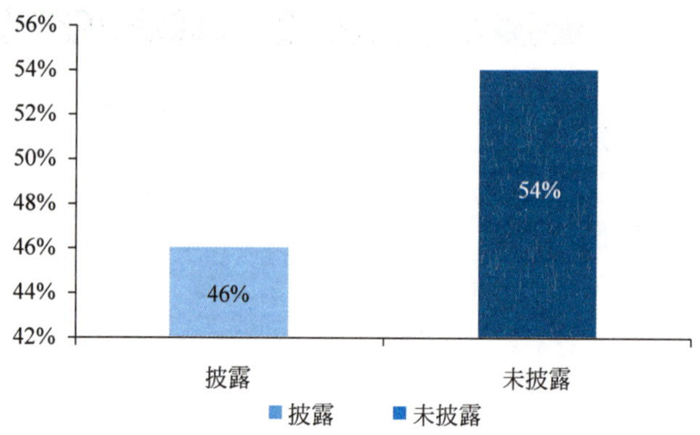

图 6-3　风险评估及可能产生的风险结果信息披露情况

资料来源：盈灿咨询、网贷之家

4. 已撮合未到期融资项目有关信息

已撮合未到期融资项目有关信息是判断资金去向与风险的最重要的指标。但是现如今平台对贷后情况的披露并不多，截至 2015 年底，仅有 1 家样本平台公布披露已撮合未到期融资项目有关信息（融资资金运用情况、借款人经营情况及财务状况以及还款能力变化情况）。

6.3.2　机构经营管理信息披露

根据意见稿第三十一条规定“网络借贷信息中介机构应当实时在其官方网站显著位置披露本机构所撮合借贷项目交易金额、交易笔数、借贷余额、最大单户借款余额占比、最大 10 户借款余额占比、借款逾期金额、代偿金额、借贷逾期率、借贷坏账率、出借人数量、借款人数量、客户投诉情况等经营管理信息。”

“网络借贷信息中介机构应当在其官方网站上建立业务活动经营管理信息披露专栏，内容包括但不限于机构治理结构、董事、监事、高级管理人员及管理团队情况、经会计师事务所审计的财务会计报告、风险管理状况、实收资本及运用情况、业务经营情况、与资金存管机构及增信机构合作情况等。”

1. 平台经营管理信息

截至 2015 年底，平台多以运营报告或者实时运营数据的形式公布平台运营管理信息，基本所有的平台都没有披露最大单户借款余额占比、最大 10 户借款余额占比以及客户投诉情况。

根据统计数据显示，90% 的平台公布了撮合借贷项目交易金额，但公布交易笔数的平台较少，仅有 36% 的平台公布了此项信息；披露借款逾期金额和借款逾期率的平台占比分别为 29% 和 33%；披露借贷余额的平台占比为 31%；揭示平台代偿金额的平台仅有 13%；公布出借人数量的平台占比为 30%，而公布借款人数的平台占比仅有 12%。如图 6-4 所示。

2. 平台业务活动经营管理信息

截至 2015 年底，仅有 7% 的平台披露了公司治理结构，82% 的平台披露了公司董事或监事或高级管理人员等管理团队情况；公布财务审计报告的平台仅占 1%，有 56% 的平台公布业务经营情况；有 32% 的样本平台分别与建设银行、招商银行、民生银行等银行签订资金存管协议；与品牌宝可信验证、可信网站、至诚信用等增信机构合作的平台占比达到 91%；基本所有的平台都不愿意公布实收资本及运用情况。如图 6-5 所示。

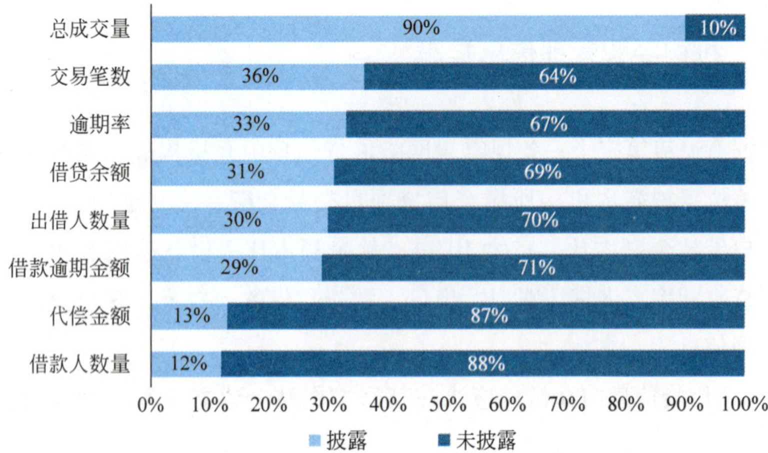

图 6-4 平台经营管理信息披露情况

资料来源：盈灿咨询、网贷之家

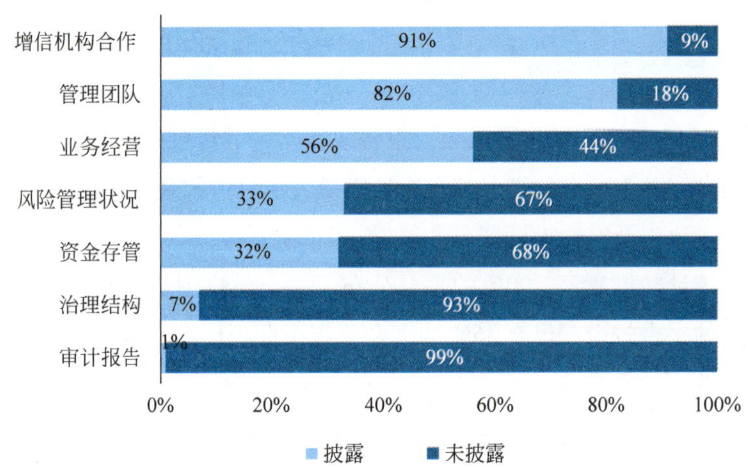

图 6-5 平台业务活动经营管理信息披露情况

资料来源：盈灿咨询、网贷之家

第7章

网络借贷发展榜

7.1 平台发展指数评级

在目前纷繁多样的网贷评级榜单中，网贷之家的网贷平台发展指数评级是行业内最早，基于公开信息和数据、指标最多、平台最全、榜单连续性最好、紧跟行业发展变化的主动评级，采用连续数值评分代替 ABC 等级排序给予平台更加明晰的实力体现。网贷之家发展指数评级时间轴如图 7-1 所示。

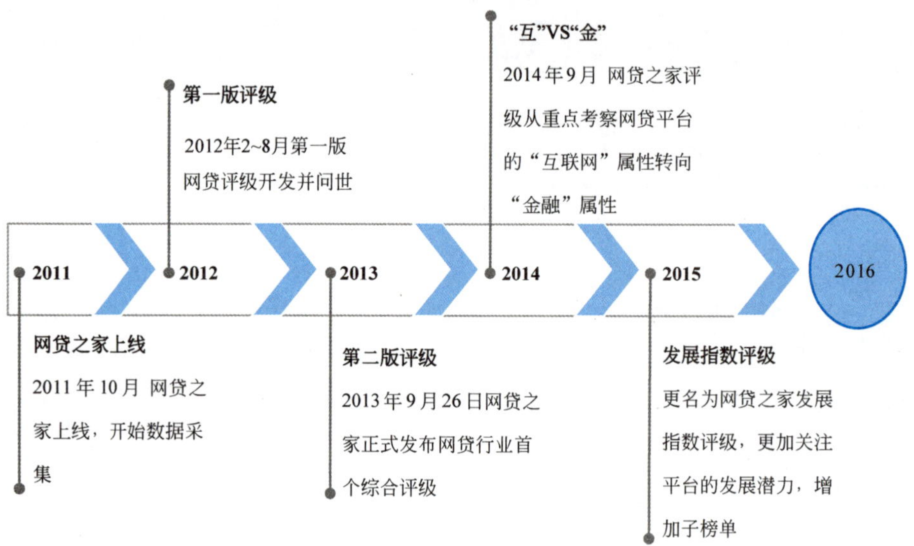

图 7-1 网贷之家发展指数评级时间轴

资料来源：盈灿咨询、网贷之家

发展指数评级是基于网贷之家采集的各家平台的公开信息和成交数据，根据这些数据信息，运用分组打分等方法得出成交、营收、人气、技术、杠杆、流动性、分散度、透明度、品牌 9 个指标的评分；再运用层次分析法给予 9 个指标不同的权重，最后将 9 个指标得分依各自权重加权求和得出发展指数。

发展指数评级除了向读者提供一个考量 P2P 网贷平台的指标，给出借人和平台提供一个量化分析平台的思路和方法，也向出借人和平台提倡一个健康、稳健发展的理念。P2P 网贷行业是新兴行业，发展指数评级更是一个伴随新兴行业发展的初步尝试，伴随着行业的新变化，发展指数评级系统会进一步的调整和完善，力求方法客观化、中立化、系统化。2015 年，发展指数评级在指标构成和权重上都做出了重大调整。

首先，为了适应大量机构投资人进入网贷行业、更多的平台和风投关注发展指数评级榜单，发展指数评级的一级指标去掉了收益积分，加入了衡量平台技术实力的技术积分。这是评级视角逐渐从出借人转向平台的步骤之一。

其次，在一级指标权重的分配上，更加偏向杠杆积分、分散度、透明度等侧重平台金融属性的指标，减少成交和人气等侧重平台互联网属性的指标。预计随着监管政策的落地，平台的发展将更多地体现金融属性，“去担保”后比拼的将更多是平台的风控能力。互联网获客的能力仍然重要，但是还必须增强平台的金融背景和实力才能在未来激烈的竞争中获得稳健发展。

再次，降低了评级的准入门槛，增加了子榜单。降低门槛，使得更多的平台可以进入评级库，评级样本更加广泛，模型的检验和改进更加有依据，目前展示平台个数仍然为 100 家。同时，增加平台派系排行榜、平台地区排行榜、平台增幅排行榜和平台发展速度 4 个子榜单，力求从多角度向网贷行业的从业者和客户展现 P2P 网贷平台发展的新风貌。

最后，二级指标也紧随行业和政策变化进行了大范围调整。比如，透明度下的二级指标先后按照《关于促进互联网金融健康发展的指导意见》和《网络借贷信息中介机构业务活动管理暂行办法（征求意见稿）》进行了大面积调整，并重新设计了评分标准，力求贴近监管意见，反映领先平台的政策敏感性和合规性；杠杆积分下的地域指标随着行业问题平台的分布和地区经济实力变化重新进行了更新；人气积分上会充分考虑“羊毛党”，提高平台的出借人数核算真实度。

表 7-1 是 2015 年网贷之家发展指数评级年度百强榜。

表 7-1　2015 年 P2P 网贷平台发展指数评级百强榜①

平台名	成交 7%	营收 9%	人气 15%	技术 4%	杠杆 14%	流动性 5%	分散度 15%	透明度 13%	品牌 18%	发展指数
陆金所	98.39	97.60	93.56	84.50	25.81	63.85	88.13	38.09	84.20	73.22
人人贷	88.88	84.69	80.46	72.83	25.94	64.45	93.86	46.71	70.87	68.59
宜人贷	88.35	83.46	79.08	82.81	24.14	59.40	91.83	51.89	70.97	68.52
拍拍贷	71.53	60.68	73.65	75.86	27.44	91.76	89.93	54.26	70.17	66.15
点融网	85.52	83.21	66.65	85.29	13.55	77.31	68.55	51.53	83.16	64.60
微贷网	73.68	61.75	74.51	74.15	31.02	72.77	93.75	49.03	52.56	62.74
积木盒子	69.29	57.07	70.59	82.10	24.80	82.24	75.55	58.08	55.83	60.37
有利网	83.60	64.85	86.54	77.16	7.96	62.37	85.30	46.58	52.95	60.37
投哪网	74.45	68.13	75.76	77.87	10.10	84.54	76.45	55.13	50.90	59.26
开鑫贷	78.29	62.71	37.66	71.00	76.62	37.12	56.47	44.62	69.35	58.95
易贷网	55.75	65.29	57.96	81.40	36.30	64.51	68.98	63.91	55.40	58.66
翼龙贷	89.78	61.41	70.09	65.48	5.00	61.20	89.18	29.63	69.58	58.46
京东金融	77.75	80.20	61.38	70.23	40.74	34.00	58.56	26.57	74.04	57.65
爱钱进	78.63	70.07	74.23	79.94	15.20	59.37	93.29	35.86	39.74	57.05
红岭创投	54.09	77.55	80.88	73.52	5.00	100.00	68.30	34.29	54.74	56.09
PPmoney	81.99	61.24	78.89	77.56	5.00	84.94	50.33	38.85	54.56	53.56
你我贷	83.03	79.43	65.27	74.15	5.00	71.33	86.70	30.13	36.46	53.47
团贷网	63.39	59.47	62.21	82.27	11.67	69.87	69.15	45.95	48.17	52.56
鑫合汇	72.38	49.22	62.58	70.98	38.92	85.53	56.34	48.63	33.96	52.33
和信贷	54.72	49.91	52.42	63.59	25.36	81.10	68.92	52.16	49.08	52.29
信融财富	54.83	51.33	56.29	66.24	29.72	84.30	40.84	51.31	52.02	50.09
银客网	65.43	51.35	58.76	72.04	28.79	78.03	45.91	44.61	47.51	50.07
银湖网	52.11	43.11	45.18	70.13	59.75	60.78	47.86	41.60	48.38	49.81
温商贷	62.26	57.95	57.88	61.61	38.05	61.62	56.01	33.18	44.10	49.78
银豆网	50.55	39.31	34.84	63.16	53.97	85.73	61.40	42.55	45.03	49.52
生菜金融	43.38	49.79	45.67	67.26	65.76	75.93	43.15	40.01	42.09	49.31
金开贷	45.29	44.00	24.03	68.20	90.33	36.87	55.42	30.69	49.13	49.10
链家理财	63.53	63.24	48.84	65.36	28.19	71.95	76.70	32.96	31.11	49.01
珠宝贷	52.97	39.41	43.77	67.53	72.79	54.59	44.66	25.63	50.61	48.58
金宝保	59.10	53.44	27.26	63.54	63.42	66.47	72.60	28.64	33.91	48.50
麻袋理财	71.84	59.32	60.30	65.14	5.00	32.35	85.47	36.87	35.02	48.25
e 路同心	43.14	34.71	36.71	63.84	84.35	90.55	52.90	25.04	35.77	48.17
诺诺镑客	59.23	61.15	51.52	68.93	9.50	66.60	79.10	31.44	40.79	48.09
人人聚财	70.97	50.39	64.58	74.51	5.00	67.54	85.79	31.75	26.63	48.04
小牛在线	56.98	57.54	61.21	71.57	5.00	73.83	86.25	28.48	31.57	47.93
金信网	60.64	61.90	55.52	70.84	13.96	55.15	90.87	24.73	29.48	47.84
鹏金所	53.22	59.58	24.70	65.19	71.63	88.65	41.73	27.95	44.09	47.69

① 暂不将以下六种情形的平台列入评级：①上线 3 个月以内的；②单人平均借款金额≥（注册资金、风险准备金、0.5×自身担保公司注册资金）三者最大值的；③单月出借人数≤100 人的；④单月借款人数≤5 人的；⑤3 个月内有不诚信行为及被刑事调查的；⑥法获取详细、明确的成交数据及平台信息的。

续表

平台名	成交 7%	营收 9%	人气 15%	技术 4%	杠杆 14%	流动性 5%	分散度 15%	透明度 13%	品牌 18%	发展指数
前海理想金融	53.96	41.86	48.41	45.20	50.95	86.53	40.67	38.18	46.54	47.52
爱投资	71.58	55.75	68.48	75.16	5.00	70.90	56.89	35.60	36.11	47.21
抱财网	42.23	39.16	42.86	67.63	54.09	93.15	39.40	48.06	39.63	47.13
91 旺财	52.02	51.93	45.57	53.80	33.33	97.85	49.12	27.50	51.57	47.09
财加	44.19	46.07	34.20	65.47	44.70	46.69	74.50	34.41	43.57	47.07
友金所	63.79	67.97	38.37	60.25	15.98	48.56	82.62	33.19	38.23	47.00
合拍在线	44.41	33.63	53.88	67.39	39.35	100.00	47.64	39.07	40.03	46.85
网利宝	56.32	43.93	59.36	67.78	40.75	60.03	36.10	34.35	47.56	46.66
国诚金融	42.49	40.31	44.57	62.16	39.23	100.00	48.76	50.97	33.25	46.19
民贷天下	50.22	52.94	41.67	73.57	50.82	83.68	25.99	44.87	38.69	45.47
口贷网	47.64	42.31	30.64	61.89	38.40	64.40	43.96	58.52	45.31	45.17
理财范	52.27	43.76	42.20	52.57	54.62	74.52	30.09	44.50	38.67	44.66
永利宝	49.38	44.07	42.99	53.56	45.46	82.53	49.62	26.78	38.96	44.44
银票网	43.59	47.23	37.58	54.73	45.02	100.00	43.07	35.66	37.55	44.29
温州贷	14.33	43.25	49.77	73.89	39.29	99.03	45.57	44.03	32.64	44.20
向上金服	58.47	68.10	57.67	52.14	5.00	75.14	43.21	34.23	43.22	44.13
阿朋贷	13.81	20.31	40.69	62.35	65.42	73.21	72.16	31.65	26.79	43.97
博金贷	51.42	47.92	36.53	53.39	61.92	62.09	29.63	48.15	32.94	43.93
短融网	33.54	33.70	41.89	43.63	49.67	73.67	65.91	34.03	30.98	43.93
楚金所	22.92	28.43	30.80	57.30	90.50	74.78	32.91	34.93	37.71	43.75
贷贷兴隆	40.49	41.89	22.00	54.59	82.07	56.22	56.61	27.70	29.07	43.71
金银猫	59.07	63.12	61.89	60.53	5.00	65.17	45.73	35.93	35.27	43.36
合时代	42.44	34.82	40.31	63.16	27.64	95.66	59.81	46.04	27.71	43.27
惠融通	58.84	46.30	26.30	45.55	73.84	80.00	35.25	33.23	29.07	43.23
礼德财富	36.10	36.76	42.50	64.27	36.06	100.00	50.02	38.52	31.56	43.02
钱吧	38.95	46.75	43.53	46.01	34.04	42.28	84.86	32.61	20.85	42.91
新联在线	34.06	32.99	39.28	50.93	71.27	91.66	27.28	44.06	28.65	42.82
合盘贷	35.56	38.13	42.49	56.46	20.43	90.06	60.02	46.51	32.50	42.81
金融工场	71.16	66.83	62.48	57.22	17.13	89.84	9.01	23.39	47.96	42.57
汇盈金服	56.26	41.92	42.12	63.26	49.65	62.57	30.12	39.74	33.55	42.36
后河财富	26.02	24.92	31.95	63.69	51.00	55.73	75.38	36.21	27.41	42.28
新新贷	48.28	51.16	30.44	58.58	35.05	95.45	48.68	34.82	32.47	42.25
小赢理财	62.27	67.40	53.53	49.15	46.40	41.99	31.33	18.51	33.91	42.23
德众金融	50.58	44.74	35.59	49.35	64.35	52.59	35.78	35.49	30.74	42.03
E 速贷	32.80	39.50	49.62	65.68	26.03	100.00	44.42	33.58	35.00	41.89
房金所	24.92	38.84	10.30	67.90	66.36	77.48	40.51	26.07	53.53	41.77
恒信易贷	31.35	28.04	44.48	49.55	5.00	95.52	85.01	39.49	27.20	41.63
众信金融	74.28	53.13	35.66	67.14	14.06	71.04	27.05	49.66	41.60	41.54
合力贷	29.15	25.18	23.59	72.40	55.54	97.69	28.36	42.08	46.06	41.42
金控网贷	27.88	38.81	14.67	45.14	85.05	80.45	23.05	39.00	40.56	41.21
汇通易贷	35.57	34.50	30.33	48.64	47.19	73.45	43.98	50.06	31.27	41.10
金联储	48.41	51.06	55.66	44.72	22.93	82.74	27.62	43.27	32.38	41.07
惠众金融	5.51	14.26	30.02	49.92	74.25	77.77	63.64	43.41	17.09	40.72
粤商贷	28.73	27.18	30.17	57.01	55.29	68.36	36.44	49.51	35.47	40.71

续表

平台名	成交 7%	营收 9%	人气 15%	技术 4%	杠杆 14%	流动性 5%	分散度 15%	透明度 13%	品牌 18%	发展指数
中瑞财富	49.86	49.88	30.28	52.39	26.49	56.95	54.74	31.26	39.60	40.58
安心贷	42.23	47.28	46.42	46.62	6.62	82.73	48.33	28.28	47.29	40.54
365 易贷	32.75	42.92	41.10	62.25	11.70	88.20	65.11	22.83	38.26	40.48
邦帮堂	29.59	38.23	33.65	54.32	62.47	31.72	51.70	32.00	29.11	40.22
立业贷	15.09	13.93	31.46	51.94	54.92	64.82	70.78	43.86	21.39	40.21
喜投网	20.99	19.49	23.98	41.46	39.78	73.43	70.72	37.31	38.17	40.05
融贝网	36.72	40.75	44.36	66.01	5.00	85.86	66.87	27.95	32.54	40.05
e 微贷	21.24	21.17	28.04	62.20	78.23	50.02	38.29	39.38	30.59	39.91
腾邦创投	53.17	50.25	35.25	70.28	35.45	42.34	36.76	25.17	42.12	39.79
铜掌柜	49.79	37.06	56.48	65.76	5.00	80.00	57.67	35.36	20.78	39.61
广州 e 贷	40.54	44.02	27.72	59.85	48.09	32.33	41.35	31.76	41.82	39.56
东方金钰	46.38	51.06	34.19	48.92	26.11	85.24	49.90	24.73	33.32	39.54
小油菜	31.73	35.81	33.15	68.59	44.10	87.63	48.15	35.79	21.59	39.48
果树财富	16.93	18.55	33.58	54.59	34.82	74.78	68.34	49.88	21.49	39.29
融资易	26.81	27.83	28.28	48.02	39.92	91.61	38.69	51.55	32.79	39.12
天天财富	18.24	30.32	9.13	38.76	77.91	74.64	31.91	46.28	36.90	39.01
黄河金融	40.59	44.74	18.54	50.79	47.65	64.53	38.61	34.20	39.17	38.87
石投金融	43.24	49.22	23.73	71.33	59.34	85.83	9.52	25.27	42.57	38.84
九信金融	24.00	37.16	29.79	64.25	90.53	42.33	23.20	13.76	35.08	38.44

资料来源：盈灿咨询、网贷之家

7.2 发展指数百强榜之派系榜单

根据平台派系确定规则，分别对创业、风投、国资、上市系平台的发展指数排名，得出各背景前十名平台榜，其中部分平台因无法确定派系而暂时归类为创业系。派系确定规则如下，上市系为我国主板、中小板、创业板，以及海外（美国和香港）主板、创业板上市公司持有股份的平台；国资系为国资成分持有股份的平台；风投系为有以风险投资为主业的机构投资入股的平台（在有多重派系的情况下，如果可以确定准确持股比例，取最大比例成分确定派系，否则按照上市系、国资系、风投系的顺序优先确定派系归属）；其他为创业系。

2015 年，陆金所、开鑫贷、人人贷和红岭创投分别为上市系、国资系、风投系和创业系榜单的第一名，详见表 7-2。

表 7-2 2015 年 P2P 网贷平台发展指数评级子榜单之派系榜

排名	上市系	国资系	风投系	创业系
1	陆金所（中国平安：-）	开鑫贷（江苏金农等：100%）	人人贷	红岭创投
2	微贷网（汉鼎股份：5%）	生菜金融（上海科创投：-）	宜人贷	PPmoney
3	投哪网（大金重工：11.76%）	金开贷（陕西金控：100%）	拍拍贷	你我贷
4	翼龙贷（联想控股：33.33%）	金宝保（重庆三峡担保：51%）	点融网	鑫合汇
5	京东金融（JD：-）	麻袋理财（中信产业基金：-）	积木盒子	信融财富
6	和信贷（盛达矿业：5%）	e 路同心（广东粤科投资：30%）	有利网	温商贷
7	银客网（昆仑万维：20%）	民贷天下（广州科技风险投资：-）	易贷网	链家理财
8	银湖网（熊猫金控：100%）	博金贷（江西省投资集团等：16.39%）	爱钱进	小牛在线
9	珠宝贷（金一文化等：6.99%）	楚金所（武汉高科：40%）	团贷网	金信网
10	鹏金所（天源迪科等 22 家：83.38%）	贷贷兴隆（重庆兴农融担：-）	银豆网	合拍在线

资料来源：盈灿咨询、网贷之家

7.3 发展指数百强榜之地区榜单

发展指数百强榜是针对全国平台所做的排名，然而我国幅员辽阔，地区差异较大，出借人可以根据不同地区的平台情况，进行分散投资，平台也可以借鉴本地区优秀平台的发展情况，不断学习进步。平台在所在省市排名越靠前，表明平台在当地发展越好。

如表 7-3 所示，人人贷、陆金所和投哪网分别位居北京、上海和广东的首位。北京前十平台多为风投系或上市系的强资本背景平台，而上海和广东则各派系平台相对均衡，国资系和创业系在两地也有不错的排名。

表 7-3　2015 年 P2P 网贷平台发展指数评级子榜单之地区榜

排名	平台	地域	排名	平台	地域	排名	平台	地域
1	人人贷	北京	1	陆金所	上海	1	投哪网	广东
2	宜人贷	北京	2	拍拍贷	上海	2	红岭创投	广东
3	积木盒子	北京	3	点融网	上海	3	PPmoney	广东
4	有利网	北京	4	你我贷	上海	4	团贷网	广东
5	翼龙贷	北京	5	生菜金融	上海	5	信融财富	广东
6	京东金融	北京	6	麻袋理财	上海	6	珠宝贷	广东
7	爱钱进	北京	7	诺诺镑客	上海	7	e 路同心	广东
8	和信贷	北京	8	国诚金融	上海	8	人人聚财	广东
9	银客网	北京	9	永利宝	上海	9	小牛在线	广东
10	银湖网	北京	10	银票网	上海	10	鹏金所	广东

资料来源：盈灿咨询、网贷之家

7.4　发展指数百强榜之增速榜单

7.4.1　发展速度榜

在“子榜单之发展速度榜”中，给予了新平台与老平台一个更加公平的竞技环境。在该排行榜中，排除了平台上线时间的因素（对于理财超市类平台，按照第一款 P2P 网贷产品上线时间确定），是为了在一定程度上控制老平台积累的品牌和人气的巨大优势，从而使得在排行榜后半段的平台也有展示的机会。2015 年，平台增速榜前三位分别是京东金融（百强榜第 13 名）、e 路同心（百强榜第 32 名）和九信金融（百强榜第 100 名），详见表 7-4。

表 7-4　2015 年 P2P 网贷平台发展指数评级子榜单之发展速度榜①

排名	平台	发展指数	上线月数	排名	平台	发展指数	上线月数
1	京东金融	57.65	16	11	生菜金融	49.31	15
2	e 路同心	48.17	11	12	鹏金所	47.69	14
3	九信金融	38.44	7	13	珠宝贷	48.58	15
4	链家理财	49.01	12	14	积木盒子	60.37	29
5	爱钱进	57.05	19	15	宜人贷	68.52	46
6	陆金所	73.22	47	16	友金所	47.00	14
7	麻袋理财	48.25	13	17	银湖网	49.81	18
8	点融网	64.60	33	18	有利网	60.37	34
9	易贷网	58.66	24	19	网利宝	46.66	16
10	民贷天下	45.47	12	20	金宝保	48.50	18

资料来源：盈灿咨询、网贷之家

7.4.2　名次增幅榜

名次增幅榜给予在 2014—2015 年提升较大的平台一个展示的机会，由于需要平台在 2014 年榜单也上榜，所以一些 2015 年增长较快的新平台和次新平台无法入围。名次增幅榜的上榜平台可以理解为在近两年里发展稳健，而且不断提升的平台，这些平台的进步是 P2P 网贷行业不断蓬勃发展的缩影。2015 年年度增幅榜前三位分别是，金宝保、爱钱进和珠宝贷，详见表 7-5。

表 7-5　2015 年 P2P 网贷平台发展指数评级子榜单之名次增幅榜

排名	平台	2015 年排名	2014 年排名	增幅原因
1	金宝保	30	94	成交人气稳步提升，品牌影响力增强
2	爱钱进	14	38	专注个人信贷业务，分散度优势明显
3	珠宝贷	29	66	借款标的收益率较高，出借人数增幅明显
4	银客网	22	50	获得新一轮融资，top1、top10 借款人待收占比减小
5	温商贷	24	51	成交人气稳步增长，分散度有提高
6	楚金所	57	98	积极开拓资产端，下半年成交增速较快，排名稳步上升

① 平台发展速度 = 发展指数/ln（上线月数）

续表

排名	平台	2015 年排名	2014 年排名	增幅原因
7	银豆网	25	42	获得央企风投注资，成交上涨明显，网站访问量排名提升
8	微贷网	6	9	上市公司入股，杠杆积分显著提升，透明度、技术提升
9	易贷网	11	16	成交、人气同步增长，网页改版，透明度提高
10	短融网	56	80	保持短期限特色，收益率有竞争力，成交增长快

资料来源：盈灿咨询、网贷之家

7.4.3 年度黑马榜

年度黑马榜遴选上线时间在 2 年内（运营时间超过半年），且 2015 年的成交增速、人气增速，以及品牌表现突出的平台。相对于发展速度榜和名次增幅榜，年度黑马榜主要关注新平台和次新平台的表现。由于“黑马”特点不一，故排名不分先后。如表 7-6 所示。

表 7-6 2015 年 P2P 网贷平台发展指数评级子榜单之黑马榜

黑马平台	上线时间	平均收益率（%）	平均期限（月）	点评
京东金融	2014/8①	7.63	8.35	有“干爹”更有实力，“啃”得风险定价硬骨头
铜掌柜	2014/10	12.50	1.24	上市公司入股，构建消费信用生态圈
e 路同心	2015/1	11.03	3.95	国资的股份，市场化的运营
生菜金融	2014/9	9.82	6.28	上海科创投、上汽、上仪电联手打造
麻袋理财	2014/11	12.60	33.81	中信集团鼎力支持，增资不差钱
众信金融	2014/6	11.85	10.10	海淀国资，“绿色”借贷，稳健增长
抱财网	2014/2	13.16	3.48	双上市公司入股，资产端丰富
金宝保	2014/6	8.56	9.35	三峡担保控股、银行直连保障、接地气的国资
九信金融	2015/5	8.25	3.80	九鼎旗下，股权质押，私募系平台
爱钱进	2014/5	13.46	32.89	专注小额分散，高举金融科技

资料来源：盈灿咨询、网贷之家

① 京东金融上线时间为其第一款固定收益产品测试标的上线时间。

除了以上十家上榜的黑马平台，2015 年还有很多其他优秀的平台，在求变求新中获得了高速的增长。从这些黑马平台的身上，可以发现，优秀的 P2P 网贷平台不仅自身背景实力雄厚，而且懂得亲近借款人和出借人，以稳健的运营来换取可持续发展，随着时间的积累成为行业的佼佼者。

7.4.4　移动发展榜

2015 年移动发展榜单是综合 P2P 网贷平台微信平台传播指数和手机 APP 下载量，换算成百分制得到的。部分知名平台因为无法得到确切数据，所以未参与排名。如表 7-7 所示，在发展评级榜单长期独占鳌头的陆金所，在移动发展榜单也遥遥领先，无论手机 APP 下载量，还是微信平台的传播指数，都位列第一。有利网和搜易贷位列第二和第三位。

表 7-7　2015 年 P2P 网贷平台移动发展榜

序号	平台	总点赞数	总阅读数	全年 APP 下载量（换算成百分制）	全年平均传播指数[①]（换算成百分制）	总分
1	陆金所	86 732	38 078 496	95. 92	97. 64	96. 78
2	有利网	12 703	2 458 103	81. 54	91. 40	86. 47
3	搜易贷	2 587	303 691	87. 47	84. 97	86. 22
4	你我贷	1 390	340 601	86. 41	85. 26	85. 83
5	人人贷	6 779	1 897 035	78. 54	89. 30	83. 92
6	微贷网	3 806	747 849	77. 93	87. 83	82. 88
7	点融网	10 806	3 156 828	68. 23	92. 42	80. 33
8	投哪网	3 396	735 429	74. 18	85. 78	79. 98
9	PPmoney	13 270	2 210 332	64. 03	90. 92	77. 48
10	网利宝	1 588	221 081	73. 16	80. 59	76. 87
11	爱钱进	7 824	1 212 003	62. 09	89. 82	75. 95
12	拍拍贷	8 895	2 432 492	52. 24	91. 62	71. 93
13	积木盒子	5 907	1 125 104	54. 45	89. 03	71. 74
14	翼龙贷	5 942	1 255 806	52. 49	90. 10	71. 29
15	合盘贷	540	72 166	53. 39	73. 91	63. 65

资料来源：盈灿咨询、酷传、新媒体指数

① 公式源自新媒体指数（WCI），传播指数为 2015 年日度指数：{0. 8 × [0. 4 × ln（总阅读数 +1）+ 0. 45 × ln（平均阅读数 +1）+0. 15 × ln（最高阅读数 +1）] +0. 2 × [0. 4 × ln（10 × 总点赞数 +1）+0. 45 × ln（10 × 平均点赞数 +1）+0. 15 × ln（10 × 最高点赞数 +1）]}^{2} ×10。

第8章

网络借贷产品与技术创新

8.1 有利网——智能定存宝系统

有利网[①]开发出一款定期理财工具——定存宝。通过定存宝，用户的资金会被智能分配到多个借款项目上，并在到期之后自动复投，实现整存整取的效果。所有加入定存宝的资金全部用于投资经过有利网资产安全保障系统审核的借款项目。

8.1.1 产品现状及发展

截至2015年12月31日，定存宝投资者近111.2万人次，总投资额超117.9亿元，占平台总体成交额的近60%。而在资产端，通过定存宝项目的借款人达64万多人，其中企业主3.45万人，工薪族60.66万人。

有利网在小额分散业务模式下，每笔借款的金额已经从几年前的5.5万元/笔下降到平均1.3万元/笔。其中，定存宝85%以上的借款项目额度在1万元以下，而投资人的每一笔投资会被平均分散到15.28个借款项目中。定存宝的借款人遍布全国469个城市，并呈现逐年递增趋势，借款人的行业、人群特征也呈现多样化特点。

定存宝用户一半以上为“80后”，IT金融从业者居多。定存宝的投资者中，60.52%为男性用户，39.48%为女性用户，女性用户占比同比扩大了4.5个百分点，显示女性用户在理财领域的影响力正在日趋扩大。52%的用户年龄位于26~35岁，“90后”用户占比为10%，38%的用户年龄在36岁以上。金融、IT、广告业的从业者最多，这显示出了定存宝行业人群趋向高端定位。另外，虽然还没有进入社会，但在定存宝用户中，学生仍然占据了相当大的比例。

定存宝未来的发展方向首先是个性化，可定制化定期理财产品。目前定

① 有利网. www. yooli. com.

存宝以月为期限，主要是 3 个月、6 个月、12 个月。未来有利网用户将可以根据自己的生活安排，自己设定期限，比如 103 天，或者 304 天，而将到期日准确设定在消费日的前一天。其次，投资和消费的场景化。如果投资者理财的资金最终是用来消费的，那就可以跟消费场景结合得更紧密一些，比如可以直接用定存宝份额去购买一个 iPhone 手机、一袋米，或者还信用卡。再次，信用参考。如果存在账户中的钱能够成为信用的代表，用作办理贷款、申请签证等，有利网将发挥定存宝的账户价值。

8.1.2　产品投资原理

定存宝产品的综合收益率为 8%~9.5%，包含 3~12 个月的固定投资期限，支持锁定期提前赎回。2014 年 7 月，有利网推出预约定存宝功能，投资者可以选择预约的产品和额度，预约成功后，系统会根据先后顺序安排自动投资，投资成功后会收到通知。在固定投资期限到期后，也可实现对其他债权产品的自动投标。

具体投资原理可描述为，在申请期，有利网确定借款项目后，智能定存宝系统的核心业务功能确定当期对外发布的额度，完成出借人的系统智能投标，至此完成了申请期全流程。在锁定期环节，智能定存宝系统帮助出借人实现本息自动复投。锁定期结束后，完成资金结清环节，如图 8-1 所示。

图 8-1　智能定存宝系统原理

资料来源：有利网、盈灿咨询

8.1.3 智能定存宝系统

有利网建立了一站式的智能定存宝系统，涵盖投资项目的自动录入、信审核查、发布及撤销、回款等全生命周期管理，以及交易管理、流水管理、账务管理、核心业务管理、充值提现管理、统计报表，如图 8-2 所示。

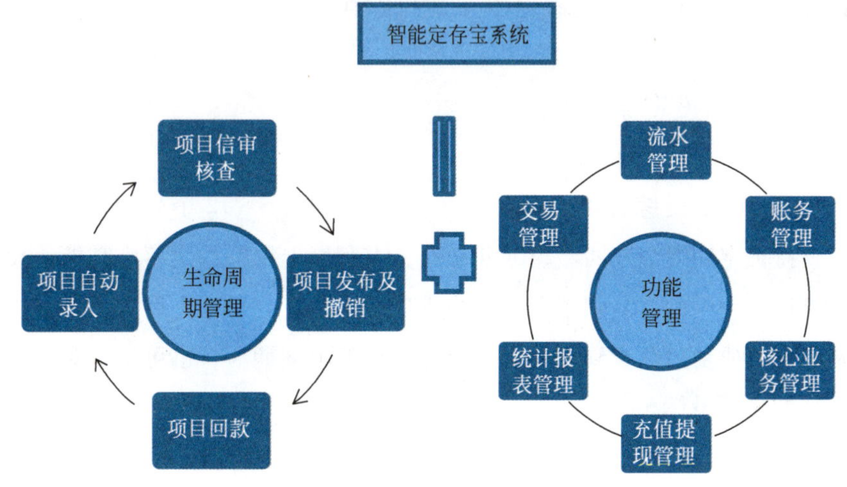

图 8-2 智能定存宝系统功能模式图

资料来源：有利网、盈灿咨询

其中，核心业务管理主要包括额度管理、投资管理、预测分析等。

额度管理，是指依据有资金需求的小额借款项目的总额，以及当日还款金额、提前还款额，结合定存宝到期的总额、用户发起的提前赎回的申请、资金自动投资的规模等因素，精确确定定存宝产品当期对外发布的额度。影响产品额度管理的因素众多，牵涉小额借款开发机构、风控、录入、产品运营、财务、结算等各部门。额度管理模块需梳理各个因素之间的关系，提供精确的产品额度计算模型，目标是在满足新增小额借款项目以及债权转让对资金需求的基础上，使得投资资金达到极高的利用率。定存宝通过额度管理模块，累计对产品超过 2 000 期的额度进行自动管理，每日资金利用率可达到 99.6% 以上。

投资管理，是指实现大量资金项和投资项的自动投资匹配，是将大量的、零散的资金项落地到大量的小额借款项目上的过程。投资管理是有利网投资服务运营的日常基础内容，要求做到对大量数据的精确、快速、灵活匹配处理。定存宝系统通过持续应用算法优化、数据库优化等技术手段，实现快速高效的投资结果生成评价功能。

预测分析，是指对定存宝的资金收支建立数学模型，结合产品特性和用户行为，跟踪和分析资金的流入、流出，对未来产品额度的预测提供实时参考。目前有利网实现了对定存宝资金的实时监控分析，对加强控制产品风险、合理确定产品额度起着重要作用。

8.2　PPmoney 万惠——风控系统

8.2.1　风控体系

PPmoney 万惠[①]风控体系，包括贷前、贷中、贷后以及风险准备金四大方面。

贷前从甄选机构开始，历经联合尽职调查、国有监管机构审核、谨慎制定方案三个环节，项目通过率不及 1%。贷中，大型国有金融资产交易所监管介入其中，提升交易真实性和透明度，在风控上联手交易所和担保公司。贷后，对于如“加多保”产品设置大型核心企业兑付、国有保险公司承保、融资企业及其实际控制人承担连带付款责任四重保障措施。同时，PPmoney 万惠还建立了风险准备金制度作为出借人的风险补偿机制，如图 8-3 所示。

2015 年 2 月，PPmoney 万惠启动风险准备金计划，初始启动资金为 5 000 万元，并在浦发银行建立风险准备金专户。初始风险准备金来自于公司的实收资本；每月 PPmoney 万惠从融资服务费中计提补充风险准备金，月末根据不同产品的贷款余额及相应的风险系数调整风险准备金的留存余额；此外，风险准备金在银行存管期间产生的利息也归风险准备金所有。若平台有项目出现逾期或存在可能出现逾期的风险，而第三方合作机构无法及时提供回购、

① PPmoney 万惠 . www. ppmoney. com.

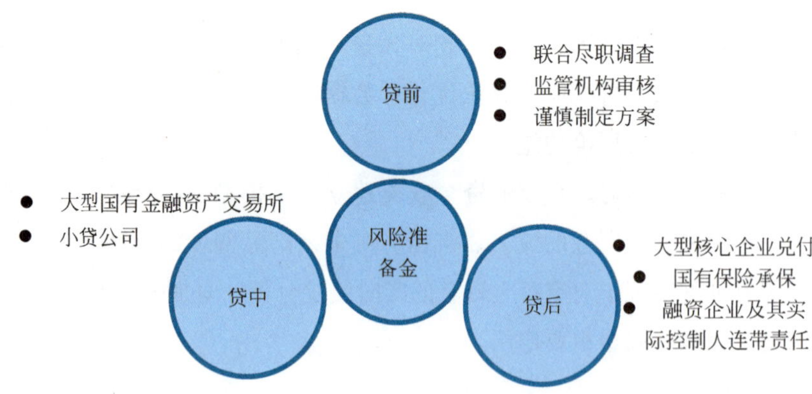

图 8-3 PPmoney 万惠风控体系

资料来源：PPmoney 万惠、盈灿咨询

担保或赔付时，PPmoney 万惠将启用风险准备金账户的资金，先行垫付本息给投资者。当发生两笔或两笔以上借款先后逾期还款时，PPmoney 万惠平台按照债权发生逾期的时间先后顺序进行垫付。当用于垫付部分或全部逾期债权后，PPmoney 万惠平台即取得已垫付款项相对应债权。该债权对应的借款人或第三方担保机构其后偿还该笔借款本息的，先用于偿还出借人未受偿的已到期本息，剩余款项用于偿还风险保证金账户垫付的款项；如债权有抵押、质押或其他担保的，则平台代借款人处置抵质押物和追偿担保所得也按上述偿还顺序分配。

目前，PPmoney 万惠风控中心有超过 100 人的员工，风控人员均有本科以上学历，分布在金融、审计、财务、经济等相关专业。其中，经理级以上人员具备五年以上金融信贷风险管理、担保风控或审计等相关工作经验。

8. 2. 2 IT 系统安全措施

2015 年 11 月 19 日，PPmoney 万惠获得了信息系统安全等级保护三级备案证明。人员配置上，技术部门目前已超过 200 人，技术部人员均有本科以上学历，具备软件开发经验，经理级以上人员均具备五年以上项目管理经验及互联网、金融等相关工作经验。信息系统配置上，与公司交易业务相关的信息系统均为自主研发，拥有相应的软件著作权，主要功能包括融资信息发布、投资交易、营销活动管理、支付网关管理、基础信息管理、授信管理、财务管理、发标管理等。系统加密和备份上，为了保障后台数据库安全，平台采用了核心数据散列加密。为保证数据传输安全，所有交易操作信息采用SSL加密保证通信安全，防止数据被第三方恶意监听和窃取。数据容灾备份方面，平台部署了数据容灾备份系统，目前已在同城部署了三个机房进行容灾备份，另外还通过云服务器建立容灾备份节点，保证数据安全。

另外，PPmoney万惠采购了包括正版操作系统，杀毒软件等软件产品。共投入22台研发及生产服务器，及双机热备的网络防火墙及网络交换机，共部署在三个机房；同时也备有云主机用以备灾。

8.2.3 产品风控案例

PPmoney万惠推出的加多保，是一款应收账款保理产品，即中小企业将持有的上市公司、国资企业等应收账款收益权转让给投资者，到期由上市公司、国资企业等无条件支付。同时，加多保引入了国有保险公司的信用保险，并由融资企业及其实际控制人、所有股东承担连带付款责任。具体操作流程如图8-4所示。其中，立项审核时如缺乏关键材料需退回补充、符合立项条件的，还需安排风控经理跟进；尽调包括买方尽调（确认贸易、过往合作、继续合作意愿、支付能力、信用情况）以及其他尽调（贸易流程、纳税申报系统、税控机开发票系统、财务账系统、银行对账单、网银页面、征信报告等企业负债情况和企业、股东、担保人资产清单或财产线索）。

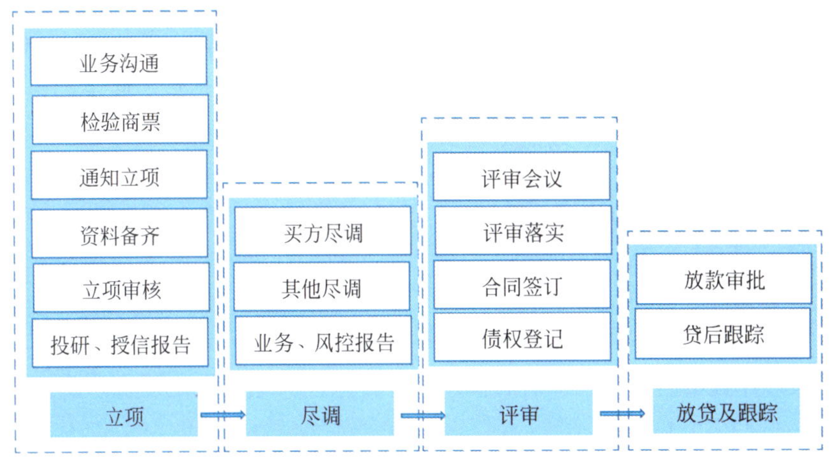

图8-4 加多保操作流程

资料来源：PPmoney万惠、盈灿咨询

8.3 开鑫贷——保单质押类投融资产品

一般而言，保单质押贷款是投保人把所持有的保单直接质押给保险公司，按照保单现金价值的一定比例获得资金的一种融资方式。通常用于质押贷款的保单是具有储蓄功能的养老保险、投资分红型保险、年金保险等人寿保单或者预定收益型的理财财产保险。只要投保人足额缴纳保费，这类保单就具有财产价值，如现金价值或保险金，投保人可以以这些保单出质申请借款。因为保单具有周期长、流动性差等特点，保险公司也有保险资金运用的现实需求，因此为P2P网贷平台与保险公司的合作带来了契机，创新出保单质押模式。投保人可以通过在P2P网贷平台进行保单权利质押获得借款，不仅解决了保单的流动性问题，也丰富了P2P网贷平台资产端产品类型。

开鑫贷融资服务江苏有限公司[①]成立于2012年12月24日，是由国家开发银行全资子公司国开金融与江苏省内大型国企共同发起设立的互联网金融平台。2015年7月，国开金融领衔相关股东，向开鑫贷注资2亿元。增资后，开鑫贷的股东覆盖银行、小贷、信托、再担保等诸多领域。

截至2015年底，开鑫贷累计成交额超153亿元，扶持小微企业8 000多家次。目前，开鑫贷平台平均年化借款成本在10.58%左右，低于同业平均水平及江苏小贷行业的平均借款利率。

8.3.1 产品概述

保鑫汇是开鑫贷与保险公司合作推出的保单质押类投融资产品，投保人可以通过开鑫贷向投资人申请借款，并以其持有的保单设定质押。保险公司

① 开鑫贷. www. gkkxd. com.

凭专业化能力核验保单真实性和有效性，并冻结保单权益；开鑫贷发挥信息中介作用，将借款信息公布在网站供投资人选择；投资人可以将自己的闲置资金出借给投保人。目前开鑫贷与天安财险合作的保鑫汇产品运行模式如图 8-5 所示。

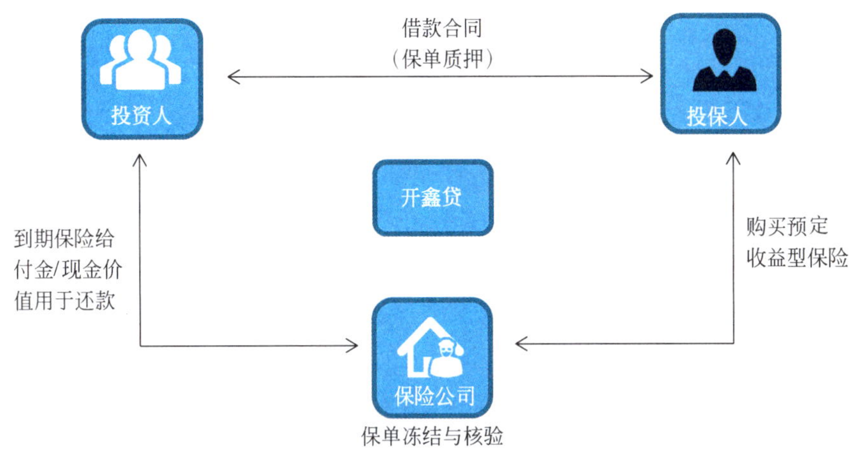

图 8-5　保鑫汇产品运行模式

资料来源：开鑫贷、盈灿咨询

首先，保单质押类投融资产品放款较快，保鑫汇产品投保人最快 2 个工作日可收到借款资金，避开了银行烦琐的流程和审批。保鑫汇产品借款期限灵活，与保单持有期限匹配，可以实现 30 天到更长时间（具体以保单载明的保险期间为准）的保单质押借款。其次，保单质押率相对较高，与保险公司和银行保单质押贷款业务的不同之处在于，开鑫贷是以借款到期时保单的价值计算质押率的，质押率比保险公司和银行的更高，可达 92% 以上，只要借款到期时的应还本息不超过保单在借款到期时的财产价值即可。此外，保单质押类投融资产品通常借款成本较低，投保人仅需支付借款利率和平台服务费，借款利率跟随市场情况调整。以预定收益型的投资险保单为例，如投保人以保单项下的满期给付金设定质押担保借款，由于该产品本身有确定的投资收益给投保人，因此扣除这部分收益后，投保人的真实融资成本在 5% 左右。

由于保鑫汇产品以预定收益型保单项下的财产权利作为还款保障，拥有与银行存单、银行承兑汇票近似的安全性，风险系数相对较低。

得益于业务模式的创新，截至2015年12月31日，保鑫汇的业务范围已覆盖全国20多个省份，实现1.94亿元成交量，平均投资期限415.90天，为4 596位投资人实现7.93%综合收益率。

8.3.2 风控体系

开鑫贷为保鑫汇设计了金字塔式风控体系，通过保证保单有效性、保单权利冻结和保单清偿权利设置，确保投资人权益，如图8-6所示。

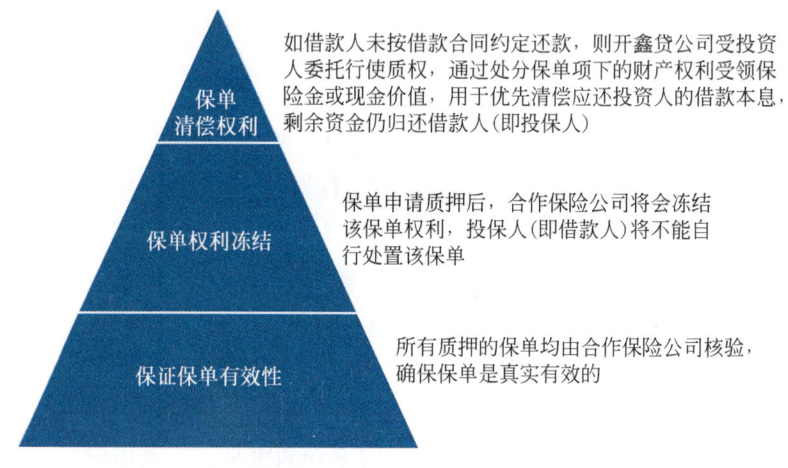

图8-6 保鑫汇金字塔风控体系

资料来源：开鑫贷、盈灿咨询

为保证保单有效性，保险公司都将在事前审核保单的真实性、有效性；然后投保人签署有关质押保单权益处分的法律文书，并将保单交由开鑫贷保管，保险公司方可冻结该质押保单的财产权益。满足上述条件后，开鑫贷将根据投保人的借款需求与质押保单的财产价值，协助、指导投保人确定实际可借款金额、借款期限和借款利率。

在还款阶段，如投保人未按约以自有资金主动还款，则开鑫贷受质权人委托行使保单质权，保险公司将按照协议安排将应给付的保险金或现金价值付给权利人。借款清偿后，剩余资金仍退还投保人。通过这种制度安排，开鑫贷有效实现了还款资金的闭环操作，最大限度地保障了资金安全与投资人的合法权益。

8.4　e 路同心——P2N 模式

8.4.1　P2N 业务流程

在 P2P 业务的全流程模式中，P2P 网贷平台参与了出借人和借款人的整个交易过程，其中出借人和借款人的直接对接是该模式的一个显著特点。随着 P2P 网贷的发展，寻找借款人这项专业性较强而又复杂的工作逐渐被独立出来交由一些专业的小额贷款公司来完成，这种模式就是以 e 路同心、开鑫贷为代表的 P2N 模式（“N”为多家合作机构），即借款人来源于 P2P 网贷平台合作的小额贷款公司，并由小额贷款公司或担保公司提供担保，P2P 网贷平台不参与借款人的开发及未还本金的垫付。

e 路同心①由深圳市同心科创金融服务有限公司（以下简称“同心科创”）运营及管理，同心科创由深圳市同心投资基金股份公司和广东省粤科金融集团两位股东共同发起设立，注册资本人民币 2 亿元。广东省粤科金融集团是广东省人民政府授权经营的国有独资企业，集团着力解决科技型中小微企业融资难问题，目前管理资产规模超过 200 亿元人民币。深圳市同心投资基金股份公司成立于 2013 年 7 月，注册资金 29.4 亿元，现有股东 58 位，包括全国各级人大代表、政协委员 30 余位，均为深港两地知名民营企业家。

e 路同心平台采取 P2N 的模式，由小额贷款公司等合作机构对借款项目进行审核并推荐，且由合作机构对推荐的所有项目提供本息保障，操作流程如图 8-7 所示。

8.4.2　独具再贷款牌照

e 路同心是全国唯一基于再贷牌照与优势资源构筑的平台。同心基金旗

① e 路同心 . www. 88bank. com.

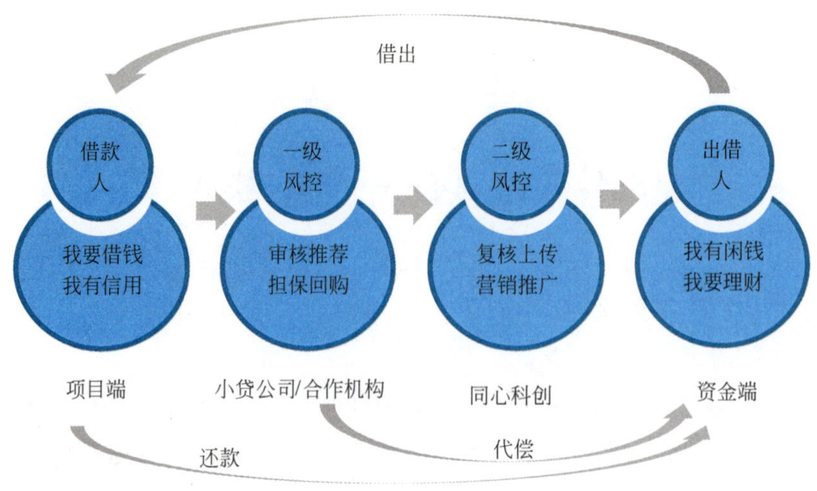

图 8-7　e 路同心业务流程

资料来源：e 路同心、盈灿咨询

下的深圳市同心小额再贷款有限公司（以下简称“同心再贷”）成立于 2014 年 4 月 30 日，注册资金 10 亿元人民币，其对外融资规模可达注册资金的 10 倍，这意味着可为深圳市小贷行业注入百亿元资金支持。

同心再贷曾是深圳市政府三大金融创新之一，承担着通过为小贷行业融通资金、输血深圳实体经济与小微经济的职责。2015 年 7 月，广东省粤科金融集团旗下的粤科小贷公司正式获广东省金融办批准，获得广东省再贷款牌照，增加向全省小额贷款公司提供融资服务和票据贴现等业务，为全省小贷行业提供资金支持，为全省科技类企业提供资金支持，促进科技成果产业化。

基于股东方独具两块再贷款牌照，e 路同心形成了天然的小贷资金融通的闭环生态圈。通过 e 路同心，广东省的小额贷款公司降低了中间环节成本，促进了全省小额贷款行业健康、规范发展，优化小额贷款公司外部环境，是解决广东省小额贷款公司融资难题的重要举措。2016 年 e 路同心或将社区金融、供应链金融、消费金融、保理业务资产引入进来；同时，在小贷资产方面考虑走出广东，寻找省外的优质小贷资产来源。

8. 4. 3　互联网金融场景化

金融需求与场景融合，实现信息流的场景化、动态化，使用户对资金、风险真切做到可视化与可控化。互联网金融的场景化，让金融有效而快速地融入用户的衣食住行中。

用户行为习惯的变化，对互联网金融产品和服务提出了革新的要求。随着互联网浪潮与金融业的发展，金融产品与消费场景的结合进一步加深，这主要体现在对于消费场景的把控能力、对目标用户的可控成本接触以及对风险的专业识别能力。利用在场景及流量上的各自优势，互联网金融企业在风控和规模的动态平衡中逐渐找到属于自己的目标市场。

同心基金背后的 58 位股东涵盖了大型综合商场、移动智能终端、物流、快速消费品、传统制造业等多种行业，几乎渗透了用户在日常消费场景中的各个方面。e 路同心在场景金融化的进程上，有着线上线下流量优势，开拓了增量市场。

8.4.4　风控体系

e 路同心在风控上设置了 8 项安全标准（包括甄选机构、尽职调查、风控审查、上会评审、机构准入、项目推荐、平台审核、贷后管理）和 32 道审核程序，如图 8-8 所示。同时，e 路同心构建了银行级系统架构及数据备灾系统，系统采用 SSL 加密技术，所有重要信息自动加密传输，银行级防火墙双引擎安全架构，系统权限实行分级管理。

在风险把控上，资产端风险控制的核心就在于如何甄别和选择优质的合作机构。e 路同心对小额贷款公司有着一整套严格的准入和甄别选择体系。

（1）甄选合作机构

平台甄选合作机构时着重于合作机构的股东背景、严密的风控模式、良好的信贷资产、健康的客户群行业、稳健的经营模式、丰富的团队经验等十大关键要素。

（2）筛选优质项目

合作机构依靠其完善的风控体系对项目进行全方位尽调及审核，将审核通过的优质项目推荐至平台。

（3）项目审查、综合评判

由平台专业风控团队再次审核项目资料，以保证合作机构提供的项目真实可靠。同时，平台提倡风险分散、小额多笔的理念，鼓励出借人尽可能通

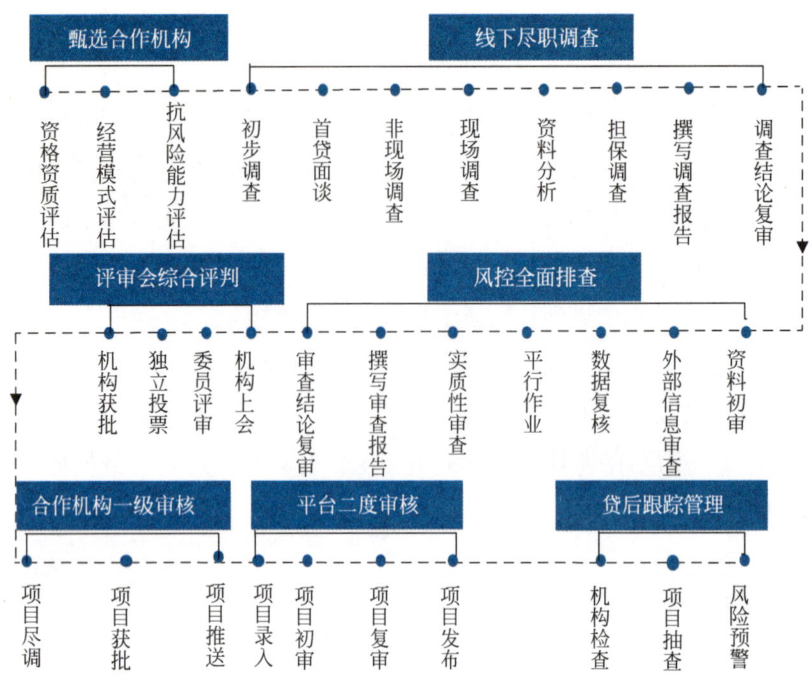

图 8-8　e 路同心风控流程

资料来源：e 路同心、盈灿咨询

过多笔的投资分散风险，提供收益适中、风险可控的优质项目。

（4）合规性合法性严格监管

合作律所为平台的设立及运营提供全程法律支持，确保平台运营合法合规。所有法律文本均通过专业律师团队审核，确保投资人在平台上的投资收益合法有效。

（5）严格的贷后管理体系

平台在贷后会对单笔项目借款人的信用情况、收入情况、负债情况等进行不低于 10% 的随机抽查，对借款人的还款能力、还款意愿等进行定期跟踪，确保项目到期按时兑付，保障出借人的投资收益，严控项目风险。

在出借人权益保障上，e 路同心设置四重还款保障：第一，合作机构为其推荐的每一笔借款提供本息保障，对逾期借款本息承诺全额代偿；第二，担保机构对平台上的每一笔借款本息提供不可撤销的连带责任保证担保；第三，合作机构股东对平台上的每一笔借款提供本息保障，对逾期借款本息承诺全额赔付；第四，平台设立风险备用金，对逾期借款本息承诺全额垫付。

8.5　投之家——垂直搜索引擎

随着互联网的发展，信息呈爆发增长，根据IDC《数字宇宙》(*Digital Universe*)的研究报告[①]，2011年以来全球信息量以每年超过50%的速度增长，至2020年全球新建和复制的信息量将达到44ZB。在信息爆炸的年代，搜索引擎帮助人们快速、精确地搜索聚合所需数据，成为生活中越来越重要的工具。

2013年被认为是互联网金融的发展元年，以余额宝为代表的互联网金融理财产品推出后迅速对传统金融行业产生了重要影响。P2P网贷、“宝类”理财、众筹、第三方支付等互联网金融业态蓬勃发展，各类互联网理财产品如雨后春笋一般地出现。一些传统互联网大鳄看准了互联网金融的风口，利用自身流量的优势，涉足互联网金融理财产品搜索引擎（更加类似于理财超市），所以在互联网金融爆发式发展的2013—2014年，出现了大量综合性的理财搜索平台，如百度财富、新浪微财富等。搜索引擎帮助人们将数以万计的网络理财产品聚集到一起，而作为互联网金融理财产品最重要的业态之一，P2P网贷产品在这些搜索平台中占据着极为重要的位置。

然而与传统的电商、团购等行业拼流量、拼入口不同的是，互联网金融的核心依然是风控。理财产品搜索引擎作为用户投资决策的入口，不仅仅是单纯的搬运工，相对于产品的收益，出借人往往更加看中产品的安全性。从这个角度来说，互联网金融行业更加需要专业的搜索引擎来服务用户。2014年百度财富“中雷”科讯网、新浪微财富、财经道“中雷”中汇在线等事件，更是暴露出综合性理财超市专业能力不足、风控能力较弱的问题。

---

① IDC. The Digital Universe of Opportunities：Rich Data and the Increasing Value of the Internet of Things.

2014-04，http://www.emc.com/leadership/digital-universe/2014iview/index.htm

8.5.1 P2P 网贷垂直搜索引擎

近年来理财产品搜索引擎逐渐增多，不少理财综合搜索引擎纷纷新增 P2P 网贷理财频道，也出现了专门提供 P2P 网贷产品的垂直搜索的平台，后者的专业度普遍要高于前者。

相对其他行业的搜索引擎，P2P 网贷垂直搜索引擎由于涉及资金的充值与提现，所以用户投资的过程更为复杂。传统的例如电商行业的搜索引擎，用户更多地关注价格的比较，而在 P2P 网贷垂直搜索引擎领域，除了产品收益，用户更需要考量投资标的安全性与流动性，同时根据自身的情况制定相应的投资策略。

首先，出借人通过垂直搜索引擎，选定期限、收益率、安全等级等因素，搜索相应的 P2P 网贷产品；其次，对搜索到的 P2P 网贷产品进行比较，综合分析 P2P 网贷平台实力、保障机制、收益率、期限等，选择合适的理财产品；再次，通过垂直搜索引擎链接到平台，对选定的产品进行投资（注册、充值、投资），部分垂直搜索引擎具有出借人注册垂直搜索引擎账户后，出借人可以直接在 P2P 网贷平台上进行充值、投资的功能，不需要再在各平台进行注册；最后，到期出借人获得本金和利息，可以申请提现或者撤资。模式流程如图 8-9 所示。

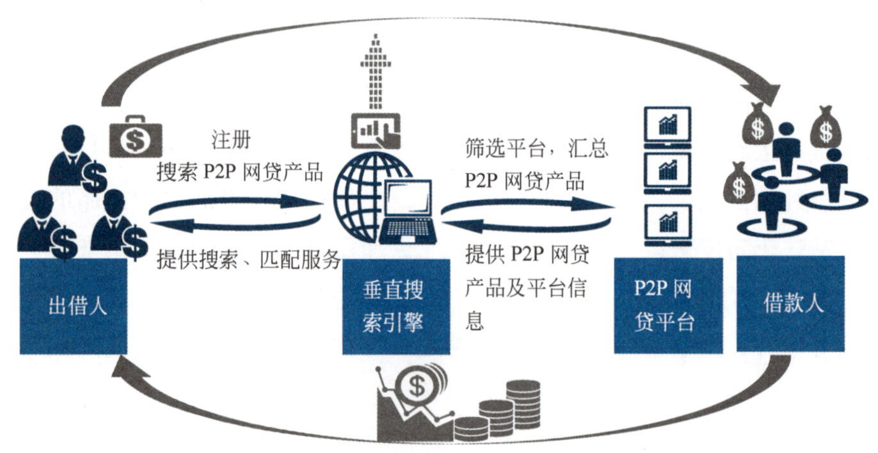

图 8-9 垂直搜索引擎模式

资料来源：盈灿咨询

8.5.2　投之家垂直搜索引擎

2014 年 9 月份正式上线的投之家[①]，是国内第一家专业提供 P2P 网贷垂直搜索引擎的网贷平台。截至 2015 年底，投之家注册人数已经达到 102 万人，通过垂直搜索引擎累计撮合成交量达 211 874 万元，为出借人创造收益 7 646 万元。

通过投之家搜索引擎，出借人可以便捷地对 P2P 网贷平台以及投资标的进行搜索、比价，快速地筛选符合自己要求的投资标的，同时仅注册一个账户就可以进行分散投资，方便对自己的投资行为进行分析。同时投之家根据客观情况对合作平台进行安全评级，也为合作平台增加品牌曝光与公信力，并带去流量。

另外，投之家拥有行业内专业的网贷平台风控考察团队，所合作的平台均通过了网贷之家研究院的考察与认证。3 年多以来，投之家风控考察团队累计走访了 600 多家 P2P 网贷平台，并对 200 多家网贷平台从风控、法务、财务、运营、IT 等多方面进行严格地实地认证，确保平台的真实可靠性，帮助出借人从 2 000 余家网贷平台中筛选出优质可靠的平台；并从透明度、资金充足情况、违约成本、运营能力、流动性及分散度六个维度对 P2P 网贷平台进行考察评估，给出安全评级。只有通过风控团队实地认证并获得 BB 以上评级的平台，才会被投之家收录。

8.5.3　P2P 网贷垂直搜索引擎未来发展

经历了 2015 年的市场变化和监管落地，2016 年互联网金融行业将迎来新生，“去泡沫化”效应初显。在一片“红海”之中，国资系、银行系、BAT 系等拥有雄厚背景的平台有望成为赢家，而对于中小平台而言，另辟蹊径探索垂直细分领域的“蓝海”是出路所在。

（1）一站式服务

现阶段的搜索引擎一个账户可以方便地登录多个平台，极大地减少用户

① 投之家．www. touzhijia. com.

搜集投资信息与分散投资所耗费的精力，同时在一定程度上保证了用户资金的安全性，但是操作步骤依旧偏多，用户体验一般。未来一站式的搜索引擎将不需要用户跳转至平台页面进行投资，而直接在搜索引擎页面就可以完成从筛选投资项目到投资到回款的全部过程。

（2）保障计划升级

P2P 网贷搜索引擎往往会为投资人提供一定的保障计划，但是保障机构依然较为单一，形式意义大于实际意义。而未来的保障计划将针对投资人不同的投资行为，个性化地制定不同的保障措施。对于严格按照投资标的风险情况以及期限进行严格分散的投资人，将进一步提升对其保障的力度，引导用户形成良好的投资习惯。

（3）智能财富管理

通过对于用户理财需求的分析，为用户智能地匹配与制定财富管理方案将是 P2P 网贷搜索引擎的最终目标。这需要 P2P 网贷搜索引擎能够从重度垂直单一的 P2P 网贷产品逐渐涉及公募基金、私募基金、二级市场、保险理财等多元化的理财产品。财富管理平台可以根据用户个人乃至家庭的资金情况、风险偏好、流动性偏好制定出个性化的投资方案。

由此可见，专业类垂直搜索引擎的优势在于为投资人提供双重的保障。首先在平台的甄别上，专业性较强，有专业人员对合作的 P2P 网贷平台进行安全评级，并进行实地考察；其次，当发生逾期时，专业类的垂直搜索引擎为投资人提供资金保障服务。而对于平台来说，在目前获客成本居高不下的情况下，搜索引擎可以提供最精准的流量，让 P2P 网贷平台将更多的精力和资本放在如何引入优质资产以及风控方面。

第9章

网络借贷发展前瞻

在互联网金融风口持续、行业高速增长、平台竞争激烈、资金越发归集、资产逐步多元、生态日趋丰富的现状下，预计在2016年，P2P网贷行业将出现以下几种发展趋势。

1. 持牌的传统金融机构开始大举进场，与P2P网贷擦出火花

互联网金融的本质仍旧在于金融。在这方面，传统金融机构有着无可比拟的优势。国家监管层面一直鼓励银行、证券、保险、基金、信托和消费金融等金融机构依托互联网技术，实现传统金融业务与服务转型升级。目前，保险、券商两大传统金融机构与P2P网贷的发展关系日趋紧密，未来更多的传统金融机构将与网贷平台接触和合作。

与保险公司有合作的P2P网贷平台有50多家。P2P网贷与保险关系主要可以分为以下两种模式：一是保险公司自己成立P2P网贷平台；二是保险公司作为第三方与P2P网贷平台合作，这是目前市场上主流的模式，其中包括保障交易资金、账户资金安全，为借款人购买人身保障保险，对担保标的提供保险，为平台做信用兜底保险，提高平台的信任度。伴随着去担保的趋势所向，未来越来越多的平台将与保险公司紧密合作。

目前共有近10家P2P网贷平台同券商有合作关系。由于长久以来国内券商主要收入来源为经纪业务的佣金收入，但是随着佣金价格战，这块收入已经急剧压缩，导致诸如融资融券等新业务逐渐成为收入的新突破口。券商与P2P网贷平台进行合作，一方能解决资金端问题，另一方能解决资产端问题，这对于双方都存在着巨大的合作发展机会。

银行是P2P网贷最为需要的传统机构，因为资金的往来根本上全部需要银行的支持。《互金指导意见》指出，“除另有规定外，从业机构应当选择符合条件的银行业金融机构作为资金存管机构，对客户资金进行管理与监督，实现客户资金与从业机构自身资金分账管理”。而《互金指导意见》只是要求将P2P网贷平台的资金放在银行存管，而不是托管。目前P2P网贷资金多由第三方支付公司进行托管，然而，根据《互金指导意见》与《非银行支付机构网络支付业务管理办法（征求意见稿）》的相关规定，第三方支付机构退出P2P网贷资金存托管业务将是大概率事件，银行承接网贷资金存托管将

是未来的趋势。

2. P2P 网贷的资本市场之路越渐清晰，2016 年会出现更多并购、借壳上市，甚至 IPO

由于风投进入 P2P 网贷基本发生在 2014 年和 2015 年，大多数平台获得的风投仍处于 A 轮阶段，预计未来将有较多平台进入 B 轮。随着资本的进入，2015 年出现不少上市公司参股甚至收购 P2P 网贷平台的案例，也出现了平台间并购的情形。P2P 网贷的资本市场之路越渐清晰，可以预见，资本为了能顺利退出，在 2016 年会出现更多的并购和上市案例。

《互金指导意见》指出需要拓宽从业机构融资渠道，改善融资环境。鼓励符合条件的优质从业机构在主板、创业板等境内资本市场上市融资。P2P 网贷行业之前由于监管问题，无法进行 IPO 或者新三板挂牌。随着监管政策的出台，P2P 网贷行业资本融资渠道将进一步打开。上市出于融资等资本运作的考虑，并为公司现有和潜在的股东提供退出和进入的渠道，给平台带来的品牌价值也非常高，能帮助平台增信和吸引更多的资产端和资金端客户，在目前日益竞争激烈的 P2P 网贷行业竞争中脱颖而出。

目前 P2P 网贷平台上市途径主要有四种：一是谋求海外 IPO 上市；二是通过借壳行为进行资产注入；三是通过上市公司控股收购；四是挂牌新三板待创业板转板制度出台。宜人贷在纽交所的成功上市，给予了很好的借鉴意义，后续仍将有平台冲刺海外市场 IPO。当然，随着中概股的回归潮以及国内上市环境的好转，监管层观念的改变，P2P 网贷平台国内上市需求也将大为增长。

2015 年 9 月，团贷网联合其股东九鼎投资、久奕投资完成了对融金所的战略控股，也为 P2P 网贷行业平台间并购揭开序幕。由于行业内竞争加剧，许多平台缺乏核心竞争力、实力薄弱而无法做大做强，难免面临淘汰，而被兼并收购或许是这些平台的另一种出路。除了上市公司、大企业收购 P2P 网贷平台外，未来会出现不少行业内的并购行为，各地做不大的中小平台具有一定的并购价值。

3. 行业体量快速扩大，成就万亿市场，投资收益率仍具吸引力

预计在 2016 年，P2P 网贷行业体量仍将迅速扩大，年成交量或达 2 万亿

元，贷款余额达1.5万亿元。随着社会公众对于P2P网贷理财的认知度提升，越来越多的出借人将P2P网贷作为个人资产配置的一部分。按照目前的增长态势，预计2016年P2P网贷出借人数或超1 000万人。由于现在无论是垂直搜索引擎撮合成交量还是网贷基金的成交规模总体都偏小，很多出借人仍处于尝试的状态，潜在的投资群体数量值得期待。

P2P网贷行业收益率已经从2013年7月的高位下降到2015年12月的12.45%，跌幅超过了一半。2016年P2P网贷行业综合收益率仍有下降的压力，但跌幅将收窄，预计在10%~11%。未来，P2P网贷平台为了规避法律及监管风险，综合收益率超过24%的平台将进一步减少。

2015年央行进行了5次降准、降息，余额宝年化收益率年底跌至2.7%附近，银行一年期定期存款基准利率下降至1.5%，银行理财普遍在4%左右。因此，对比于其他的理财投资方式，P2P网贷投资的收益率仍具备吸引力。

4. 真正的大平台出现，多数网贷平台终极目标显现："互联网+泛资管"

随着陆金所的平台化战略落地，以及蚂蚁金服的四面开花，可以说，真正的大平台逐步出现了。P2P网贷是互联网+金融，互联网具有网络效应，会使得强者恒强，资金归集能力不断集中；金融资产具有风险性，会使得资产四面开花，越分散越多元越好。所以，走得长久走得稳当的P2P网贷平台，一定是拥有强大的资金归集和资产配置能力的平台。在这一趋势下，跑在前面的网贷平台会逐步"去P2P化"，开始逐步从一个信息撮合平台转变到一个泛资产交易、管理平台。网贷与P2P、互联网理财、互联网金融等概念会逐渐模糊、融合。可以预见，若干年后，可能已无纯粹的网贷平台，取而代之的是标准资产、非标资产、固定收益类、权益类资产均可以购买的互联网一级市场，以及建立在此之上的二级市场，随之衍生出来的衍生品、基金、FOF，最终完成线下的泛资管市场互联网化的进程。

目前已有不少平台已经嗅探到这个趋势，开始在"互联网+泛资管"的路上进行探索。2016年，这个趋势会越发显著，并逐步演变成行业共识，成为多数平台的终极目标。

5. 创新的互联网技术促进供给侧改革，从而缓解资产荒的现象

2015年金融行业一大热词便是"资产荒"。同样的问题在P2P网贷行业

上也遇到了。平台踏上资产多元化探索道路，某种程度上也是因为原有的优质资产的减少。在供给跟不上需求的情况下，传统的金融资产已远远不能满足国民日益觉醒的投资理财观念，是时候让互联网技术真真正正去“改变”金融产品了。

这几年的 P2P 网贷，本质上说就是金融 + 网线。所谓的互联网金融，也仅仅是在资金渠道上对金融进行了改造，而金融的本质，譬如风险管理，并未享受到互联网技术带来的变革。但一些有资金实力的平台又再一次走在了前面，结合互联网和大数据，开始探索一些新的风控技术，以此来开发新的资产，提升资产供给。这里面以在线放贷为典型的技术创新。这种模式最早成名于 Lending Club，在中国的拍拍贷得以落地生根，但多年来受制于我国的征信体系以及行业发展水平并未有很好的发展。但 2015 年以来，随着行业的火热与资本的介入，在线放贷这一技术又逐步进入寻常百姓家。这种产品几乎所有资料填写、采集和审核均在互联网上完成，省去了线下面签的流程，甚至部分产品更不需要提交太多材料，只需几步授权，便可在几分钟内获得授信。这些依赖于大数据的风控模型，将对资产的供给进行有效的改革，从而创造出新的资产。可以说，拥有一套在线放贷的风控模型将是未来 P2P 网贷平台的核心竞争力和估值的主要组成部分。

P2P 网贷行业发展至今，鼓励与争议并存。中国作为世界上最大的 P2P 网贷市场，《互金指导意见》及《网络借贷信息中介机构业务活动管理暂行办法（征求意见稿）》的出台毫无疑问地肯定了 P2P 网贷的积极作用并指出了其监管的方向，给予 P2P 网贷行业从业者以巨大的鼓舞。未来行业面临洗牌、整合及升级，也许仍将面对诸多的挑战，但相信经过市场的洗礼，P2P 网贷能够健康发展，真正践行金融的本质。在不久的将来，世界上最繁荣的 P2P 网贷市场将会出现在中国。

参 考 文 献

[1] 罗明雄，唐颖，刘勇. 互联网金融 [M]. 北京：中国财政经济出版社，2013.

[2] 章蔓菁. 互联网票据理财的“投资经”[J]. 中国外汇，2015：65-67.

[3] 赵华杰，黄迈. 涉农 P2P 网络借贷平台：运营模式、主要问题及发展建议 [J]. 农村金融研究，2013 (11).

[4] 彭标，余国新. 普惠金融视角下 P2P 网络借贷助农模式的探讨 [J]. 金融发展研究，2015 (10).

[5] 张玉通，张玉顺. 我国 P2P 网络借贷行业发展现状 [J]. 现代经济信息，2014 (18).

[6] 李国英. 我国农村互联网金融发展存在的问题及对策 [J]. 中州学刊，2015 (11).

[7] 中国银行业协会汽车金融专业委员会. 中国汽车金融公司行业发展报告 [J]，中国银行业，2014 (06).

[8] 盈灿咨询、网贷之家、上海交通大学互联网金融法治创新研究中心、财经国家周刊、财经国家新闻网. 2015 年 P2P 投资人问卷调查报告 [R/OL]，2016. http://www.wdzj.com/news/baogao/25683.html.

[9] 德勤汽车行业服务组. 2014 中国汽车金融报告 [R/OL]，2014. http://www2.deloitte.com/cn/zh/pages/manufacturing/articles/2014-china-auto-finance-report.html.

[10] 德勤中国汽车行业服务组. 2015 中国汽车金融白皮书 [R/OL]，2015. http://www2.deloitte.com/cn/zh/pages/manufacturing/articles/auto-finance-white-paper-2015.html.

[11] 中国银监会.《网络借贷信息中介机构业务活动管理暂行办法（征求意见稿）》[Z/OL]，2015. http://www.chinalaw.gov.cn/article/cazjgg/201512/20151200479803.shtml.

[12] 阳嘉嘉，寻赟. 千亿征信蓝海扬帆起航，牌照与数据商优先受益 [R/OL]，2014. http://www.d-long.cn/showart.asp?art_id=8788.

[13] 肖立强，许荣聪. 从 Zestfinance、芝麻信用看网络征信崛起 [R/OL]，招商证券，2015. http://www.newone.com.cn/research/read/1542686.

后　记

《2015 中国网络借贷行业蓝皮书》由北京大学汇丰商学院中小企业研究中心、纽约市立大学的王家卓教授，网贷之家创始人、盈灿集团董事长兼总裁徐红伟、盈灿咨询的马骏、于百程、张叶霞、杨凌驰、高丽秀、肖洋、陈晓俊、陈挚、王春影、霍闯闯、王海梅、刘宪明具体参加了全书的策划、研究和写作。具体分工如下：

主　编：王家卓　徐红伟
副主编：马　骏　张叶霞
前　言：王家卓
第 1 章：徐红伟　张叶霞　肖　洋
第 2 章：陈晓俊　王春影　杨凌驰　霍闯闯
第 3 章：张叶霞　高丽秀　肖洋　陈晓俊　陈挚　王春影
　　　　王海梅　刘宪明
第 4 章：张叶霞　高丽秀
第 5 章：于百程　张叶霞　高丽秀　陈挚　王海梅　刘宪明
第 6 章：高丽秀　王海梅
第 7 章：肖　洋
第 8 章：张叶霞　王春影
第 9 章：马　骏　张叶霞

王家卓、马骏、于百程和张叶霞对全书作了修改和校稿。